Thomas Christ • **Der Sozialistische Realismus**

Thomas Christ

Der Sozialistische Realismus

Betrachtungen zum Sozialistischen
Realismus in der Sowjetzeit

Wiese Verlag

© 1999 Wiese Verlag, Basel, und Thomas Christ, Basel

Lektorat und Redaktion: Bernd Zocher, Zürich

Umschlaggestaltung: George Valenta, Basel

Umschlagabbildung: Gouache-Skizze für die Deckenmalerei des
Bahnhofrestaurants von Wolgograd mit dem Titel «Überfluss», 1954,
von Jakow N. Skripkow.

Buchgestaltung: Stephan Cuber, Alex Werth, Rio Verlag, Zürich, und
Thomas Christ, Basel

Lithos: ColorServ, Winterthur

Druck: Basler Zeitung, Basel

Printed in Switzerland

ISBN 3-909164-68-4

Inhalt

A.A. Dejneka,
Kolchosbäuerin auf
dem Fahrrad, 1935

Einleitung

Wenn Historiker von langen und kurzen Jahrhunderten reden, geben sie damit in der Regel keinen Hinweis auf die Komplexität einer Epoche, sondern fällen ein geschichtliches Urteil über zeitliche Grenzen[1]. So beginnt das 19. Jahrhundert mit der Französischen Revolution im Jahre 1789 und endet 1914 mit dem Ausbruch des Ersten Weltkrieges. Das 20. Jahrhundert Europas und Russlands entpuppt sich demgegenüber als kurzer geschichtlicher Zeitraum, der 1914 oder 1917 mit der Russischen Revolution seinen Anfang und – womöglich – bereits 1989 mit dem Fall der Berliner Mauer sein Ende nimmt.

So werden markante Daten einer geschichtlichen Kursänderung jeweils schnell erkannt; das Aufarbeiten und das Verstehen der geschichtlichen Phänomene dieses «russischen» Jahrhunderts wird aber wohl noch einige Zeit in Anspruch nehmen.

Dies gilt nun im besonderen Masse für die jüngste Epoche der bildenden Kunst Russlands, denn es findet sich in der abendländischen Kunstgeschichte wohl kein radikalerer Neuanfang als die Geburt der russischen Avantgarde. Sie verneinte nicht nur alles, was vorher war, sondern inszenierte einen Neubeginn, der in seiner bisweilen intoleranten und puristischen Grundsätzlichkeit alle Lebensbereiche in Frage stellte – selbst die Staatsmacht sollte sich dem avantgardistischen Kunstkonzept unterordnen. Doch der Streit um die Vorherrschaft von Macht und Kunst führte bald zu jener unheilvollen Verbindung von stalinistischem Kunstdiktat und staatlichem Mäzenatentum, die bis weit über Stalins Tod hinaus eine für die russische Kunst des 20. Jahrhunderts einzigartige und spannungsvolle Vielschichtigkeit zur Folge haben sollte.

Der Antagonismus sowie die politische Brisanz des künstlerischen Schaffens dieser Zeit fand erst mit der Auflösung des Sowjetreiches in den frühen neunziger Jahren ein eindeutiges Ende.

Wie wenig der Westen über diese neuere kunstgeschichtliche Entwicklung des Ostens weiss, zeigt das in unserer Kunstsprache verbreitete Begriffspaar von Avantgarde und Kitsch[2]. Die Verfechter dieser Begriffe haben bestenfalls erkannt, dass das russische Kunstschaffen ab der Mitte unseres Jahrhunderts dualistisch strukturiert war, d.h. «offizielle» und «inoffizielle»

[1] Eric Hobsbawm, *Das lange 19. Jahrhundert*, sein Vorläuferwerk zu *Das Zeitalter der Extreme. Weltgeschichte des 20. Jahrhunderts*, München/Wien 1995. Anderer Ansicht ist allerdings Arnold Hauser; für ihn beginnt das 19. Jahrhundert um 1830 und endet im Jahre 1910, *Sozialgeschichte der Kunst und Literatur*, München 1973.

[2] *Avant-Garde and Kitsch* lautet der Titel eines Aufsatzes von M. Tupitsyn aus dem Jahre 1991, in *NO! – and the Conformists*, S. 59.

Werke hervorgebracht hatte. Die Typisierung deutet jedoch auf eine Unkenntnis und eine Fehleinschätzung eines kunstgeschichtlichen Phänomens, dem mit einfachen machtpolitischen Erklärungen nicht beizukommen ist. So ist der sozialistische Realismus weder eine stilistische Erfindung Stalins, noch erschöpfte er sich in Leninportraits und utopischen Darstellungen glücklicher Kolchosebäuerinnen.

Im folgenden wird versucht, die Erscheinungsformen des sozialistischen Realismus zur traditionsreichen russischen Malerei der Jahrhundertwende in Beziehung zu setzen. Die Bedeutung und das Überleben der alten Kunstakademien muss hier ebenso zur Sprache kommen, wie der unsinnige Versuch der dreissiger Jahre, die Marschrichtung der Kunst zu definieren.

Das vorliegende Bildmaterial beschränkt sich weitgehend auf die staatlich anerkannte, d.h. offizielle Kunstszene, denn interessanterweise befassen sich die westlichen Publikationen fast ausschliesslich mit der russischen Avantgarde und der sowjetischen Untergrundkunst. Und der geneigte Kunstkenner des Westens weiss über die Kunst von Malewitsch bis Kabakov beinahe mehr als die Russen selbst. Dies mag einerseits mit der westlichen Förderung der russischen Untergrundkunst während des kalten Krieges zusammenhängen, andererseits aber auch in der Vergleichbarkeit der inoffiziellen Werke des Ostens mit der westlichen Kunstszene seinen Grund haben.

Die Fehlbeurteilung oder Geringschätzung der sozialrealistischen Bilderwelt gründet bereits in der Unkenntnis des Westens über die Vorläuferperiode: Repin, Schischkin, Korovin, Lewitan, Serow und andere Protagonisten des russischen Realismus der Jahrhundertwende sind weitgehend unbekannte Namen. Das technische Niveau, die dramatische Ausdruckskraft und der unverkennbare, leuchtende Stil der grossen russischen Landschafts- und Genremaler hält jedoch einem Vergleich mit den Werken westlicher Zeitgenossen ohne weiteres stand; letztere sind in den russischen Museen übrigens gebührend vertreten.

So wird es zum Anliegen der nachfolgenden Ausführungen, die Qualität jener staatlich geförderten oder einfach machtpolitisch benutzten Kunst dem Leser näher zu bringen, ohne den Hintergrund von Zensur und Unterdrückung aus den Augen zu verlieren.

Das hervorstechendste Merkmal der sowjetischen Kunst ist die schwindende Bedeutung des Künstlers als Gegenstand seiner selbst.

André Malraux, 23. Oktober 1934

Sozialistischer Realismus – Diktat und kollektiver Traum

J.I. Pimenow,
Frau in
Hängematte,
1934

Die im westlichen Denken der Neuzeit verankerte Überzeugung, dass künstlerisches Schaffen nur unter der Voraussetzung garantierter individueller Freiheit möglich sei, wird angesichts der hohen sozialen Anerkennung sowie der schöpferischen Vielfalt des sowjetischen Kunstlebens zwischen 1930 und 1980 ernsthaft in Frage gestellt. Der einfache Schluss, dass das offizielle sowjetische Kulturdiktat keine eigentliche Kunst hervorgebracht habe, ist ebenso unhaltbar wie die These, Russland hätte seine schöpferische Entfaltung schon seit jeher, seit der Ikonenmalerei, in der inneren sowie äusseren Beschränkung gesucht. Und dennoch bleibt die berechtigte Frage der Verträglichkeit von politischem Diktat und künstlerischer Qualität.

Bevor jedoch hier die Kunstfrage zur Sprache kommt, soll das entstehungsgeschichtliche Umfeld beleuchtet und der fragwürdige Begriff des sozialistischen Realismus bestimmt werden.

Geschichtliches Umfeld

Die Anfänge des sowjetischen Kunstgeschehens des 20. Jahrhunderts stehen in einem europäischen Kontext. So war die künstlerische Wirkung der russischen Avantgarde im Westen ohne Zweifel bedeutender als im eigenen Land; ihre ideologische Vorreiterrolle für das Entstehen des sozialistischen Realismus wird im Westen hingegen gerne unterschätzt.[3]

Die Bewegung der russischen Avantgarde gilt wohl – wie bereits erwähnt – als die radikalste Infragestellung der Rolle der abendländischen Kunst schlechthin. Die im Jahre 1910 im Bund der Jugend[4] versammelten Künstler waren von der Sinnlosigkeit der althergebrachten Kunsterziehung überzeugt und versuchten, inspiriert von den neuen Soziallehren der Jahrhundertwende, das Leben im feudalen Russland mit schöpferischen Mitteln umzugestalten. Es ging ihnen dabei weniger um die Kreation neuer Objekte als um die künstlerische Durchdringung sämtlicher Lebensbereiche, vom Kunsthandwerk bis zur Machtpolitik. Der Glaube an die Möglichkeit der Umformung des Menschen sowie die hohen Erwartungen an das hereinbrechende Industriezeitalter bereiteten einen soziokulturellen Nährboden, der die Ereignisse der Oktoberrevolution von 1917 als notwendig, ja geradezu als willkommen erscheinen liess. Die Vertreter dieser ersten russischen Avantgarde-Bewegung verstanden sich nicht als Schöpfer einer Kunst, die die Welt reflektieren soll, sondern vielmehr als die Architekten einer neu zu errichtenden Weltordnung. So

---

[3] «Der Sozialistische Realismus … orientiert sich an etwas, das noch nicht ist, aber geschaffen werden soll, und insofern ist er der Erbe der Avantgarde, für die das Politische und das Ästhetische ebenfalls zusammenfallen.» Groys, *Gesamtkunstwerk Stalin*, S. 58. Anderer Ansicht: Wadim Polewoi in *Berlin-Moskau*, S. 19.

[4] Zu den bedeutenden Mitgliedern gehören insbesondere: M.W. Le Dantju, O.W. Rosanowa, J. Guro und M. Matjuschin.

dominiert während der ersten Jahre nach der Revolution in der Tat die Ästhetik der Avantgarde das politische Leben in Russland. Die Kunst gehört nicht mehr ins Museum, sondern auf die Strasse, auf die Eisenbahnwagen und ins Volkstheater.

Die euphorische und bisweilen fanatische[5] Experimentierfreude der folgenden Jahre führte zu einem Feuerwerk von neuen Stilrichtungen; es entstand der Suprematismus, der Konstruktivismus sowie der dazugehörende Produktivismus[6]. Aber auch die Verbindung von figürlicher Malerei mit kubistischen Darstellungsformen, der sogenannte Kubofuturismus und der neoprimitivistische Stil fallen in diese Zeit. Kasimir Malewitsch[7], der bekannteste Vertreter jener Künstlergeneration, durchlief während diesen turbulenten Jahren selbst verschiedene Stilphasen. Seine ersten Werke zeigen eine figürlich impressionistische Malweise, die sodann von neoprimitivistischen über kubofuturistische Werke zu einem rein kubistischen Stil findet. Trotz seinem suprematistischen Manifest kehrte er schliesslich, nach einer konstruktivistischen Phase, wieder zur figürlichen Darstellungsform zurück.

Es erstaunt nicht, dass der Prozess der Umsetzung einer utopischen Kunstpolitik in reelle Machtpolitik zu erheblichen Meinungsverschiedenheiten führte, die sich während den Jahren der kommunistischen Kulturrevolution noch verschärften. In den frühen zwanziger Jahren stand das Volkskommissariat für kulturelle Bildung, das sogenannte NARKOMPROS unter der Leitung von Anatoli Lunatscharski[8], noch in einem konstruktiven Dialog mit den verschiedenen Künstlergruppierungen. Doch Lenin und Stalin hatten ihre Vorliebe für die realistische Malerei

[5] Malewitsch und Tatlin sollen sich während dieser Zeit derart zerstritten haben, dass sie gemeinsame Ausstellungen vermieden oder ihre Werke vor gegenseitigen Übergriffen durch Bewachungspersonal beschützen liessen.

[6] Der Produktivismus propagierte das künstlerische Schaffen im Bereich der Gebrauchsgegenstände und wurde so zum Vorläufer der Design-Kunst und des Industrie-Design.

[7] Zu den Lebensdaten der bedeutenden russischen Künstler, siehe S. 135 ff.

[8] Lunatscharski, Anatoli, 1875–1933. Lunatscharski war der Sohn eines Beamten. Er bezeichnete sich bereits während seines Studiums in Kiew als Marxist und schloss sich 1895 der sozialdemokratischen Partei an. Nach Studienjahren in der Schweiz und in Frankreich widmete er sich revolutionären Untergrundarbeiten in Moskau, wurde 1899 verhaftet und schrieb in der Verbannung ein theoretisches Werk über Marxismus und Ästhetik. 1903 schloss er sich den Bolschewiken an und verbrachte die Jahre bis zur Revolution im politischen Exil in Westeuropa, wo er erstmals mit Lenin zusammenarbeitete. Im Mai 1917 kehrte er nach Russland zurück und wurde als führender Politiker und Volkskommissar für Bildung zum Hauptexperten in Sachen Kultur. Er vertrat in dieser ersten, liberalen Periode des sowjetischen Kulturlebens eine tolerante und insbesondere gegenüber dem Modernismus aufgeschlossene Haltung. Als Verfasser zahlreicher geschichtlicher und theoretischer Arbeiten erkannte er noch die Bedeutung der eigenständigen Rolle der Intelligenzia im neuen System der herrschenden Eliten an. Mit dem aufkommenden Stalinismus verlor Lunatscharski jedoch zunehmend an Einfluss und wurde gezwungen, seine modernistischen Überzeugungen aufzugeben. Im Jahre 1927 entstand ein Aufsatz über den sozialistischen Realismus, und 1933 wurde er als Botschafter nach Spanien abgeschoben.

der *Peredwischniki*⁹ des ausgehenden 19. Jahrhunderts bereits unmissverständlich zum Ausdruck gebracht. Die Peredwischniki lehnten bekanntlich die akademische L'art pour l'art-Haltung ab und versuchten durch die Darstellung des einfachen Lebens in realistischer Malweise, ein soziales Engagement zu manifestieren. Ihr Bestreben, ihre Kunst dem Volk nahezubringen, gipfelte 1870 in der Gründung einer Gesellschaft zur Organisation von Wanderausstellungen. Sie wurden in den folgenden Jahren vom Kunstkritiker W.W. Stassow und dem bekannten Sammler P.M. Tretjakow unterstützt. Lunatscharski hingegen wurde bereits vor Lenins Tod im Jahre 1924 offen kritisiert für seine Förderung moderner Maler, die sich der gegenstandslosen Kunst widmeten. 1929 wurde er schliesslich seines Postens enthoben.

Unter den zahlreichen Interessengruppen dieser Zeit sollen hier die markanten, sich kämpferisch gegenüberstehenden Vertreter der Szene erwähnt werden: Die Assoziation der Künstler des revolutionären Russland, die AChRR, vereinigte die realistischen Maler, die stilistisch und inhaltlich die Tradition der Genre- und Historienmalerei des 19. Jahrhunderts fortsetzten. Ihnen stellte sich unter der Führung von Kasimir Malewitsch das St. Petersburger Staatliche Institut für künstlerische Kultur, das GINChUK, entgegen; Malewitsch und seine Anhänger verteidigten, wie erwähnt, Notwendigkeit und Neubeginn des ungegenständlichen Kunstschaffens. Eine weitere Oppositionsgruppe bildete die neofuturistische «Linke Front der Künste», die LEF aus Moskau, unter der Führung von Wladimir Majakowski¹⁰, Alexander Rodtschenko und Sergej Tretjakow¹¹. Schliesslich gründeten junge Moskauer Künstler unter der Leitung von David Schteren-

⁹ «Wanderer» oder «Wanderaussteller» nannte sich eine Gruppe von dreizehn russischen Künstlern, die wegen des herrschenden Konformismus ihren Austritt aus der Petersburger Akademie erklärten. Zu den führenden Figuren gehörten die Maler Kramskoj, Repin, Serow und Wereschtschagin. Die jüngeren Vertreter der Peredwischniki schlossen sich im Jahre 1923 der AChRR an. Siehe unten S. 26.

¹⁰ Majakowski, Wladimir, 1893–1930. Schriftsteller und Gründer der Literaturvereinigung «Linke Front» (LEF). Als bedingungsloser proletarischer Sozialist und Futurist verkörperte er nicht nur den Geist der Revolution, sondern verstand sich auch als Wegbereiter und Vorbote der neuen Weltordnung. Seinen Bekanntheitsgrad verdankte er insbesondere seinen modernistischen, ausgesprochen lyrischen Antikriegsgedichten sowie seinen Propagandaplakaten, die ihn zum Meister der Agitation für die Revolution machten. Doch das neue Establishment unter Lenin und Stalin zog bald wieder traditionelle, klassische Ideale vor und verwarf das allzu revolutionäre Gedankengut Majakowskis als ideologisch unannehmbar und «antinational». Er beging am 14. April 1930 Selbstmord.

¹¹ Tretjakow, Sergei Michajlowitsch, 1892–1939. Schriftsteller, Literaturkritiker und Herausgeber der Zeitschrift Novy LEF. Als Vertreter des Futurismus sah er bereits in den zwanziger Jahren die Rolle des Künstlers als «Ingenieur der Seele», eine Formulierung, welche auch unter Stalin wieder aufgegriffen wurde. Tretjakow fiel zusammen mit seinen Freunden, dem Schriftsteller A. Gastew sowie dem bekannten Theaterdirektor W. Meierhold, im Jahre 1939 dem Stalinterror zum Opfer.
Die Tretjakow-Galerie erhielt ihre Bezeichnung vom gleichnamigen Moskauer Kaufmann P.M. Tretjakow, 1832–1898, der im Jahre 1892 seine bedeutende Kunstsammlung der Stadt Moskau geschenkt hatte.

*Iwan N. Kramskoi:
Der Waldhüter,
1874, Bild aus der
Blütezeit des Kriti-
tischen Realismus.
Kramskoi war Mit-
begründer der
Gruppe der «Wan-
derausssteller».*

berg im Jahre 1925 die Gesellschaft der Staffeleimaler, die OST; sie bilden ein Sammel-
becken ideologisch motivierter Maler, die sich
weder der Avantgarde noch dem konservativen
Realismus der AChRR anschliessen moch-
ten.[12] Das St. Petersburger Gegenstück zur
OST bildete die Gruppe «Der Kreis». Die einzige Gemeinsamkeit dieser Gruppierungen lag
in der Überzeugung, dass – in welcher Form
auch immer – die Diktatur des Proletariats
unmittelbar bevorstehe und dass die neuen
Machthaber auf die erzieherische und auch
propagandistische Kraft der Kunst angewiesen
seien.

Das Kunstleben geriet vor diesem Hintergrund
in den Sog heftiger Debatten, in welchem pro-
letarisch kommunistische Vorstellungen all-
mählich die Oberhand gewannen. So geriet die
Kunst der Avantgarde ab 1928 immer mehr in
Verruf und galt bald als utopisch, ideologisch
undurchführbar und wurde schliesslich ein-
mütig als «abgehoben», «bourgeois» und «formalistisch»[13], ja sogar als volksfeindlich verurteilt. In
einem Klima von Hysterie und Fanatismus begannen treue Parteigänger Andersdenkende anzu-
schwärzen, um sie schliesslich als Volksfeinde zu entlarven. Angehörige der Mittelschicht, Kulaken[14] sowie Intellektuelle und Künstler zogen von nun an von vornherein den Verdacht auf sich,
die Ziele der kommunistischen Partei in Frage zu stellen. Viele Avantgarde-Künstler wurden in
der Folge verhaftet und deportiert – unter ihnen viele Kommunisten –, andere beugten sich der
neuen, staatlich diktierten Kunstideologie oder vernichteten ihre Bestände in den Ateliers und
gaben, zumindest offiziell, ihre Kunsttätigkeit auf. Die Avantgarde fiel so in den frühen dreissiger
Jahren in eine Zwangsnarkose, aus der sie auch dreissig und vierzig Jahre später – während der
sogenannten zweiten Avantgarde – nicht mehr im alten Zustand erwachen sollte.

[12] Zu ihren Vertretern gehörten: Alexander Dejneka, Alexander Labas, Juri Pimenow, Alexander Tischler und Konstantin Wjalow.

[13] Zu den Beschlüssen der Schriftstellerkongresse, siehe unten S. 24 sowie S. 201.

[14] Als Kulaken galten privatwirtschaftlich organisierte Grossbauern sowie Bauern des Mittelstandes.

Skizze von Alexander N. Samochwalow. Das Werk entstand bereits 1925 und nahm so die staatlich verordnete Heroisierung von Industrie, Landwirtschaft und Wohlstand der dreissiger Jahre vorweg.

Der Untergang der ersten russischen Avantgarde ist untrennbar mit den letzten schicksalsreichen Lebensjahren ihrer berühmtesten Vertreter Kasimir Malewitsch und Pawel Filonow verbunden. Ihr internationaler Bekanntheitsgrad erlaubte ihnen, unbehelligt in der Opposition zu verharren, während ihre Freunde und Mitläufer in die Emigration oder in den Selbstmord getrieben, auch verhaftet und eingesperrt wurden.[15] Bereits 1923 hielt Malewitsch in einer kritischen Veröffentlichung fest, dass nun im Volkskommissariat für kulturelle Bildung die konservativen Tendenzen der AChRR «in der Kunst die Oberhand gewinnen, was einen grossen Sieg über die Kritiker und Sammler bedeutet, die (bis dahin) das Schicksal der Kunst wie der Künstler bestimmt haben. Nur die stärksten Künstler haben den Kampf gegen diese Kräfte überstan-

---

[15] So gerieten in den späten zwanziger Jahren neben Kasimir Malewitsch in St. Petersburg auch Vera Jermolajewa, Nikolai Sujetin, Pawel Basmanow und Konstantin Roschdestwenskij in die Isolation; das gleiche Schicksal traf den Photographen und Maler Alexander Rodtschenko sowie den Lyriker und Graphiker Wladimir Majakowski; letzterer beging 1930 Selbstmord, wurde aber auf Grund eines Schreibens seiner ehemaligen Geliebten Lily Brik, welches direkt an Stalin gerichtet war, 1935 offiziell rehabilitiert.

*Kasimir S.
Malewitsch,
Frau mit Stab
in Rot, 1932*

den, ...».[16] Und ein Jahr später unterstrich er in einer Kunstzeitschrift die unterschiedlichen Anliegen konservativer und progressiver Künstler: «Die Künstler der AChRR bilden die Wirklichkeit ab, während die linken Künstler selbst eine Wirklichkeit schaffen und so zu den Akteuren der revolutionären Ereignisse werden. Selbst Schöpfer zu sein oder lediglich nachzuzeichnen, was bereits da ist, sind Tätigkeiten, die sich wesentlich unterscheiden.»[17] Im Juni 1926 wurden Malewitsch und insbesondere die Aktivitäten seines «Staatlichen Institutes für künstlerische Kultur», des GINChUK, in einem Artikel der Leningrader Parteizeitung scharf angegriffen. Wenig später musste das Institut seine Türen schliessen, und 1930 wurde Malewitsch wegen angeblicher Spionagetätigkeiten für Deutschland verhaftet und eingesperrt. In Pawel Filonows Tagebuch aus dem Jahre 1932 findet sich dazu folgender Eintrag: «Dann begann Malewitsch sich über sein Schicksal zu beklagen und sagte, er sei drei Monate im Gefängnis gewesen und verhört worden. Der Untersuchungsbeamte habe ihn gefragt: ‹Was ist das für ein Cézannismus, von dem Sie sprechen? Was ist das für ein Kubismus, den Sie predigen?› ‹Die AChRR's wollten mich vernichten. Sie sagten: ‹Zerstört Malewitsch, und der ganze Formalismus wird verschwinden.› Aber sie schafften es nicht. Ich überlebte. Es ist nicht so einfach, Malewitsch aus dem Weg zu räumen.›»[18] Und er sollte recht bekommen, denn weder sein Ausschluss aus dem

---

[16] Zitat aus dem Staatlichen Archiv der Oktoberrevolution und des Sozialistischen Aufbaus, St. Petersburg, Dokumentensammlung Nr. 4340, Schriftstück vom 15. August 1923. Ebenso äusserte sich Vera Jermolajewa in ihrem Schreiben an den damals in Paris lebenden Michail Larionow im Jahre 1926: «Die AChRR übernimmt das Kommando. Die Kunst des AChRR wird zur Staatskunst ... Während die AChRR mit zweihundert Zeilen in der Zeitung gewürdigt wird, erwähnt man uns mit keiner einzigen. Die AChRR konnte in den Räumen der Moskauer Landwirtschaftsmesse eine Ausstellung mit 2500 Gemälden zeigen, ein ganzes Jahr lang. In jeder Hauptstadt eines Bezirkes eröffnet die AChRR Künstlerwerkstätten. Sie erhält staatliche Fördermittel. Sie schickt ihre Künstler in jeden Winkel des Landes, um das Alltagsleben der Völker der UdSSR darzustellen.» Zitiert aus der Textbeilage zur Ausstellung *Ingenieure der Seele* in der Villa Stuck, München, 1993.

[17] Schizn iskusstwa, 1924, Nr. 6, S. 24. Vergleiche auch unten S. 60: *Russische Kunsttheorien.*

[18] Tagebucheintragung Pawel Filonows vom 4. November 1932, Handschriftenabteilung des Staatlichen Russischen Museums, St. Petersburg, Dokumentensammlung Nr. 156; siehe auch unten S. 160 zur Biographie Malewitsch.

Petersburger Institut für Kunstgeschichte im Jahre 1929 noch seine Verhaftung verhinderten, dass die Tretjakow Galerie in Moskau noch im selben Jahr eine Retrospektive seiner Werke eröffnete. Malewitsch führte so in den ersten Jahren des Stalinregimes ein eigenartiges und einsames Kunstdasein. Das Russische Museum kaufte gegen die herrschende Doktrin mehrere seiner Werke, und 1935 wurde ihm gar die Ehre eines Staatsbegräbnisses zuteil; doch mit seiner Beerdigung wurde auch endgültig die erste russische Avantgarde zu Grabe getragen.

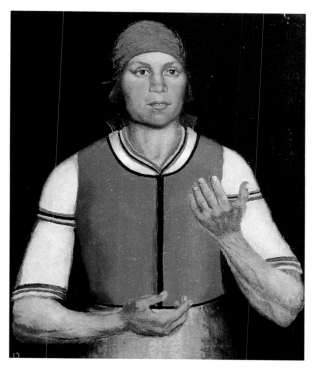

Kasimir S. Malewitsch, Arbeiterin, 1933

Es darf hier nicht unerwähnt bleiben, dass der Niedergang der avantgardistischen Utopie zeitlich mit den Anfängen der unheilvollen Gulag-Geschichte Russlands zusammenfiel. Die ersten sowjetischen Arbeitslager entstanden in den frühen zwanziger Jahren – in den kommenden fünfzig Jahren sollten es deren zwanzigtausend werden. Unter der Schreckensherrschaft Stalins[19] verlor das Land einen bedeutenden Teil seiner kulturellen Elite. Wer nicht emigrierte, wurde von politischen Polizeiorganen, der sogenannten Tscheka[20], aufgegriffen, verschleppt, verhört, gefoltert und interniert. Die Willkür dieser Verhaftungswellen war grenzenlos und grausam; die Tscheka war hierarchisch organisiert und musste ihre Tätigkeit mit Erfolgszahlen rechtfertigen. Wer nicht regelmässig sein Plansoll wilder Verhaftungen erreichte, galt als ineffizient und wurde selbst Opfer von Denunziationen.

Die Verhaftungen richteten sich folglich nicht gegen Andersdenkende, sondern Denkende schlechthin, allen voran gegen die Mitglieder der Kirche, gegen Schriftsteller, Maler,

---

[19] Joseph Wissarionowitsch Dschugatschwili, genannt Stalin, 1879–1953, stammt aus Georgien und begann seine offizielle Staatskarriere 1917 als Redaktor der «Prawda». Er betrieb die Zentralisierung der sowjetischen Republiken und wurde 1922 Generalsekretär der kommunistischen Partei. Während den Moskauer Schauprozessen der Jahre 1936 bis 1938 eliminierte er seine letzten Gegner und regierte und terrorisierte die UdSSR bis zu seinem Tode mit eiserner Hand.

[20] Die Willküraktionen der Tscheka terrorisierten Russland noch während vieler Jahrzehnte – ihr Name wurde allerdings bereits im Jahre 1922 offiziell abgeschafft. Sie nannte sich fortan G.P.U. (staatspolitische Verwaltung) und trennte vordergründig Polizei- und Richterkompetenzen.

Klosteranlage Solowki im Weissen Meer (Karelien); der Solowezki-Archipel wurde in den zwanziger Jahren zum berüchtigtsten Gulag Russlands – es waren dort vor allem Intellektuelle und Künstler interniert.

Philosophen und Handeltreibende – kurz, gegen alle, die sich nicht hinter einer proletarischen Tätigkeit verstecken konnten.[21]

Der schöpferischen Tätigkeit unzähliger Künstler wurde so, ungeachtet ihrer politischen Überzeugung, während der Stalinzeit ein jähes Ende bereitet.

Angesichts des erwähnten – und letztlich in seiner menschlichen und geschichtlichen Dimension unfassbaren – kommunistischen «Klassen-Genozids», welcher unbestritten mit Lenin und nicht erst mit Stalin seinen unheilvollen Anfang genommen hat, soll hier als kleiner Exkurs das Kloster der Solowezki-Inseln zur Sprache kommen, dessen Umwandlung in ein Arbeits-

[21] Zu einer umfassenden Darstellung des Klassen-Genozids unter dem Deckmantel des Kommunismus kommt es interessanterweise erst seit 1997 durch den französischen Kommunismus-Experten Stéphane Courtois. Er hält auch die Vergleichbarkeit zu Hitlers Rassen-Genozid für durchaus gegeben, da die Gemeinsamkeiten der beiden Systeme bei weitem schwerer wiegen als ihre ideologischen Unterschiede. Während sich die kommunistische Theorie bekanntlich auf eine jahrhundertealte Suche nach dem Guten und Gerechten berufen kann, hat die nationalsozialistische Ideologie ihren Rassismus nie verschwiegen und die Ausmerzung der Juden und anderer Minderheiten zu einem programmatischen Grundsatz gemacht. (Aus: «Le livre noir du communisme. Crimes, Terreur, Repression», Edition Robert Laffont, Paris 1997 – deutsche Ausgabe Piper München, 1998) siehe auch S. 69.

lager im Jahre 1922 zum extremen Schaubild brutaler Zerstörung kultureller Werte wurde. Der Solowezki-Archipel liegt mitten im Weissen Meer und galt seit jeher wegen der harten klimatischen Verhältnisse als nahezu unbewohnbar, bis im 15. Jahrhundert die beiden Mönche German und Sawati das Wagnis eingingen, auf der eisigen Inselgruppe zu überwintern. Entgegen allen Erwartungen überlebten sie, worauf in den folgenden Jahren mit dem Bau einer Klosteranlage[22] begonnen wurde. Die Inseln wurden teilweise entsumpft und Wälder aufgeforstet, was laut Berichten zu Klimaveränderungen führte und den Archipel für kommende Generationen bewohnbar machte. Es wurden Fischzuchtanlagen erstellt, Ackerbau betrieben, und bald widmete sich die autarke, kleinstaatähnliche Klostergemeinschaft sogar dem Schiffbau, kontrollierte die Fischereirechte im Weissen Meer und ent-

*Klosteranlage
Solovki im Weissen
Meer (Karelien)*

wickelte sich so zu einer kleinen Handelsmacht[23], die jedoch ihr christlich klösterliches Grundanliegen nie aus den Augen verlor. Solovki widmete sich der Ikonenmalerei und übte jeweils im Sommerhalbjahr für die Bewohner des karelischen Festlandes eine universitäre Lehrtätigkeit aus.

     Natürlich blieb die politische und kulturelle Bedeutung der Solowezki-Inseln in Moskau nicht unbeachtet und führte während der Machtkämpfe um die weltliche Vormachtstellung des Zaren zu Konflikten[24]. Die klösterliche Festungsanlage behauptete sich im 17. Jahr-

---

[22] Eine der hervorragenden Persönlichkeiten, die dem Kloster zwischen 1548 und 1566 vorstanden, war Abt Philipp, der spätere Metropolit von Moskau.

[23] «L'esprit d'entreprise et le génie inventif de ses moines sont connus dans toute la Russie. Sur un espace inculte de sept cent vingt-huit kilomètres carrés, tout au nord de l'Europe, ils ont établi des champs, des potagers … et possèdent même une flottille de bateaux à vapeur construits sur place. Solovki est devenu un centre industriel et commercial …» *Dictionnaire universel d'histoire et de géographie*, de M.N. Bouillet, 1893.

[24] Die erwähnten Machtkämpfe fielen in die Zeit des russischen Kirchenschismas, der sogenannten Raskol des 17. Jahrhunderts, wo sich Nikon, der Patriarch von Moskau (1605–1681) und Awwakum, der Oberpriester aus Nischni Novgorod (1620–1682) gegenüberstanden. Letzterer war der Führer der Altgläubigen, der Raskolniki, und endete 1682 auf dem Scheiterhaufen. Patri-

*Klosteranlage
Solovki im
Weissen Meer
(Karelien)*

hundert während langer Zeit gegen die Truppen der Staatsgewalt und entwickelte sich im Laufe des 18. Jahrhunderts zu einem abgelegenen Refugium für Andersdenkende und zu einem Verbannungsort für Kritiker der zaristischen Monarchie. Dennoch wurde die Anlage wiederholt vom Zaren und anderen staatlichen Amtsträgern besucht und reichlich mit Geschenken bedacht.

Solovki präsentierte sich so noch während den ersten Jahrzehnten unseres Jahrhunderts wie ein aus dem Eismeer geborenes Utopia, und es mag paradox erscheinen, dass ausgerechnet im nördlichen Russland ein vierhundertjähriger klösterlicher Kommunismus als eine wirtschaftliche und kulturelle Organisationsform heranwuchs, die für die Sowjetunion der kommenden Jahre als Vorbild hätte dienen können. 1922 beschloss die Sowjetregierung aber, das Kloster in ein Gefängnis umzuwandeln und übergab die Anlage der Tscheka. Sie stürzte Solovki innert weniger Monate in eine Hölle des Schreckens. Der Name der Klosterinsel wurde so bald zum Inbegriff der stalinistischen Willkürherrschaft. Die Grausamkeiten der folgenden Jahre sollen hier nicht zur Sprache kommen.[25] Mancher Gulagleiter liess sich in der Folge von künstlerisch begabten Häftlingen porträtieren, und während den dreissiger Jahren erlaubte die Lagerordnung von Solovki das Entstehen einer halboffiziellen literarischen und kunsthandwerklichen Tätigkeit, die bald auch auf dem Festland von sich reden machte. So wurden inhaltlich zensurierte Zeitungen herausgegeben und sogar Theateraufführungen inszeniert. Doch solche Entwicklungen hielten sich immer nur für kurze Zeit und unterlagen ganz der Willkür des jeweiligen Lagerleiters.[26]

arch Nikon stammte aus einer Bauernfamilie und wirkte zunächst als Weltgeistlicher. 1635 wurde er Mönch, 1649 Metropolit von Novgorod und 1652 Patriarch von Moskau; er verdankte seine Ernennung dem Zaren Alexej Michailowitsch. Unter ihm setzte sich die Kirchenreform nach griechischem Vorbild durch. 1658 überwarf sich Nikon allerdings mit dem Zaren und wurde nach langwierigen Auseinandersetzungen um das Primat der geistlichen Gewalt 1666 seines Amtes enthoben und verbannt. Die Raskolniki von Solovki behaupteten sich bis ins Jahr 1676.

[25] Siehe hierzu die überlieferten Berichte in *Un bagne en Russie rouge* von R. Duguet aus dem Jahre 1928.

Was uns heute unter anderem als Zeugnis der tragischen Gulag-Kultur bleibt, sind die im Museum des wissenschaftlichen Informations- und Bildungszentrums Memorial in Moskau gesammelten Werke und Skizzen, die das Schicksal ihrer Urheber überlebt haben und so zum Mahnmal unglaublicher Verluste kulturellen Schaffens für die Sowjetunion werden. Verständlich bleibt letztlich nur, dass künstlerisch begabte Häftlinge auch abgeschnitten von ihrem sozialen Umfeld in der schöpferischen Tätigkeit Zuflucht suchen.

Der Name Solovki hat bis in die heutige Zeit selbst bei jüngeren Russen seinen unheilvollen Beigeschmack nicht verloren. Dies ist um so erstaunlicher, als die Gulag-Einrichtung bereits in den vierziger Jahren zugunsten neuerrichteter Arbeitslager im Osten und Norden des Landes aufgegeben

A. Wasiljew, Portrait einer Armenierin, 1942 Aquarell Gulag Art, Memorial Association, Moskau

und für die kommenden Jahrzehnte zur militärischen Sonder- und Ausbildungszone der sowjetischen Marine deklariert wurde. Heute leben im Kloster Solovki wieder junge Mönche.

Der Zusammenhang der dramatischen Ereignisse zur Zeit der Entstehung des Sozialistischen Realismus sowie der sowjetischen Gulags und der hier zu erörternden Kunstfrage passt vielleicht schlecht in die westliche Sehweise der Dinge und mag beim Leser gar auf Unverständnis stossen. Das liegt zum einen daran, dass das Kunstschaffen im genuss- und marktorientierten Westen ein völlig entpolitisiertes und weitgehend entideologisiertes Dasein fristet und in seinem zensurfreien Aussenseiterdasein auch keine gesellschaftliche Verantwortlichkeit kennt.

[26] Siehe hierzu auch die Schilderungen des heute über 90jährigen St. Petersburger Gelehrten Dimitri S. Lichatschow in seinem Werk *Hunger und Terror. Mein Leben zwischen Oktoberrevolution und Perestroika*, herausgegeben von Igor P. Smirnov. Edition tertium, Ostfildern 1997. «Der Gelehrte schildert die rauschgiftsüchtigen, von Läusen zerfressenen Waisenkinder dort, den absichtlich im Altarraum der Klosterkirche untergebrachten Abort, die willkürlichen Erschiessungen. Und dennoch ermöglichten damals das Kriminologische Institut, ein Museum und Theater, vor allem aber die Beschränktheit der Aufseher vielen Häftlingen willkommene geistige Betätigung und Austausch. Die wirkliche geistige Verarmung setzte daher erst nach der Entlassung ein, als sich viele Ex-Häftlinge in isolierten Verbannungsorten ansiedeln mussten und physisch wie psychisch gebrochen waren.» Frankfurter Allgemeine Zeitung, 28. November 1997, *In der Hölle Freiheit finden.*

A. Vitkauskas, Portrait eines Häftlings, 1953 Aquarell Gulag Art, Memorial Association, Moskau

Demgegenüber kann sich der sowjetische Künstler «...der Macht nicht als etwas Unpersönlichem, ihm Äusserlichen entgegenstellen, wie das der westliche Künstler in seinem Verhältnis zum Markt tut.»[27] Auch gesellschaftskritische Inszenierungen westlicher Kleintheater ändern an dieser Tatsache nichts. Zum anderen muss man sich vor Augen halten, dass die russischen Gulags keine Orte für Wirtschaftskriminelle oder Mörder oder Tagediebe waren, sondern dass der Grossteil der Internierten für die Verteidigung rein immaterieller Werte verurteilt wurde. So gleicht bezeichnenderweise selbst der unerschütterlichste Dissident keineswegs einem Helden westlicher Färbung. Mit seiner kämpferischen Bereitschaft, für hohe Ideale Entbehrungen auf sich zu nehmen, ja materielle Vorteile geradezu zu verachten, passt er eher ins Bild des offiziell propagierten Sowjetmenschen.

So muss das Entstehen und das Überleben der Epoche des sozialistischen Realismus vor dem Hintergrund dieses ideellen und dramatischen – vielleicht typisch russischen – Lebensgefühls gewürdigt und verstanden werden. Es wird sich auch zeigen, dass selbst naheliegende Parallelen zur Kunst des deutschen Nationalsozialismus der dreissiger Jahre einem künstlerischen Vergleich nur beschränkt standhalten.

---

[27] Groys, *Gesamtkunstwerk Stalin*, S. 16.

*I.I. Brodski,
W.I. Lenin im
Smolny, 1930.
Das Werk wurde
vom Künstler mehr-
mals kopiert und
hing in zahlreichen
Museen der ehema-
ligen Sowjetunion.
Brodski war Stalins
Hofmaler und
erster Präsident der
«neuen», staatlichen
Petersburger Kunst-
akademie.*

Begriffsbestimmung

Die Kunst Russlands des frühen 20. Jahrhunderts sollte also mehr als anderswo in Europa höheren ideellen Zielen dienen und so unvermeidbar als Sprachrohr politischer Ideen genutzt werden.
Das autoritäre Eingreifen Stalins in die offen ausgetragenen Konflikte der einzelnen Künstlergruppierungen führte in der Konsequenz zur Geburt der Epoche des Sozialistischen Realismus[28].
Die Anforderungen an das künstlerische Schaffen wurden nun – soweit möglich – staatlich definiert. Die Partei löste hierzu im Jahre 1932 per Dekret alle Künstlervereine und -gruppierungen
auf und ersetzte sie durch einen offiziellen, nach Kunstgattungen aufgegliederten Künstlerverband.
Für die staatlich anerkannten Künstler wurde die Mitgliedschaft obligatorisch und durch einen
Mitgliederausweis kontrollierbar.[29] Solche berufständische Gleichschaltungsgesetze kannte auch

[28] Der Begriff des Sozialistischen Realismus erscheint erstmals in einer Moskauer Literaturzeitschrift aus dem Jahre 1932.

[29] Der landesweite Verband für die Bildenden Künste entstand zwar erst 1957, aber bis dahin wurde die erwähnte Kontrollfunk-
tion durch die Moskauer Sektion der Vereinigung Sowjetischer Künstler (MOSSCh) ausgeübt. Die neuen Verbände gaben den

*W. Wichtinski,
Leiter einer
Malerbrigade,
Friedensvertrag-
Unterzeichnung
zwischen China
und der
Sowjetunion,
1950*

das faschistische Italien unter Mussiolini mit seiner «legge Rocco» aus dem Jahre 1926, und ab 1937 trieb die Kunstzensur im totalitären Deutschland ihr Unwesen.

Der Begriff des sozialistischen Realismus wurde anlässlich des ersten Schriftstellerkongresses im Jahre 1934 inhaltlich präzisiert. Andrei Schdanow[30], damals Stalins führender Kunstideologe, rief alle Schriftsteller auf, sich in ihren Werken an sozialistischen Inhalten[31] zu orientieren, zum «Ingenieur der menschlichen Seele» zu werden und nicht etwa trotz, sondern

Künstlern nicht nur die ideologische Richtung vor, sie garantierten ihnen auch ein Mindesteinkommen, verschafften ihnen Zugang zu Arbeitsmaterial und Ateliers und verhalfen ihnen zu Aufträgen.

[30] Schdanow, Andrei, 1896–1948. Er schloss sich im Jahre 1915 der bolschewistischen Bewegung an und bemühte sich als treuer Anhänger und zukünftiger Schwiegersohn Stalins erfolgreich um eine Parteikarriere. 1939 wurde er Mitglied des Politbüros, und ab 1946 förderte er als Leiter der Propagandaabteilung die rücksichtslose Anbindung von Kunst und Wissenschaft an die Prinzipien der kommunistischen Partei. Schdanows Nachfolger wurde Georgi Malenkow.

[31] «Wenn der Künstler das Leben richtig darstellen will, muss er zwangsläufig die Entwicklung zum Sozialismus sehen und aufzeigen. Darin wird sozialistische Kunst, wird der sozialistische Realismus bestehen.» Angebliches Zitat Stalins in den frühen Morgenstunden des 26. Oktobers 1932 anlässlich eines geheimen Treffens von Schriftstellern in der Wohnung von Maxim Gorki.

gerade dank der «revolutionären Romantik …
mit beiden Beinen auf dem Boden des wirklichen Lebens» zu stehen. Schdanows Aufruf
wurde sodann ohne Modifikationen auf sämtliche Kunstgattungen übertragen, und die
konservativen Maler des revolutionären Russland, der ehemaligen AChRR, standen so verständlicherweise in der offiziellen Gunst der
Partei. Sie förderte ab den späten zwanziger
Jahren den idealisierend überhöhten, realistischen Stil der Maler Isaak Brodski, Alexander
Gerassimow sowie Gregori Schegal. Stalin
selbst soll zeitlebens überhaupt nur zwei Ausstellungen besucht haben, deren erste die konservative AChRR im Jahre 1928 anlässlich des
zehnten Jahrestages der Gründung der Roten
Armee organisiert hatte.

*G. Schegal,
Führer, Lehrer
und Freund,
1937*

Die linientreuen Maler
orientierten sich stilistisch und inhaltlich an
den Werken der sogenannten Wanderaussteller, der «Peredwischniki», die sich der bürgerlich akademischen Bilderwelt ihrer Zeit entgegenstellten und bereits im ausgehenden 19. Jahrhundert Armut und Elend der russischen Landbe-
völkerung thematisierten. Sie erhielten so für die jungen Maler des postrevolutionären Russland
Vorbildcharakter.

Es liegt auf der Hand, dass ein solcher Versuch, das Kunstschaffen staatlich zu
monopolisieren, viele Künstler in eine innere Emigration drängte. Sie bildete den Nährboden für
die Entstehung der inoffiziellen Kunstszene, die bis zu Stalins Tod allerdings noch ein weitgehend
verstecktes Dasein fristete und erst während der Jahre des kalten Krieges erstarkte und mitunter
sogar in die Rolle eines politischen «Agent provocateur»[32] schlüpfte. Neben diesem Kunstdualis-
mus führten die Ereignisse der dreissiger Jahre zu einer weiteren kunstgeschichtlich bedeutenden
Veränderung. Die Avantgarde verstand sich als eine internationale, grenzüberschreitende Bewegung[33] und stand insbesondere mit Frankreich in einem intensiven Dialog. Demgegenüber förderte der sozialistische Realismus nationale, vaterländische Werte. Einerseits sollte die Verherrli-

[32] Siehe unten S. 43.

[33] Anderer Ansicht Groys, S. 88 *Gesamtkunstwerk Stalin.*

W. Serow, Winterpalast erobert, 1954. Politisch bedeutsame Themata aus der Revolutionsgeschichte werden während Jahrzehnten immer wieder aufgegriffen und als Auftragsarbeiten vergeben, meist in Form von Wettbewerben.

chung der Heimat von den unsäglichen wirtschaftlichen Versorgungsproblemen ablenken, und andererseits förderten die Drohgebärden der aggressiven deutschen Ostpolitik einen propagandistisch untermauerten Nationalismus. Der deklarierte Hauptfeind des deutschen Reiches war zu dieser Zeit bekanntlich die Sowjetunion.

Die frühen dreissiger Jahre setzten auch der Experimentierfreudigkeit der künstlerischen Darstellung ein jähes Ende. Stilistisch und inhaltlich besinnt man sich wieder auf klassische, figürliche Themen. Dass es sich dabei keineswegs um eine rein russische Entwicklung handelt, wird bei der Erörterung der Stilfragen noch zur Sprache kommen müssen.[34] Eine weitere Umorientierung betrifft die Darstellung des Menschen selbst; er ist aus der Kunst der Avantgarde verschwunden und steht nun in der Ideologie des sozialistischen Realismus wieder im Zentrum. Die Kunst sollte aktiv mithelfen, ein neues Menschenbild zu propagieren – die Werke dieser Periode strahlen Optimismus und Fortschrittsglauben aus.

Schliesslich verschwand der private Kunstmarkt mit den kunstpolitischen Massnahmen der dreissiger Jahre vollständig. An seine Stelle trat ein staatliches, despotenhaft organisiertes Mäzenatentum. Den schwarzen Schafen unter den Künstlern wurde von nun an jede Möglichkeit genommen, an öffentlichen Ausstellungen teilzunehmen, während die weissen mit bezahlten Studienreisen, Arbeitswerkstätten und finanziellen Vorteilen bedacht wurden. Der Staat war nun alleiniger Auftraggeber und Kunstzensor zugleich. Er förderte überdies den Zusammenschluss von Malern zu sogenannten Künstlerbrigaden[35]. Unter der künstlerischen Leitung eines Hauptverantwortlichen entstanden für öffentliche Gebäude oder Ausstellungen grossflächige Gemälde, die allein durch ihr Format die Sphäre des privaten Kunstkonsums verlassen hatten. Es

[34] Zu den Parallelen zur klassizistischen Moderne des Westens, siehe unten S. 69.

[35] So entsteht beispielsweise das Wandbild «Verdiente Persönlichkeiten des Sowjetlandes» für den New Yorker Sowjetpavillon im Jahre 1939 unter Brigadeleiter W. Jefanow. Brigademitglieder sind A.P. Bubnow, T.G. Gaponenko, W.W. Krajnjew, A.Ch. lawrow, G.G. Nisskji, W.G. Odinzow, A.A. Plastow, K.P. Rotow, D.A. Schmarinow und M.I. Sidorow.

liegt auf der Hand, dass sich der Staat in Form von Skizzenbesprechungen oder Wettbewerbsveranstaltungen mittelbar auch an der künstlerischen Bewältigung der vorgegebenen Themen beteiligte. Während der Jahre des Stalin-Terrors etablierte sich schliesslich das neue Kunstdiktat vollständig, und Alexander Gerassimow hielt 1938 fest: «Die Volksfeinde …, die faschistischen Agenten, die in der Kunstszene aktiv mitgewirkt und mit allen Mitteln die Entwicklung der sowjetischen Kunst torpediert und gestört haben, sind nun durch den sowjetischen Geheimdienst entlarvt und neutralisiert worden … Dies hat die Entstehung eines gesünderen schöpferischen Umfeldes gefördert und unter den Massen der Kunstschaffenden eine Welle der Begeisterung ausgelöst.»[36] Kurz darauf, im Jahre 1941, wurden erstmals die lukrativen Stalinpreise verliehen, und 1943 erhielt Alexander Gerassimow als erster Maler den Titel eines «Volkskünstlers der Sowjetunion».

Tatjana N. Jablonskaja, Brot, 1949, entstanden in der Zeit grosser Hungersnöte. Die Künstlerin erhält für das Gemälde den Stalinpreis.

Der kontroverse Begriff des sozialistischen Realismus enthielt so zunächst ein inhaltliches Postulat: Die sowjetischen Kunstwerke sollten Ideen zum Ausdruck bringen, die mit den parteipolitischen Parolen im Einklang standen. Sogenannte «ideenlose» Bilder, d.h. solche, die lediglich einen individuellen seelischen Zustand vermitteln, galten als ideologisch schädlich. Die Kunst sollte nicht beschaulich, sondern aktiv, sozial vermittelnd, zugänglich und verständlich sein. In den vierziger Jahren erstarkte mit dem wachsenden Nationalismus zudem die Forderung

---

[36] Zitat aus Cullerne Bown, *Socialist Realist Painting,* S. 12.

Alexander A. Dejneka, Ungezwungenes Leben, 1944

nach Volksnähe. So waren auch zur Zeit des deutschen Nationalsozialismus Künstler nicht gefragt, die sich in elitärer Weise vom Volk absonderten. Nach Hermann Göring ist nur «wahre Kunst, was der einfache Mann des Volkes begreift und verstehen kann». Auch in der Schweiz finden sich anlässlich der heftigen Diskussion um die Beurteilung der entarteten Kunst während den späten dreissiger Jahren ähnliche Bemerkungen. Das Postulat der Volksverständlichkeit wurde hier mitunter sogar mit dem Begriff der geistigen Landesverteidigung in Verbindung gebracht.[37]

Seit den Anfängen des sowjetrussischen Nationalismus brachte Stalin die Definition des sozialistischen Realismus auf die einfache Formel «sozialistisch im Inhalt, national in der Form». Dies führte in den dreissiger Jahren noch zu erstaunlichen stilistischen Zugeständnissen an das Kunstschaffen der nicht-russischen Völker im Sowjetreich. Doch in den Nachkriegs-

---

[37] Ein anonymer Verfasser hielt in den Schweizerischen Republikanischen Blättern vom 22. Juli 1939 den «zweifelhaften Werken der entarteten Kunst» den «bodenständigen schweizerischen» Künstler Ernst Hodel entgegen und sprach von «wirklichen» Kunstwerken, «weil sie natürlichen Blicks gestaltete Bilder sind, ... die eine Idee enthalten. ... Das ist Kunst, die unserem Volke etwas sagt ... Und doch gehörte es mit zur geistigen Landesverteidigung, das Verständnis für diese Kunst wieder zu wecken ...»

jahren begann Andrej Schdanow mit der rücksichtslosen Russifizierung sämtlicher Gliedstaaten; sogar Stalins Mahnungen, in diesen Ländern keinen russischen Kulturchauvinismus aufkommen zu lassen, kümmerten ihn wenig.

Im Jahre 1947 kam es zur Neugründung der sowjetischen Kunstakademie. Ihre offizielle Aufgabe war die visuelle Umsetzung und Verbreitung der Parteiideologie, und Alexander Gerassimow betonte in seiner Eröffnungsrede, dass sich nun die Maler aller Republiken dem Primat des traditionsreichen russischen Realismus beugen müssten. Stalins Formel von Inhalt und Form wurde zwar nicht fallen gelassen, doch formelle Gestaltungselemente hatten sich unmissverständlich dem «sozialistischen» Inhalt unterzuordnen. So wurde den traditionsreichen und dekorativen Figuren der transkaukasischen und zentralasiatischen Malerei jegliche kulturelle und erzieherische Bedeutung abgesprochen, und die Moskauer Kunstideologen scheuten sich auch nicht, den «Dekorativismus» jener Kulturen als formalistisch, also antisozialistisch zu verurteilen.[38] In Russland selbst wurden in den selben Jahren alle kosmopolitischen, d.h. jüdischen und intellektuell abgehobenen Elemente ausgemerzt. Dabei geriet insbesondere der von vielen Künstlern hochgeschätzte französische Impressionismus als Ausdruck eines dekadenten Imperialismus in Verruf. Die Diskussion und insbesondere die Verwirklichung des sozialistischen Realismus erhielt so in den letzten Jahren des Stalinregimes eine absurde, aus heutiger Sicht beinahe surreale Note. Doch im Jahre 1950 schien die sowjetische Kunstvereinheitlichung geschafft. Die Werke zentralasiatischer Maler unterschieden sich kaum von jenen ihrer baltischen Kollegen, in den Moskauer Ateliers wie in den kaukasischen Werkstätten bemühte man sich im gleichen Stil um die Darstellung des gleichen Traums. Doch dieser kunst-propagandistische Grossmachtrausch dauerte nur kurze Zeit und endete mit Stalins Tod im Jahre 1953.

Der einheitliche Stil war denn auch kein Bestimmungsmerkmal des Begriffes des Sozialistischen Realismus, wesentlich ist vielmehr die erzählerische Darstellung einer nicht gelebten, aber politisch gewünschten Wirklichkeit. Die massgeblichen Schriftstellerkongresse verlangten deshalb die Lesbarkeit des politischen Bewusstseins des Künstlers. Dieses Bewusstsein manifestierte sich nun insbesondere in der Volksverständlichkeit, «narodnost», der dargestellten Ideen und Gefühle, aber auch in der Erkennbarkeit der ethnischen Vielfalt des Sowjetreiches, im Klassenbewusstsein, «klassowost», welches in der positiven, anfänglich noch heroisierenden Darstellung der werktätigen Bevölkerung sichtbar wird, in der Parteilichkeit, «partiinost», welche die führende Rolle der Partei augenfällig zum Ausdruck bringt, und schliesslich in der narrativen Ideenhaftigkeit, «ideinost», welche die neue Lebenshaltung und propagierte Denkweise zum wesentlichen Bildinhalt macht. Auffallend ist auch, mit welcher Akribie der sozialrealistische Diskurs geführt wurde, mit welchem intellektuellen Eifer die wesentlichen Kunstkriterien erörtert

[38]   Siehe insbesondere auch die Kritik von Boris Weimarn aus dem Jahre 1949, erwähnt in *Socialist Realist Painting*, S. 25.

Alexander N. Samochwalow, S.M. Kirow nimmt die Sportparade ab, 1935

wurden. Insbesondere die Frage des Typischen, «tipichnost» in der künstlerischen Darstellung wurde zur Schlüsselfrage. Durch das Sichtbarmachen des Typischen im gesellschaftlichen Leben zeigt der Künstler seine politische Einstellung zur Wirklichkeit – die Unfähigkeit, das Richtige herauszugreifen, deutet demgegenüber auf innere Differenzen mit der Partei beziehungsweise deren Ideologie. Der Rechenschaftsbericht G. Malenkows zum 19. Parteitag äussert sich dazu unmissverständlich: «Unsere Künstler, Schriftsteller und Artisten müssen sich bei ihrer Arbeit, der Schaffung künstlerischer Bilder, immer dessen bewusst sein, dass das Typische nicht das Verbreitetste ist, sondern das, was mit der grössten Überzeugungskraft das Wesen einer bestimmten gesellschaftlichen Kraft ausdrückt. Vom Standpunkt des Marxismus-Leninismus ist das Typische nicht das Durchschnittliche … Das Typische ist der Dreh- und Angelpunkt, an dem sich die Parteilichkeit der realistischen Kunst erweist. Das Problem des Typischen ist immer ein politisches Problem.» Wer nun diese staatlich abgesegneten Kriterien nicht erfüllte, galt als volksfeindlich und formalistisch. Der Begriff des Formalismus mit seiner extrem negativen Konnotation ist übrigens aus der sowjetischen Kunstdiskussion nicht wegzudenken. Während der Stalinzeit wurde er schlechthin zum Synonym von antikünstlerisch und antisozialistisch; er behält diese Bedeutung erstaunlicherweise bis in die späten siebziger Jahre.[39] «Der Formalismus behandelt die reale Welt, die lebendigen Farben und Klänge mit Verachtung. Er lehnt in der Malerei die Unversehrtheit der Gestalt ab, wie er in der Musik die Melodie und Klarheit der Phrasen ablehnt. Der Formalist hat eine geringschätzige Einstellung dem breiten Publikum gegenüber.»[40]

Der sozialistische Realismus wurde so zu einer staatlich verordneten Marschrichtung für sämtliche Kunstgattungen. Als Kunstbegriff aus der Stalinzeit blieb er eine höchst widersprüchliche Erscheinung, da gerade in den dreissiger und vierziger Jahren heroische, monumentale Bildthemen vorherrschten, die mit der Realität des täglichen Lebens nichts gemein hatten. So lässt die dargestellte und propagierte Wunsch- oder Traumwelt[41] eher an Klassizismus als an Realismus denken. Stalin setzte überdies alles daran, auf antike Vor-

Alexander N. Samochwalow, Metroarbeiterin mit Bohrer, 1937

[39] "One can, nonetheless, stumble across pitiful collectors who try … to acquire these formalist splotches, revealing in this way not only their intellectual poverty but also an anti-social attitude which they share with 'avant-garde artists'." Zitat aus einem Artikel des Kunsthistorikers I. Gorin in der Moskowskaja Prawda vom 17. Mai 1975.

[40] Zitat aus dem Prawda-Artikel *Schmierfinken,* 1936, in welchem die modernistische Verunstaltung von Kinderbüchern durch den Maler W. Lebedew angeprangert wird. Aus *Kunst und Macht,* S. 255. Siehe auch unten S. 191 ff. die aufschlussreichen Aufsätze zum selben Thema von W. Kemenow.

[41] «Das Typische des Sozialistischen Realismus ist die anschaulich gewordene Welt des stalinschen Traums …» Groys, *Gesamtkunstwerk Stalin,* S. 60.

J. Sooster, Im Lager, 1953 Gulag Art, Memorial Association, Moskau

bilder zurückzugreifen, um die Unvergänglichkeit seiner Ära augenfällig zu inszenieren und selbst zur Kultfigur zu werden. Dieser Personenkult sowie die im sozialistischen Realismus auffallend stark verbreitete Portraitkunst sind jedoch keine sowjetischen Neuerfindungen, sondern haben ihre Wurzeln in der russisch-orthodoxen Ikonen-Kultur.[42] So wie das Bild Gottes im alten Russland tatsächlich Gott bedeutete und seine ganze Macht besass, so wurden auch Heilige und Zaren auf ähnliche Weise verehrt. Es erstaunt nun im Kontext der erwähnten staatlich propagierten Marschrichtung nicht, dass dieses kulturelle Potential genutzt und das religiöse Leitbild auf die zentralistische politische Führung übertragen wurde. «So erklärt sich auch, warum Stalin in der Kunst entweder als Held mit übermenschlichen, gottgleichen Kräften oder als Heiliger stilisiert wird, mit allen ikonographischen Symbolen, die die religiöse Kunst dafür entwickelt hat.»[43] Bemerkenswert ist in diesem Zusammenhang, dass sogar Malewitsch in seinem politisch-religiösen Traktat der frühen zwanziger Jahre, das er anlässlich des Todes Lenins verfasste, den Führer der Oktoberrevolution der Christusfigur gleichsetzt: «In der Welt ist jetzt ein neues Ereignis geschehen, das sich im Tode Lenins ausdrückt. Es ist bezeichnend, dass es nach dem Tode Christi das zweite Mal ist, wo eine Weltbeziehung durch eine andere abgelöst wird ... So entstehen die Formen eines neuen religiösen Ritus.»[44] Malewitsch soll auch den Bau des Leninmausoleums in Kubusform «als Symbol der Ewigkeit» vorgeschlagen haben.[45]

Der Begriff des Sozialistischen Realismus wird inhaltlich erst nach Stalins Tod seiner Bezeichnung etwas gerechter. Die Bilder verlieren ihre beschönigende Leichtigkeit und

[42] Lenin hatte sich zwar zeitlebens gegen jeglichen Personenkult gewehrt und die Verehrung seiner Person ausdrücklich verboten, doch schon kurz nach seinem Tod wurde insbesondere die ikonographische Verehrung seiner Person von offizieller Seite gefördert.

[43] Zitiert aus der Textbeilage zum Katalog *Ingenieure der Seele,* David Elliott, Villa Stuck München, 1993.

[44] Zitiert aus *Der Wille zur Kunst,* Beat Wyss, Köln 1996, S. 237.

scheinen in den Ernst des Alltags einzukehren. Doch auch während der folgenden Jahrzehnte darf der Begriff nicht als Stilbezeichnung verstanden werden.[46] Er hat eher die Bedeutung eines ideologischen Sammelbegriffes, der über das künstlerische Diktat von Form und Inhalt weniger aussagt als über die institutionalisierte reelle Sanktionsmöglichkeit in Kunstfragen.[47]

Es ist bemerkenswert, dass die Theorien und die Diskussionen um den Begriff des sozialistischen Realismus Stalin um viele Jahrzehnte überleben und – wie sich zeigen wird – er selbst nach dem Zusammenbruch der Sowjetunion nach einer Überle-

Leninmausoleum, dessen Kubusform auf einen Vorschlag von Malewitsch zurückgehen soll.

bensform sucht. Die Idee des staatlichen Gesamtkunstwerkes wird aufgegeben, die Traditionen der russischen realistischen Malerei werden weitergepflegt.[48] Mit dem Tod Stalins tritt zudem die Untergrundkunst endgültig ins Rampenlicht der sowjetischen Kunstszene. Sie übernimmt von nun an die Rolle eines künstlerischen und politischen Gegenspielers und garantiert für die kommenden Jahre die Fortsetzung der kontrovers und heftig geführten Diskussion um Kunst und Macht in der Sowjetunion.

[45] Das Leninmausoleum wurde in den Jahren 1929 bis 1930 nach einem Entwurf von Alexei Schtschussew errichtet und nahm das Motiv von Kubus und Pyramide auf. Das 1922 entdeckte Grab von Tutanchamun in Luxor soll für die Formwahl ebenso von Bedeutung gewesen sein und Stalin in seinem Vorhaben bestärkt haben, «Lenin als Pharao der Revolution einzubalsamieren ... Das Leninmausoleum bezeugt, in ägyptisierender Gebärde, die unbewusste Rückkoppelung revolutionärer Rhetorik mit den Traditionen der orthodoxen Ostkirche». *Der Wille zur Kunst,* Beat Wyss, Köln 1996, S. 238.

[46] Siehe unten S. 34.

[47] Zum Begriff des Realismus, der zur Stalinzeit einen Traum meint, findet Groys folgende Formulierung: «Realistisch zu sein, bedeutet für den Künstler in dieser Situation, die eigene Erschiessung für als politisches Verbrechen gewertete Differenzen zwischen seinem persönlichen Traum und dem von Stalin zu vermeiden.» *Gesamtkunstwerk Stalin,* S. 60.

[48] Zur Gründung der St. Petersburger Malergilde «Schiwopistew», siehe unten S. 125.

Arkadi A. Plastow, Heuernte, 1945. Ein bedeutendes und weitgehend apolitisches, ideologiefreies Werk aus der Stalinära.

Tauwetter und Eiszeit nach Stalin

Mit Chruschtschows[49] Machtübernahme im Jahre 1953 und insbesondere mit seiner offiziellen Verurteilung der stalinschen Verbrechen anlässlich des XX. Parteitags 1956 zeigten sich auch im sowjetischen Kunstschaffen Merkmale einer Entstalinisierung. Die freiere Themenwahl sowie eine mitunter impressionistisch lockere Strichführung kamen zwar bereits vor Stalins Tod in Mode, doch die erste unzensierte offizielle Ausstellung seit den zwanziger Jahren wurde erst 1954 in Moskau eröffnet. Man zeigte Studien und Skizzen junger Moskauer Studenten. Ein Jahr später trafen sich an der All-Union-Ausstellung die bedeutenden Maler des Landes, unter ihnen ehemalige Stalin-Preisträger, die nun zum Teil inhaltlich vom sozialistischen zum traditionellen Realismus zurückfanden. So gehört zu den erstaunlichsten Eindrücken dieser Ausstellung wohl das Werk

[49] Chruschtschow, Nikita Sergejewitsch, 1894–1971. Er bekleidete zwischen 1953 und 1964 das Amt des ersten Sekretärs des Zentralkomitees der kommunistischen Partei.

Frühling (1954) von Arkadi Plastow, denn ausser der sportlichen Körperhygiene verunmöglicht das Bild jegliche Überprüfbarkeit parteikonformer Ideologien. Der intime, beinahe etwas voyeuristische Charakter der Darstellung, der sich mit einem Hauch von Symbolismus paart, wäre noch fünf Jahre zuvor als formalistische Entgleisung verurteilt worden.

In der sogenannten Tauwetter-Periode[50] erfuhr die offizielle sowjetische Kultur in Form und Inhalt eine zaghafte Liberalisierung, aber auch eine Rückbesinnung auf die traditionellen russischen Werte von vor der Revolution. «Die utopischen Träume vom ‹neuen Menschen› weichen der Orientierung an den konservativen ‹ewigen Werten›, wie sie das russische Volk verkörpert, das Revolution und Stalinismus ‹erlitten› hat. Diese gelten nun als teuflische, unrussische Versuchung, die vom Westen ausgegangen und im Lande selbst vor allem von Fremden propagiert worden ist ... von diesem ganzen ‹nihilistischen Teufelspack›, das Dostojewski in seinem Roman ‹Die Dämonen› beschrieben hat.»[51]

Arkadi A. Plastow, Frühling, 1954. Es gilt als erstes bedeutendes Werk der Tauwetterperiode. Die staatlich definierten Kriterien des sozialistischen Realismus sind nicht mehr erkennbar.

So verschwand der selbstherrliche Personenkult der Parteispitze weitgehend aus der Malerei, und an seine Stelle traten lebendige, individualisierbare Portraits von russischen Bauern und Bäuerinnen, beziehungsweise Fabrikarbeitern und -arbeiterinnen. Weiterhin fällt auf, dass während dieser traditionalistischen Jahre auf die unter Stalin so beliebte Darstellung

---

[50] Der «Tauwetter»-Begriff ist der gleichnamigen, im Jahre 1954 erschienenen Novelle von Ilja Ehrenburg entnommen. Ähnlich wie Plastows *Frühling* gilt Ehrenburgs *Tauwetter* in der post-stalinschen Ära als erste literarische Arbeit, die weitgehend ohne ideologischen Ballast akzeptiert wird.

[51] Groys S. 84; Boris Groys bezeichnet überdies den Schriftsteller Alexander Solschenizyn als den «typischsten und einflussreichsten Vertreter» des traditionellen Realismus der Tauwetterjahre.

A. Tkatschew,
Urlaub, 1950.
Ab den fünfziger
Jahren verschwindet
die Propagierung
des technischen
Fortschrittes weitge-
hend; man besinnt
sich auf alte russi-
sche Traditionen,
Traktoren werden
durch Pferdewagen
ersetzt.

neuester Technologie verzichtet wurde, und dass statt der Traktoren nun Pferdefuhrwerke wieder den Vorrang hatten. Letztere wurden zum Sinnbild eines althergebrachten, bewährten, unverdorbenen und wahren Lebensgefühls. Viele Maler der fünfziger Jahre machten das einfache Landleben zu einem eigentlichen Glaubensbekenntnis; sie zogen sich für mehrere Monate im Jahr in entlegene Gegenden zurück, um anschliessend in ihren Moskauer Studios das Gesehene zu verarbeiten.

Insbesondere zwei Beschlüsse des Zentralkomitees aus den fünfziger Jahren begleiteten diese neue, konservativ-liberale Lebenshaltung: 1955 wurden die megalomane Stalinarchitektur sowie die exzesshaften Grossprojekte offiziell beerdigt, 1956 erfolgte die «Überwindung des Personenkultes und dessen Folgen» und 1958 wurden schliesslich einige des Formalismus bezichtigte und verurteilte Künstler rehabilitiert.[52]

Die führende Schule dieser neuen Richtung war das Moskauer W.I.-Surikow-Institut der Künste[53]. Zu ihren bedeutenden Vertretern gehörten neben Arkadi Plastow auch Vladimir Stoscharow, Sergei und Aleksei Tkatschew sowie Aleksei Merzlyakow. Die neue Moskauer

[52] Der Beschluss des Zentralkomitees der KPdSU vom 10. Februar 1948 stellte insbesondere die Komponisten D. Schostakowitsch, S. Prokofjew, A. Chatschaturjan u.a.m. an den Pranger. Zehn Jahre später wurden sie wieder politisch salonfähig.

Schule nutzte die Tauwetter-Jahre nicht nur zur traditionellen Rückbesinnung, sondern kritisiert auch die aufkommende moralisierende – bisweilen lehrmeisterlich wirkende – Malweise der fünfziger Jahre.

Ab 1957 entstanden die ersten Werke im sogenannten strengen Stil, die sich nun sowohl von der revolutionären Heroik als auch von der sozialistischen Idylle der Stalin-Zeit abwandten. Der bekannteste Förderer dieser neuen Bewegung war der Kunstkritiker Alexander Kamenski: «Das hervorstechendste Merkmal des strengen Stils ist seine Hinwendung zum Alltäglichen, das peinlich genau und äusserst wahrheitsgetreu wiedergegeben sein muss; Ausschmückungen und Übertreibungen sind verpönt. Diese Stilrichtung ist zutiefst von einer romantischen Auffassung des Alltagslebens geprägt.» Es entsteht der Eindruck, die Malerei des sozialistischen Realismus habe nach einem Exkurs in eine

S. und A. Tkatschew, Brot der Republik, 1968

diktierte Traumwelt den Anschluss an ihre eigene Geschichte wiedergefunden. In der Tat suchten die jungen Künstler des strengen Stils den Dialog zur progressiven Szene der zwanziger Jahre. 1957 wurde die Einzelausstellung des Malers Alexander Dejneka eröffnet; seine unmittelbare und mitunter lakonisch wirkende Malweise zeigte durchaus eine geistige Verwandtschaft zum unmaskierten und nüchternen Stil der neuen offiziellen Kunst.[54] Die Maler des strengen Stils bildeten jedoch keine neue programmatische Künstlergruppierung, wie dies bei der Gruppe OST[55] oder der AChRR dreissig Jahre zuvor der Fall war – vielmehr nutzten sie die politische Gunst der Stunde,

[53] Das Surikov-Institut in Moskau entstand im Jahre 1843, gehört aber erst ab 1918 zu den führenden Hochschulen für Bildende Künste. Die meisten namhaften Vertreter des offiziellen Kunstschaffens der Nachkriegszeit, aber auch berühmte Künstler des Untergrundes wie Ilja Kabakow, Erik Bulatow, Oleg Wasilew und Iwan Tschuikow erhielten ihre solide Ausbildung an diesem Institut.

[54] Auch A. Dejneka selbst schien den strengen Stil zu schätzen – er kaufte im Jahre 1957 ein Werk des jungen Moskauer Künstlers Pavel Nikonow.

[55] Siehe oben S. 13/14.

A.A. Schabski, «Kriegsbrot» im Jahre 1943, wahrscheinlich in den fünfziger Jahren entstanden.

um innerhalb der gesteckten und immer noch respektierten Grenzen der offiziellen Marschrichtung des sozialistischen Realismus neue stilistische Wege zu gehen. Aber auch thematisch widerspiegeln die Bilder nun ein ungeschminktes, ernstes, manchmal sogar trauriges Verhältnis zur erfahrenen Welt. Die revolutionäre Romantik, jener hoffnungsvolle Traum, verkehrt sich nicht in Hoffnungslosigkeit, aber die Wehmut eines verlorenen Traums spricht jetzt aus vielen Werken; der Wirklichkeitsbezug ist glaubwürdiger und damit realistischer geworden.

Die verhaltene Liberalisierung der Kunstszene, jener erwähnte Anschluss an die eigene Geschichte, setzte sich auch in den frühen sechziger Jahren fort. Es war insbesondere der Initiative einiger Maler des strengen Stils zu verdanken, dass die Werke bedeutender Künstler aus der stalinschen Versenkung wieder ans Licht der Öffentlichkeit gelangten. So fanden im Dialog mit namhaften Sammlern und Untergrundmalern insbesondere Chagall, Petrow-Wodkin, Schewtschenko, Lentulow, Drewin, Altman, Rodtschenko und Falk wieder ihren Platz in der russischen Kunstgeschichte. In dieselbe Zeit fiel auch der nun – zwar staatlich kontrollierte – mögliche Gedankenaustausch mit der westlichen Kunstwelt der Gegenwart. Zwischen 1958 und 1962 fanden in 42 – nicht nur westlichen – Ländern insgesamt 96 Ausstellungen statt, die sich der offiziellen sowjetischen Kunst widmeten. Natürlich wurde auch unter Chruschtschow längst nicht jedem Künstler die Reise ins Ausland erlaubt, wenigstens nicht in den Westen. Ebenso darf nicht vergessen werden, dass auch die Tauwetterzeit eine missionarische Tätigkeit politisch einwandfreier Künstler kennt. Wer wie Konstantin Maksimow nach Peking fuhr, lehrte dort an der Kunstakademie die Grundsätze des sozialistischen Realismus, und wer nach Westen geschickt wurde, kehrte vorbildlicherweise mit gesellschaftskritischem Anschauungsmaterial, etwa einem Gemälde einer antiwestlichen Demonstration[56] zurück.

Die staatliche Kulturpolitik verharrte also auch während der späten fünfziger Jahre bei den traditionellen sozialistischen Idealen und förderte nach wie vor ideologiekonforme Künstler. Sie schien jedoch für einige Zeit das Entstehen alternativer, sogenannt nonkonformer Kunstrichtungen zu ignorieren oder gar zu dulden. Am W.I.-Surikow-Institut wurden erstmals die Gemälde französischer Maler der Jahrhundertwende besprochen, und um den Wissensdurst für die westliche Gegenwartskunst zu stillen, bildeten sich in den Wohnungen bekannter Dichter und Maler sogenannte Heim-Universitäten[57]. Sie dienten nicht selten auch als Ausstellungsorte für inoffizielle Kunst. Derain, Matisse und Picasso wurden zu stilistischen Vorbildern, und bald begeisterten sich die nonkonformen Moskauer Künstler für die als Befreiung empfundene abstrakte Malerei.[58] Anlässlich des sechsten internationalen Jugend- und Studenten-Festivals im Jahre 1957 wurden im Moskauer Gorki-Park erstmals Werke westlicher Gegenwartskunst gezeigt, und im selben Jahr kam es zu einer Picasso-Retrospektive. 1959 folgte im Sokolniki-Park eine Ausstellung, die unter anderem dem abstrakten Expressionismus der Amerikaner A. Gottlieb, J. Pollock,

---

[56] Ein Beispiel hierzu ist das Gemälde einer Antikriegsdemonstration aus dem Jahre 1962 von Yuri Tulin. Es stammt allerdings aus Japan und zeigt eine mehrheitlich weiss gekleidete unbewaffnete Menschenmenge, die mit einer braun uniformierten Polizeitruppe zusammenstösst. Im Hintergrund erhebt sich skizzenhaft das Rot einer Fahne oder eines Feuers, und in der Repoussoireebene leuchten die weissen Schlagstöcke.

[57] "At the very Surikov Institute, towards the end of the fifties, I. Danilova, who lectured on Western art of the turn of the 19th and 20th centuries, encountered a boycott from her students who protested against the works of Van Gogh and Picasso. In the late forties and throughout the entire fifties, those artists who were interested in contemporary culture of the world were doomed to educate themselves, to gain knowledge second-hand at 'home universities'." Larissa Kaschuk, Dozentin für Kunstgeschichte am Moskauer Gnesin-Institut. Aufsatz aus dem Jahre 1990 *Alternative Art of the Sixties*, in *NO! – and the Conformists*, Warschau 1994, S. 43.

[58] "Practically, nearly all Moscow opposition artists tried abstract art on the turn of the fifties. Some of them, for instance Zlotnikov, Shvartsman, Eduard Steinberg, Nemukhin, Masterkova and Zerev remained – in spite of certain modifications – faithful

M. Rothko und De Kooning gewidmet war. Im Sommer 1961 schliesslich zeigten die Franzosen im selben Park ihre Vertreter des abstrakten Impressionismus, so waren insbesondere Klein, Lapicque, Bissière, Gischia, Soulages, Mathieu und Dubuffet zu sehen. Diese Ausstellungen deuten nun keineswegs auf eine Veränderung der Kulturpolitik, sondern eher auf ein Unvermögen ihrer rigorosen Durchsetzung. Literatur und Malerei galten offenbar nicht im gleichen Masse als gefährlich. Bekanntlich wurde ebenfalls im Jahre 1957 Boris Pasternaks Roman «Doktor Schiwago» im Westen veröffentlicht, was nicht nur zum Ausschluss aus dem Schriftstellerverband, sondern auch zur unfreiwilligen, d.h. staatlich diktierten Verweigerung des Nobel-Preises führte.

Die Ausstellungshalle «Manège» im Moskauer Stadtzentrum

to their original sources. Others, such as Kabakov, Bulatov, Turetsky and Yankilevsky, having achieved 'self-liberation' through abstract art moved on towards conceptual and social art. All of them, however, just like many other Moscow opposition painters, were affected by Abstractionism in the fifties and sixties." Larissa Kaschuk, *Alternative Art of the Sixties,* Moskau 1990, zitiert aus *NO! – and the Conformists,* Warschau 1994, S. 45.

Wenige Jahre später entbrannte die politische Kunstdiskussion von neuem. Sie wurde von der bekannten ideologischen Intoleranz dominiert, und wiederum waren es die konservativen, «stalintreuen» Kräfte, die den Sieg davontrugen: Im Dezember 1962 kam es anlässlich der Feierlichkeiten zum dreissigjährigen Bestehen des Moskauer Künstlerverbandes zu einem historischen Ereignis. In der grossen Ausstellungshalle in der Nähe des Kremls, bekannt unter ihrem vorrevolutionären Namen «Manège», wurden Werke von Schterenberg, Falk, Kusnetow und Drewin aus den zwanziger Jahren sowie Vertreter des strengen Stils, also des progressiven Flügels des staatlichen Kunstverbandes gezeigt, so insbesondere die Maler P. Nikonow, A. Wasnetsow, N. Andronow und A. Pologowa. Interessanterweise wurden auch Künstler der sogenannten nonkonformen Szene aus dem Umkreis des Graphikers und Kunstwissenschaftlers Ely Belutin[59] gebeten, im zweiten Stock der «Manège» ihre Bilder auszustellen. Die Maler Jankilewski, Suster, Sobolew und der Bildhauer Neiswestny bemühten sich, möglichst figurative Werke auszuwählen, um die staatlichen Kulturzensoren nicht allzu sehr zu provozieren. Doch die Ausstellung galt als bürgerlich modernistischer Affront und besiegelte das Ende der Tauwetterperiode. Chruschtschow selbst besuchte die «Manège» in Begleitung der konservativen Verbandsmitglieder Wladimir Serow, Sergei Gerassimow, Boris Joganson, Ekaterina Belaschowa und Dimitri Mochalsky. Die staatliche Reaktion war heftig und radikal. Die Parteizeitung Prawda äusserte sich am 2. Dezember 1962 unmissverständlich: "In the course of discussion N.S. Khrushchev pointed to the fact that certain artists showed overbearing and arrogant attitude toward oppinions of the public about their works. Comrade Khrushchev also said that if a work of art was comprehensible only to its creator and was not recognised as such by the people, than it had nothing in common with real art." Die linken Verbandsmitglieder wurden als «Formalisten», die figürlichen Nonkonformen als «Abstraktionisten» verurteilt, und die eisernen Vertreter des stalinschen sozialistischen Realismus wurden wenig später in einflussreiche Ämter gewählt. Wladimir Serow wurde Präsident der sowjetischen Kunstakademie, Alexander Gerassimow Präsident des Künstlerverbandes und Alexander Laktionow[60] leite-

---

[59] In den späten fünfziger Jahren bildeten sich, insbesondere in Moskau, verschiedene – den Malern des strengen Stils mitunter nahestehende – Künstlergruppierungen, deren Mitglieder entweder aus dem staatlichen Verband ausgetreten waren oder diesem nie angehört hatten. Sie stellten ihre Werke in Cafés oder Appartements bekannter Künstler oder Sammler aus. Eine eigentliche inoffizielle Künstlerschule bildete sich nun im Umfeld des Malers und Kunstlehrers Ely Belutin; sein Studio zählte 1962 gegen zweihundert Anhänger. Die Belutinkünstler vertraten einen expressiv figurativen Stil, und ihre zahlreichen Ausstellungen, so insbesondere die «Taganka»-Ausstellung aus dem Jahre 1962, erfreuten sich grosser Beliebtheit und wurden von offizieller Seite weitgehend geduldet.

[60] Nachdem Laktionow im Jahre 1948 für sein Werk *Ein Brief von der Front* den Stalinpreis entgegengenommen hatte, wurde ihm wenige Jahre später von der amerikanischen Gesellschaft der Surrealisten, unter dem Vorsitz von Salvador Dalí, erneut ein Preis für sein Schaffen verliehen, dessen Annahme in Moskau politische Kontroversen hervorrief, aber schliesslich erlaubt wurde. Siehe unten S. 78/79.

V. Popkow,
Familie im Juli,
1969

te von nun an das Moskauer W.I.-Surikow-Institut der Künste. Erstaunlicherweise gerieten weniger die Nonkonformen, sondern vielmehr die Maler des strengen Stils, die «Abtrünnigen» des Künstlerverbandes ins Kreuzfeuer der Kritik. Wladimir Serow stellte am Verbandstreffen des Jahres 1963 fest: «Es scheint mir, dass die Hauptgefahr nicht im Abstraktionismus zu suchen ist. Sein Anliegen widerspiegelt in keiner Weise die ästhetischen Bedürfnisse des Volkes ... viel gefährlicher erscheinen mir die Werke der Formalisten, die das Leben hässlich und entstellt darstellen; die Hässlichkeit künstlicher, formeller Experimente verdrängt eine wirklichkeitsnahe Erkenntnis.»[61]

Doch die zweite Eiszeit der frühen sechziger Jahre brachte die weitere Entwicklung der staatlich anerkannten Kunstszene nicht wirklich zum Erstarren. Mancher Künstler wurde zwar gezwungen, in reuigen Leserbriefen von Formalismus und Abstraktionismus Abstand zu nehmen, andere wurden aus dem Verband ausgeschlossen, aber die stilistischen Freiheiten, die sich die «Strengen» erkämpft hatten, waren nun aus der offiziellen sowjetischen Kunstszene nicht mehr wegzudenken. Das Jahr 1963 wurde so in mehrfacher Hinsicht zu einem bedeutenden Wendepunkt in der russischen Kunstgeschichte: Solange die sozialistischen Ideale nicht kritisiert oder entstellt wurden, galten «Vielfalt und Breite»[62] der Darstellungsformen nun durchaus als volksnah. Die Entscheide über die Beteiligung an offiziellen Ausstellungen sowie die Kontrolle der staatlichen Geldquellen blieben zwar noch bis in die achtziger Jahre in den Händen der konservativen Kunstzensoren, doch die Aushöhlung des sozialrealistischen Mythos begann bereits in den sechziger Jahren. In die gleiche Zeit fällt die Entstehung des Begriffes «Untergrund-Kunst»; sie erlangte bald die Rolle eines bedeutenden politischen – und in der internationalen Kunstszene aner-

---

[61] Laut Alexander Sidorow knüpfen Serows Äusserungen an jene Schdanows an: "Look how our miserable innovators have portrayed our fellow man in recent times. In the works of P. Nikonov, N. Andronov and others ugly, beetle-browed, brutish figures have appeared. And all this has been done ostensibly in a struggle against the varnishing of reality, to show Old Mother 'Truth' unadorned, the grey truth of life. But is this really truth? Is our life really grey, are our people really coarse and primitive? The depiction in such works of man today, of the builders of Communism, whether the authors intended it or not, has proved false and insulting." Zitiert aus *Soviet Socialist Realist Painting*, S. 38.

[62] Der Begriff stammt angeblich von Willy Sitte, dem Präsidenten des Verbandes Bildender Künstler der DDR; er vertritt einen umfassenden, integrativen Kunstbegriff.

kannten – Gegenspielers. Vor 1963 sprach man lediglich von inoffiziellen oder nonkonformen Künstlern.

In den sechziger Jahren standen sich nun die dissidenten Modernisten und die sozialistischen Realisten gegenüber. Die Vertreter beider Gruppen hatten oft dieselben Kunstakademien besucht, doch die einen wendeten sich vom monotonen Akademismus ab und suchten nach neuen, nicht selten vom westlichen Abstraktionismus beeinflussten Darstellungsformen. Sie wurden selbstverständlich von sämtlichen staatlichen Aufträgen ausgeschlossen und mit einem öffentlichen Ausstellungsverbot belegt. In ihrer politischen Isolation zogen sie bald das Interesse westlicher Touristen und westlicher Diplomaten auf sich. Manche – und insbesondere die amerikanische – Botschaft begann

Juri I. Pimenow, Hochzeit auf der Strasse von Morgen, 1962

alsdann, Werke bekannter Untergrundkünstler zu sammeln und in ihren Räumlichkeiten aufzuhängen. Natürlich reagierte der Kreml verärgert, und bald galt der abstrakte Expressionismus als Waffe des kalten Krieges.[63] Die Möglichkeit, die Wurzeln der russischen Dissidentenszene im eigenen Land zu suchen, war noch undenkbar. Ebenso verstand die politische Elite der siebziger Jahre das Entstehen der zweiten russischen Avantgarde nicht als Reaktion auf das eigene ideologische Kunstdiktat. So erstaunt es nicht, dass mancher Untergrundmaler als gefährlicher, bürgerlicher Vertreter des westlichen Imperialismus verurteilt wurde.[64] Doch 1974 brachen einige namhafte Künstler aus ihrer unerträglichen Isolation aus und präsentierten der Öffentlichkeit auf einer Wiese eines Moskauer Vorortes ihre Werke. Der Staat reagierte auf diese eigenmächtige Aktion äusserst gereizt und bürokratisch und liess die Ausstellung kurzerhand von Bulldozern hinwegfe-

---

[63] Die politische Bedeutung des amerikanischen abstrakten Expressionismus führte in den USA zu viel beachteten Publikationen: *Abstract Expressionism: The Politics of Apolitical Painting*, David und Cecile Shapiro oder *Abstract Expressionism, Weapon of the Cold War*, Eva Cockroft.

[64] Es ist angebracht, an dieser Stelle an die Vorreiterrolle Solschenizyns zu erinnern: Er proklamierte als einer der ersten seine Unabhängigkeit von den staatlichen Autoritäten und berief gar eigene Pressekonferenzen ein. Mit ihm entstand der Begriff des unoffiziellen Künstlers, aber auch des unoffiziellen Politikers.

Dmitri Schilinski,
Familie am Meer,
1964

gen.[65] Der folgende Sturm der internationalen Entrüstung zwang die Behörden, nur zwei Wochen später, zur Erteilung einer Erlaubnis für eine zweite Open-air-Ausstellung, an der sich jedermann frei beteiligen durfte. Mit dieser «Bulldozer»- und der zweiten, sogenannten «Izmailowo»-Ausstellung endete der ungesetzliche Untergrundstatus der dissidenten Modernisten. Sie traten nun ans Licht der Öffentlichkeit und begannen – zwar als Aussenseiter, aber ungestraft –, am offiziellen sowjetischen Kunstleben teilzunehmen. In den folgenden Jahren nahm selbst der Künstlerverband eine aufgeschlossenere Haltung gegenüber den neuen Strömungen ein, und die kulturelle Elite der Nomenklatura begann, für die neuen modernen Trends Toleranz und mitunter sogar Interesse zu zeigen. Selbst die Vertreter des offiziellen sozialistischen Realismus übernahmen nun Formelemente ihrer ehemaligen Gegenspieler aus dem Untergrund, so insbesondere die Vertreter des linken Flügels des Moskauer Künstlerverbandes. Dmitri D. Schilinski, Viktor J. Popkow und Michail A. Sawizki gehören vielleicht zu den prominentesten Beispielen offizieller Künstler, die in den späten sechziger Jahren in Form und Inhalt das Dogma des gepredigten Realismus verliessen und einen eigenen, individuellen, bisweilen sogar sozialkritischen Stil entwickelten. Schilinskis Bilder wirken asketisch und introvertiert, während die Werke Popkows eine elegische, traurig pessimistische Note tragen. Beide Maler standen in den fünfziger Jahren noch unter dem Einfluss von Alexander Dejneka[66].

[65] Der bekannte Vertreter der zweiten russischen Avantgarde, Ilja Kabakow, erinnert sich an jene Jahre: "The years 1957–1962 were a period of hope, of long-awaited relaxation. Later came the sleepy and hopeless feeling of despair that stayed with us until 1974 – the year of the 'Bulldozers' when you could be seized and crushed at any given moment for God knows what, for your 'painting the wrong way' or 'showing your works to the wrong people'... After 1974 – ...after the Izmailovo and the 'Apiculture' Pavillion Exhibitions, after the Municipal Committee of Graphic Artists was founded – the anticipation of extinction and the sense of threat diminished, the fears grew weaker but the realisation of nonsense and hopelessness persisted." Ilja Kabakow, 1990, Memoiren aus Iskusstwo Nr. 1, 1990, zitiert aus *NO! – and the Conformists*, S. 31.

Doch abgesehen von einigen wenigen Künstlerpersönlichkeiten, wie Schilinski, Popkow, Sawizki, Andronow und Moissejenko, die sich während den sechziger Jahren einen gewissen stilistischen Freiraum geschaffen hatten, änderte sich am Schicksal der breiten Masse sowjetischer Kunstschaffender nichts. Die konservativen Kräfte, die Parteivertreter und die staatlich gelenkten Kunstverbände hatten bis in die Jahre der Perestroika das letzte Wort.

Unter Leonid Breschnjew erhielt das stalinsche Kunstaxiom «sozialistisch im Inhalt, national in der Form» eine neue Wende: «Sozialistisch im Inhalt, aber international in Form, Geist und Charakter» hiess nun die neue Marschrichtung. Sie suchte die selbst-

*M. Sawizki,
Partisanen
Madonna, 1967*

kritische Darstellung anstelle des heroischen Klischees und öffnete sich modernen Formelementen. All dies darf aber nicht darüber hinwegtäuschen, dass sich insbesondere in der Provinz, aber auch in konservativen Kreisen der russischen Grossstädte noch bis in die achtziger Jahre ein klassisch akademischer Stil hielt, der von den beschriebenen Veränderungen der sechziger und siebziger Jahre weitgehend unberührt blieb.

So wurden die unkontrollierte, ja bisweilen ungewollte Öffnung gegenüber dem Westen während der Tauwetterperiode[67] sowie die ebenfalls vom Westen beeinflusste Erstarkung der Untergrundkunst zu den Wegbereitern des Niedergangs des sozialistischen Realismus. Die Rolle des Sterbehelfers, die hier dem politischen Westen zu Recht oder zu Unrecht zugeschrieben wird, zeigt noch einmal deutlich, dass die sowjetische Kunstfrage kaum ein stilistisches, sondern ein

---

[66] Siehe oben S. 37.

[67] Chruschtschows Öffnung nach Westen wird nicht selten mit derjenigen Peters des Grossen im frühen 18. Jahrhundert verglichen: "By opening up the 'window on Europe' Khrushchev repeated the project initiated by Peter the Great who, in the late seventeenth century, staged the most devastating rupture upon a system of codes and laws around which Russia's everyday life revolved. He announced as obligatory the simulation of Western standards both in culture and economy and forced the country's backward but seemingly content society into an imitation of alien stereotypes without understanding their essences. Although in the case of Khrushchev's regime the borrowing of Western signifiers was not obligatory but rather voluntary and was supported passionately by the intelligentsia, it is still involved (as in the case of the Petrovian rupture) a flux of information from the West that was totally separated from its original context." Margarita Tupitsyn, New York 1991, zitiert aus *NO! – and the Conformists*, S. 59

machtpolitisches Phänomen darstellte. Sowohl in den Geburtsjahren als auch in seinen Jahren des Sterbens war der sozialistische Realismus ein Ideologieträger, der mitunter mit militanter Vehemenz die Identifikation mit den Machthabern thematisierte.

«Wir haben die Kunst, damit wir nicht an der Wahrheit zugrunde gehen.»
Friedrich Nietzsche

Anknüpfungspunkte zum Sozialistischen Realismus

Juri I. Pimenow,
Das neue Moskau,
1937.
Darstellung des
Wohlstandstraumes
der frühen Jahre
der Sowjetunion, in
einem Malstil mit
erstaunlichen
«formalistischen»
Freiheiten.

Die stalinistischen Kunstprodukte wurden im Westen allzu gerne als isoliertes Phänomen, als kaum ernst zu nehmender – zum Kitsch verkommener – Ausrutscher eines politisch verirrten Regimes betrachtet. Doch bei der Behandlung dieses Themas geht es nicht um die müssige Frage nach dem objektiven künstlerischen Wert bekannter Werke – Stalinzeit und Tauwetterperiode haben sowohl Mittelmässiges als auch Überragendes hervorgebracht –, sondern um das Einbetten des sowjetischen Kunstschaffens in einen grösseren Rahmen abendländischer Kunstbetrachtung.

Kunsttheorien

Der Vorwurf an die Epoche Stalins, eine kunsttheoretische Selbstisolation betrieben und gefördert zu haben, ist nicht unbegründet. Die abendländische Kunstgeschichte kennt wohl kein politisches Regime, das sein künstlerisches Schaffen mit einer ähnlichen Vehemenz und Radikalität – wenigstens in seiner theoretischen Fragestellung – aus der Vergleichbarkeit mit Vorgängerepochen herausbrechen will, wie dies die frühen Schriften zum Sozialistischen Realismus tun. So fehlt es denn in den Ausführungen der dreissiger und vierziger Jahre nicht an akribischen Erklärungen, die Form und Inhalt der propagierten Kunst einzig und allein mit der herrschenden Staatsmacht in Beziehung setzen. Sämtliche auch noch so vernünftigen Quervergleiche zu anderen politischen Systemen gelten als bourgeoise Verblendung. Die umfangreichen Dokumente zu den Allunionskongressen der Sowjetschriftsteller legen hiervon ein eindrückliches Zeugnis ab. Erstaunlich ist in diesem Zusammenhang, dass selbst namhafte Denker wie Georg Lukàcs[68], Alexei Losev[69] oder Maxim Gorki[70] diesem intellektuellen Isolationismus zum Opfer fallen. Lenin wetterte noch in verständlichem Ton gegen die westliche Kunstheuchelei und stellte fest: «Wir sind gute Revolutionäre, aber wir fühlen uns verpflichtet zu beweisen, dass wir auf der Höhe zeitgenössischer Kunst stehen. Ich habe den Mut, mich als Barbar zu zeigen.» Doch die von Marx und Lenin initiierten

[68] Lukàcs, Georg 1885–1971, Professor für Philosophie an der Universität Budapest. Er machte sich im Westen insbesondere mit seinen Jugendschriften *Die Seele und die Formen, Theorie des Romans* und *Geschichte und Klassenbewusstsein* einen Namen und setzt dem psychologischen Subjektivismus eine sogenannte objektivistische Geschichtsphilosophie entgegen.

[69] Losev, Aleksej 1893–1988, russischer Philosoph und klassischer Philolog. Im Widerstreit mit den ideologisch verordneten Wertschemata, kämpfte er zeitlebens für ein freies Denken und bekannte sich zum Christentum. Seine bekannte Schrift *Dialektik des Mythos* wurde 1930 vom Staat verboten und konfisziert. Bis zu seiner Verhaftung wirkte er in Nischni Nowgorod als Professor für klassische Philologie und leitete von 1921 bis 1930 die Abteilung für Ästhetik an der Staatlichen Akademie der Kunstwissenschaften. Er wurde 1933 aus der Lagerhaft entlassen und bis 1953 mit einer Schweigepflicht belegt.

[70] Gorki, Maxim 1868–1936, sowjetischer Schriftsteller. Er gilt als Schöpfer und Aushängeschild des sozialistischen Realismus in der russischen Literatur und hat sich auch als kritikloser Verteidiger des Stalinschen Regimes einen Namen gemacht.

revolutionären – und reflektierten – Umwälzungen gerieten mit dem Stalinschen Personenkult ins Stocken. Die Überhöhung und Stilisierung der vertikalen Beziehung zwischen Führer und Volksmassen schafften ein Klima geistiger Verblendung, die sowohl die politische Auseinandersetzung als auch die geschichtliche Optik verschleierten. Die Moskauer Prozesse der späten dreissiger Jahre mit der oben erwähnten Liquidierung der russischen Intelligenz unterstreichen diese Entwicklung und erklären, wenigstens teilweise, das Entstehen jenes gefährlichen intellektuellen Opportunismus, der sich selbst bei den bedeutenden Philosophen breit machte.

So verfiel der bekannte Geschichtsphilosoph Lukàcs ganz jenem totalitären Eigendünkel und schrieb 1954 zur fortschreitenden Entwicklung des sozialistischen Realismus: «Unsere Epoche ist grösser als irgendeine subjektive Vorstellung, als irgendein subjektives Gefühl über sie. Wir müssen also jeden bürgerlichen Subjektivismus ideologisch überwinden, um schöpferisch nicht hinter dieser Grösse zurückzubleiben. Und die marxistische Theorie der Kunst muss, wenn sie nicht im Schlepptau der gesellschaftlichen Bewegung bleiben will, die ersten wegweisenden Schritte in der theoretischen Überwindung des bürgerlichen Subjektivismus jeder Schattierung tun.» Dass sich Lukàcs der offiziellen sowjetischen Doktrin beugte, bedauerte insbesondere Theodor Adorno: Lukàcs «... hat die subalternsten Einwände der Parteihierarchie unter Missbrauch hegelscher Motive sich gegen sich selbst zu eigen gemacht und ... sich abgemüht, seine offenbar unverwüstliche Denkkraft dem trostlosen Niveau der sowjetischen Denkerei gleichzuschalten, die mittlerweile die Philosophie, welche sie im Munde führte, zum blossen Mittel für Zwecke der Herrschaft degradiert hatte.»

Auch der in Russland heute noch geachtete und vieldiskutierte Philosoph Alexei Losev hatte einst den Marxismus als den entwicklungsgeschichtlichen Höhepunkt menschlichen Denkens bezeichnet. Heute gilt er unter russischen Kritikern als Ideologe eines «russischen Nazismus»[71].

Die Gründe jener radikalen Ablehnung kunsttheoretischer Überlegungen anderer politischer Systeme können nicht allein im Stalinkult und seinen repressiven Begleiterscheinungen der dreissiger Jahre gesucht werden. Sie liegen letztlich in der Überzeugung, dass nicht nur das macht- und kulturpolitische Modell des Zarentums, sondern auch jenes des liberal kapitalistischen Westens versagt hat und gänzlich unfähig ist, einen besseren Menschen hervorzubringen. Vor diesem Hintergrund erscheint die Rede Maxim Gorkis anlässlich des Schriftstellerkongresses aus dem Jahre 1934 zwar immer noch unverständlich und reichlich subjektiv, aber in ihrer kämpferischen Kompromisslosigkeit durchaus erklärbar: «Die Bourgeoisie hatte und hat keine Neigung zu kulturellem Schaffen, wenn man darunter mehr als nur die ununterbrochene Ent-

---

[71] Siehe hierzu Neue Zürcher Zeitung vom 30. November 1996, S. 33 *Zerbrechende Mythen, die Intelligenz und die Sowjetmacht – eine Kontroverse.*

wicklung äusserer materieller Bequemlichkeiten und des Luxus versteht. Die Kultur des Kapitalismus ist nichts anderes als ein System von Mitteln zur physischen und moralischen Ausbreitung und Festigung der Macht der Bourgeoisie über die Welt und die Menschen, über die Schätze der Erde und die Naturkräfte. Die Bourgeoisie hat die Kulturentwicklung niemals als notwendige Entfaltung der gesamten Menschheit aufgefasst.»

Interessanterweise hat das sowjetische System trotz seiner notorischen Missachtung individueller Rechte sowie der Würde seiner Bürger an der Kulturentwicklung des heutigen Europa in bedeutendem Umfang teilgenommen. So waren und sind bis heute in der Theater-, Ballett- und Musikwelt osteuropäische Interpreten gegenüber ihren westlichen Kollegen immer übervertreten – und zwar einfach deshalb, weil letztere eine qualitativ schlechtere Ausbildung genossen haben. Jene gorkische kulturelle Entfaltung ist im Osten tatsächlich als lebensnotwendig betrachtet und somit die künstlerische Ausbildung mit grösserem Engagement betrieben worden als dies im Westen geschieht. Die kapitalistische Ideologie hat bekanntlich eine Tendenz, die Sinnfrage mit derjenigen der Rentabilität gleichzusetzen – die Frage der kulturellen Entfaltung wird dadurch weitgehend marginalisiert.

Dennoch bietet die ideologische Nabelschau der Stalinzeit wenig kunsttheoretische Anküpfungspunkte an, welche den sozialistischen Realismus aus seiner Isolation herausbrechen und in einen geschichtlichen Kontext einbetten liessen. Es drängt sich deshalb auf, nach kunsttheoretischen Überlegungen zu suchen, die die Stalinära zeitlich und geographisch verlassen, ihr jedoch inhaltlich nahe stehen.

Dass die Kunst im Dienste einer politischen Macht steht und in ihrer Entstehung massgeblich auf einen Herrscher oder einen Hofstaat ausgerichtet ist, galt noch bis ins späte 18. Jahrhundert als geschichtliche Selbstverständlichkeit, und es wäre eine Untersuchung wert, was die feudale Kunstpolitik eigentlich von der diktatorischen unterscheidet – ob sich beispielsweise die monopolistische Tätigkeit des königlichen Kunstzensors Le Brun[72] von jener Schdanows[73] nur insofern abhebt, als Ludwig XIV. mehr von Kunst verstanden und sich intensiver mit ästhetischen Fragen beschäftigt hatte als Stalin. Beide Herrscher pflegten bekanntlich ihre künstlerische Selbstverherrlichung mit grossem propagandistischem Aufwand. Überdies wäre die Frage zu klären, ob und warum die aus der höfischen Sinngebung entlassene Historienmalerei des 19. Jahrhunderts nur dort überlebte, wo ein Hofsurrogat im Sinne einer diktatorischen Kulturpolitik entsteht.

[72] Le Brun, Charles 1619–1690. Er wurde im absolutistischen Frankreich unter Ludwig XIV. zum «premier peintre du Roi» ernannt und erhielt im Jahre 1663 die Oberaufsicht über die königlichen Kunstsammlungen. Er verlieh als «Grand peintre du Grand Siècle» allen künstlerischen und kunstgewerblichen Aktivitäten seiner Zeit eine einheitliche Note und wurde so zum eigentlichen Kunstdiktator des Absolutismus.

[73] Siehe oben S. 24, Fussnote 30.

Deutscher Historismus

Eine vollständige politische Emanzipation schaffte die Kunst eigentlich erst mit dem Anbruch der Moderne des frühen 20. Jahrhunderts, und obwohl sie vorerst eine elitäre Minderheit ansprach, setzte sie sich – mit Ausnahme von Mussolinis Italien – nur in den jungen Demokratien Europas durch. Die russische sowie die nationalsozialistische Diktatur stellten sich dieser revolutionären Kunstentwicklung bekanntlich vehement entgegen und griffen auf klassisch orthodoxe Kunstideale früherer Epochen zurück. So standen insbesondere die Theorien der deutschen Historienmalerei des 19. Jahrhunderts in erstaunlichem Einklang mit den ästhetischen Vorstellungen jener autoritären Regimes. Die Parallelen sind frappant. Nicht nur Idealismus, Realismus und die Bedeutung der Historienmalerei, sondern auch die Rolle der Kunstakademien sowie die Forderungen nach einem staatlichen Mäzenatentum drängen nach einem Vergleich mit dem Kunstverständnis der ehemaligen Sowjetunion. Natürlich geht es bei dieser Vergleichbarkeit mehr um die kulturpolitische Rolle der Kunst und weniger um die Freiheitsrechte der Künstler.

Für das sowjetische Kunstwerk wurde also nach einer realistischen Darstellung gesucht, die sich mit einem ideellen – meist parteipolitisch abgesegneten – Inhalt verbindet. «Sozialistisch im Inhalt, national in der Form!» lautete die stalinsche Kunstformel.[74] Im Jahre 1858 leitete der Kunstkritiker Max Schasler[75] seinen Aufsatz über Idealismus und Realismus in der Historienmalerei mit folgenden Worten ein: «In der Kunst ist es fast durchgängig der Gegensatz zwischen Idealismus und Realismus, welcher in ihrem eigensten Wesen begründet und daher berechtigt, doch zugleich nach der einen oder andern Seite hin den Abweg von der Wahrheit bestimmt. Ein solcher Fall nämlich tritt immer dann ein, wenn einer der beiden das künstlerische Produkt bildenden Faktoren, entweder der ideelle Inhalt oder die reale Form, für sich allein zur Geltung zu kommen sucht und demzufolge den andern Faktor zu einem untergeordneten Moment herabsetzt, ja wohl gänzlich zu unterdrücken versucht. Wenn nun zwar letzteres auch nicht möglich ist, so führt doch solche, dem wahren Zweck der Kunst widerstrebende Überhebung des einen über das andere Element notwendig zu einer Verrückung ihres wahren und richtigen Verhältnisses, ja zur Zerreissung jener Harmonie zwischen Inhalt und Form, welche allein das wahre Wesen der künstlerischen Schönheit ausmacht.»

Jener «widerstrebenden Überhebung», beziehungsweise der «Zerreissung jener Harmonie» entspricht im Vokabular des sozialistischen Realismus der Begriff des Formalismus[76],

---

[74] Siehe oben S. 28/29.

[75] Schasler, Max 1819–1903. Philosoph und Kunstkritiker in Berlin und Jena, Herausgeber der Kunstzeitschrift «Dioskuren»; er blieb aus politischen Gründen ohne amtliche Stellung. *Ästhetik* (1866), *Kritische Geschichte der Ästhetik* (1871–72), *Anthropogonie* (1888).

jener Bannstrahl, der volksnahe von volksfeindlicher Kunst trennte. Das Aufspüren jener Disharmonie von Form und Inhalt blieb bekanntlich in der Sowjetunion bis in die späten siebziger Jahre das einzige massgebliche Kriterium des staatlich anerkannten Kunstschaffens. Schaslers Harmonietheorie findet sich in vergleichbarer Art in einer Rede des bekannten Malers der Stalinzeit, B.W. Ioganson[77], derzufolge «… die Eigenart des künstlerischen Bildes als subjektiver Darstellung der objektiven Welt darin besteht, dass es die Unmittelbarkeit und Kraft der lebendigen Anschauung mit der Allgemeingültigkeit abstrakten Denkens verbindet». Und weiter: «Darin liegt die grosse Erkenntniskraft des sozialistischen Realismus, der Unterschied zwischen dem Realismus und dem Naturalismus. Die Verabsolutierung des Details führt zu Naturalismus, zur Herabsetzung der Erkenntniskraft der Kunst. … Alles muss dem Ausdruck der Grundidee des Kunstwerks dienen.»

Bereits hundert Jahre zuvor, 1856, stellte der deutsche Philosoph Moriz Carrière[78] fest: «Wer in der Kunst auf jenen Realismus dringt, der nur die Aussenwelt abbildet und die Gestaltung der Idee verschmäht, … der müsse die Kunst auf das Kopieren von Alltagsgesichtern … beschränken, und vor allem zuerst die grossen griechischen Plastiker verwerfen.» Und es heisst an anderer Stelle: «Die Kunst aber steigt um so höher, je verständlicher sie unmittelbar in der äusseren Form das Innere ausdrückt und in der Erscheinung selber die Idee sichtbar macht. Dies geschieht durch die personifizierende Idealbildung, plastisch durch Einzelgestalten, malerisch durch Gruppen in bestimmter Tätigkeit …» Ist hier nicht auch die Traktorfahrerin gemeint, die ihren Beitrag zur Erfüllung des Fünfjahresplanes leistet? Auf jeden Fall betrifft jene Idealbildung sowohl im westlichen Europa des 19. Jahrhunderts wie auch im sowjetischen Sozialismus die edle, vielleicht vaterländische Gesinnung, die Darstellung der wesentlichen Werte der Gesellschaft beziehungsweise das sogenannt Typische, «tipichnost»[79], wie es in der sozialrealistischen Kunstdiskussion genannt worden ist.

Auch die Betrachtung der kulturpolitischen Bedeutung der deutschen Kunstakademien des 19. Jahrhunderts eröffnet aufschlussreiche Parallelen zum sowjetischen Kunst-

[76] Siehe oben S. 31.

[77] Ioganson, Boris Wladimirowitsch 1893–1973. Kunstmaler und mehrfacher Stalinpreisträger. 1939 wurde Ioganson Professor für Kunstwissenschaften und 1943 zum Volkskünstler der UdSSR ernannt. Das Zitat stammt aus einem Referat aus dem Jahre 1949: «Über die Massnahmen zur Verbesserung der Studien- und methodischen Arbeit in den Studienanstalten der Akademie der schönen Künste der UdSSR».

[78] Carrière, Moriz 1817–1895, Philosoph. Er stand im Einfluss von Hegel und Fichte und lehrte als Privatdozent in Giessen und ab 1853 als Professor in München. *Ästhetik* (1859), *Die Kunst im Zusammenhange der Kulturentwicklung und die Ideale der Menschheit* (1863–1873).

[79] Siehe oben S. 30.

schaffen. Der Maler der Akademien[80] ist für die offizielle Kunst zuständig und widmet sich den grossformatigen Staatsaufträgen, er lässt sich dabei vom meist klassisch konservativen Geschmack der jeweiligen politischen Elite leiten. Nicht nur das späte 19. Jahrhundert, sondern auch die Stalinepoche zeigen hier abermals eine gemeinsame Vorliebe für die idealisierende Historienmalerei, die übrigens durchaus in Kauf nimmt, dass die künstlerische Qualität und Individualität hinter dem Anliegen der Erkennbarkeit der Idee zurücktritt. Wahrscheinlich hätten sich auch Stalin und Schdanow den Worten Schaslers aus dem Jahre 1858 angeschlossen: Es sei «… die Aufgabe der Historienmalerei, ihre Motive aus jener geheimnisvollen Quelle der innerlichen Geschichte zu schöpfen, aber zugleich die aus ihr geschöpften Gedanken in eine ebenso lebendig dramatische Form zu bringen, wie sie die Weltbühne selber zeigt … Was insbesondere den historischen Stil betrifft …: er besteht oder entspringt … mit logischer Notwendigkeit aus der höheren und allgemeineren Bedeutung, welche die dargestellten Personen als Vertreter einer grossen historischen Idee erhalten, und diese höhere Bedeutung, welche sie sofort über die genremässige Individualität des gewöhnlichen Menschen in eine erhabenere Sphäre entrückt, zwingt den Künstler, sie auch in ihrem äusserlichen Auftreten wie in ihrer ganzen persönlichen Charakteristik von dem bloss Zufälligen ihrer Existenz zu entkleiden und ihnen dafür die ihrer innern Würde angemessene und zukommende äusserliche Würde und Hoheit der Erscheinung zu verleihen, welche als solche ein ideales Gepräge notwendig nach sich zieht.» Diese Worte umschreiben ohne Abstriche und mit ungewollter Klarheit das Wesen sämtlicher grossformatiger Darstellungen Stalins öffentlicher Auftritte der dreissiger, vierziger und frühen fünfziger Jahre[81].

Bekanntlich emanzipierte sich insbesondere während der zweiten Hälfte des 19. Jahrhunderts ein Grossteil der Künstler vom akademischen Lehrbetrieb, die klassizistisch entrückten Ideale liessen sich mit der fortschreitenden Vereinzelung der bürgerlichen Gesellschaft nicht mehr vereinbaren. Die Darstellung des alltäglich Verfügbaren gewann an Bedeutung. Interessanterweise kennt der sozialistische Realismus in der zweiten Hälfte des 20. Jahrhunderts eine ähnliche Entwicklung; die Werke der chruschtschowschen Tauwetterperiode lösen sich gänzlich von jener heroisierenden und glorifizierenden Bildgestaltung und zeigen einen wesentlich individuelleren und ungeschminkteren Malstil.[82] Im Jahre 1860 beklagte sich der Wiener Portraitmaler Ferdinand Waldmüller[83] über das Dahinsiechen der vaterländischen Kunst und nannte als Ursachen den «… gänzlich seelenlosen, im bürokratischen und pedantischen Schulzwang geleiteten,

---

[80] Zur Bedeutung der Sowjetischen Akademien, siehe unten Biographien der bedeutenden Künstler, S. 135 ff.

[81] Siehe hierzu das Bildmaterial aus dem Abschnitt *Sitzungen* aus dem Bildband *Agitation zum Glück, Sowjetische Kunst der Stalinzeit*, Bremen 1994.

[82] Zur Tauwetterperiode und zum sogenannten «strengen Stil», siehe oben S. 35 und 37.

dem Geiste der wahren Kunst gänzlich entfremdeten akademischen Unterricht und den Mangel eines Mäzenates».

Das Ideal eines staatlichen Mäzenatentums führt uns zu einer weiteren bedeutenden Parallele zwischen dem deutschen Realismus des 19. und dem sowjetischen Realismus des 20. Jahrhunderts. «Ein grossartiges Mäzenat muss sie (die Regierung) üben, dann wird sie den segenreichsten Einfluss auf das wahrhafte Gedeihen und Aufblühen der vaterländischen Kunst nehmen.» schrieb Waldmüller an den österreichischen Finanzminister und schlug sogar vor: «Das Mäzenat, welches der Staat zu übernehmen hätte, müsste darinnen bestehen, dass der Staat sich zum Käufer aller echten Kunstwerke, welche … geschaffen werden, erklärt. Ein vom Staate zu ernennendes Schiedsgericht von sechs Künstlern und einem vorsitzenden Nichtkünstler, hätte über die Würdigkeit der eingesandten Kunstwerke zu entscheiden und den Ankauf zu bestimmen.» Allerdings wies Waldmüller diese Kompetenz dem Staate nicht aus politisch erzieherischen Gründen zu, sondern weil er offensichtlich dem Kunstmarkt kein Qualitätsurteil zutraute. In ähnlich radikaler Form äusserte sich auch Schasler: «Wir sind nämlich der Ansicht, dass die historische Kunst, ebenso wie die Monumentalmalerei, die Skulptur und die Architektur, auf eine ihrer würdige und grossartige Weise nur durch grossartige Mittel gefördert und am Leben erhalten werden könnte. Solche Mittel aber liegen ausserhalb der Grenzen, welche die Kräfte von Privaten zu umfassen im Stande sind … Denn ohne direkte Beteiligung des Staats kann die grosse Kunst nicht blühen … nur von oben herab ist die natürliche Befruchtung der Kunst möglich; alle Anstrengungen von Privaten oder von Vereinen bringen nur eine dürftige und künstliche Bewässerung zuwege …» Auch die Sowjetunion glaubte an die Befruchtung der Kunst von oben, und obwohl der propagandistische Auftrag des Werkes weit dringlicher als der künstlerische war, erhielt die Frage der Finanzierung der Kunstschaffenden unter Stalin einen ähnlichen Stellenwert. Die politisch konformen Künstler der Sowjetunion wurden über Jahrzehnte hinweg in einer Weise «mit grossartigen Mitteln gefördert und am Leben erhalten», wie es sich kein privatwirtschaftlich organisierter Kunstmarkt je hätte leisten können.[84]

Realismusbewegung des 19. Jahrhunderts

Die aufgeführten Zitate mögen den Eindruck erwecken, es handle sich bei der stalinistischen Kunst um ein diktatorisch mutiertes Produkt der Realismusbewegung des späten 19. Jahrhunderts. Dies

---

[83] Waldmüller, Ferdinand 1793–1865. Portraitmaler und zwischen 1833 und 1857 Professor an der Wiener Akademie. Er wurde nach der Veröffentlichung einer anti-akademischen Schrift im Jahre 1857 zwangspensioniert, 1864 jedoch wieder rehabilitiert.

[84] Siehe unten S. 99 ff., Künstlerbiographien und Besuche in den Moskauer und St. Petersburger Ateliers.

ist, trotz vieler auffallender Analogien, nur bedingt richtig. Die frühen Kunsttheorien des Realismus, in deren Mittelpunkt das Werk des französischen Malers Gustave Courbet[85] steht, bemühten sich bekanntlich um eine radikale Abkehr von den zeitlosen, idealen Werten, die die klassische Kunst vermitteln soll und wendeten sich der Darstellung der vergegenwärtigten Wirklichkeit zu. Der tatsächlich existierende Aspekt des Lebens fand nun das Interesse der Künstler. «L'art, pour nous, c'est une chose reelle, existante …» ist in der ersten Ausgabe der französischen Zeitschrift «Le Réalisme» aus dem Jahre 1856 zu lesen. Doch gerade dies suchte der sozialistische Realismus – zumindest in den Jahren Stalins – nicht; er schafft vielmehr ideale Leitbilder in zeitgemässer Inszenierung, eine Möchte-gern-Realität mit einem erkennbaren Anspruch auf Zeitlosigkeit. Allerdings handelt es sich um politisch geprägte Vorbilder, und insofern besteht dennoch eine Verwandtschaft zum neuen Realismusdenken des späten 19. Jahrhunderts, das vornehmlich von sozialen und politischen Fragen geprägt war. Kunst wird nun nicht mehr als göttlicher Wurf, sondern als Arbeit verstanden, und Karl Marx versuchte gar den Begriff des Künstlers zu überwinden: «In einer kommunistischen Gesellschaft gibt es keine Maler, sondern höchstens Menschen, die unter anderem auch malen.»

Ein weiterer Unterschied zwischen dem aufkommenden französischen und stalinistischen Realismus liegt im Selbstverständnis der Kunstschaffenden. Während sich der Künstler unter Stalin – freiwillig oder unfreiwillig – der Propagierung eines neuen Menschenbildes verschrieb, sich ihm sozusagen von Staats wegen unterstellte, stand für Courbet, aber auch für Cézanne, der Ausdruck seiner eigenen Individualität, seines eigenen Zeitverständnisses im Vordergrund. Der französische Realismus war revolutionär und antistaatlich, derjenige Stalins jedoch antirevolutionär und staatsdoktrinär. Dies wird insbesondere durch die Kunstauffassung des französischen Philosophen Pierre-Joseph Proudhon[86] deutlich. Er plante zusammen mit Courbet im Jahre 1863 die Veröffentlichung eines gemeinsamen Werkes, das jedoch letztlich nicht realisiert wurde, denn Proudhons Thesen sind radikal antiidealistisch und auch antiindividualistisch. Die Kunst spielte überhaupt nur im sozialen Kontext eine Rolle und war somit als persönliche Manifestation bedeutungslos. Doch die Kunstauffassungen Proudhons und Courbets standen in einer

---

[85] Courbet, Gustave 1819–1877. Maler und Begründer einer realistischen Malschule, die sich sowohl den klassischen Idealen, als auch der Sehnsucht der Romantik entgegenstellt. Courbet verfasste im Jahre 1855 ein *Realistisches Manifest;* er ist mit dem Philosophen und Begründer des französischen Anarchismus, Pierre-Joseph Proudhon, eng befreundet.

[86] Proudhon, Pierre-Joseph 1809–1865. Französischer Philosoph, seine sozialistischen Thesen zeigen anarchistische Tendenzen. In seinem Werk *Qu'est-ce que la propriété?* aus dem Jahre 1840 versuchte er aufzuzeigen, dass die sozialen Ungerechtigkeiten nur durch die Abschaffung des kapitalistischen Gewinns und die Einführung des zinslosen Kredites beseitigt werden können. Proudhon liess sich mehrfach von seinem Freund Gustave Courbet portraitieren und verfasste 1865 sein kunsttheoretisches Werk *Du principe de l'art et de sa destination sociale.*

Protesthaltung zum Staat, und beide verstanden überdies jede Form von engagierter menschlicher Arbeit als künstlerische Betätigung. So forderte Proudhon: «Jeder Arbeiter muss ein Künstler werden in dem speziellen Bereich seiner Wahl …»[87]

Der französische Realismusbegriff hat schliesslich in seiner geschichtlichen, beziehungsweise sozialpolitischen Bedeutung mehr mit der russischen Avantgarde- und Untergrundbewegung zu tun als mit dem sogenannten sozialistischen Realismus. Die Revolutionen der Jahre 1789, 1830 und 1848 endeten bekanntlich – wie auch der russische Aufstand von 1917 – mit einer Niederlage der geistigen Freiheit; die Pressefreiheit wurde unterdrückt, das Regime schaffte sich eine starke Bürokratie, und die allgegenwärtige Polizei wurde zum Richter für alle Fragen der Moral und des Geschmacks. Frankreich wurde – noch schrankenlos – kapitalistisch[88], Russland kommunistisch, und der aufkeimende Sozialismus fiel in beiden Systemen der «hergestellten Ordnung» beinahe widerstandslos zum Opfer.

Es ist an dieser Stelle zu bemerken, dass der Kampf der Arbeiterklasse um politischen Einfluss und so auch die sozialistischen Theorien im Anschluss an die erfolgreiche Emanzipation des Bürgertums im Jahre 1830 ihren Anfang nahmen, und dass auch die rote Fahne als Symbol proletarischer Massenbewegungen keine russische, sondern eine französische Erfindung aus dem Jahre 1832 ist.[89] Die Oppositionskunst des Realismus ist nun vor diesem Hintergrund der missglückten Revolution zu würdigen. Die Ideale und Utopien hatten versagt, man hielt sich an Tatsachen und strebte nach unbedingter Aufrichtigkeit und Objektivität. «Realismus und politische Revolte sind in den Augen Proudhons und Courbets nur verschiedene Erscheinungsformen der gleichen Haltung, und sie sehen zwischen sozialer und künstlerischer Wahrheit keinen wesentlichen Unterschied.», schrieb Arnold Hauser und zitierte Courbet in einem Brief aus dem Jahre 1851: «Ich bin nicht nur Sozialist, sondern auch Demokrat und Republikaner, mit einem Wort, ein Parteigänger der Revolution, und vor allem ein Realist, das heisst der aufrichtige Freund der

[87] Zitiert aus Kleine *Geschichte der Kunsttheorie* von Udo Kultermann, Wissenschaftliche Buchgesellschaft Darmstadt, 1987.

[88] «Von nun an werden die Banquiers herrschen!» prophezeit Monsieur Lafitte nach der Ernennung Louis-Philippes zum König von Frankreich. Und 1836 wird ein Abgeordneter im Parlament mit den Worten zitiert: «Die Grossindustriellen, sie sind das Fundament der neuen Dynastie.» Aus La Monarchie de Juillet, S. Charléty in Histoire de France contemporaine. V. E. Lavisse, 1921, S. 178 ff.

[89] «Der Sozialismus als Doktrin entwickelt sich aus der Erkenntnis des Klassencharakters dieser Ökonomie. Sozialistischen Ideen und Tendenzen begegnen wir natürlich schon in der grossen Französischen Revolution, namentlich im Konvent und in der Babeuf-schen Verschwörung, von einer proletarischen Massenbewegung und einem ihr entsprechenden Klassenbewusstsein kann aber erst seit dem Sieg der Industriellen Revolution und der Einführung der maschinellen Grossbetriebe gesprochen werden.» Aus Arnold Hauser, *Sozialgeschichte der Kunst und Literatur*, S. 762.

wahren Wahrheit.»[90] Die soziale Botschaft der französischen Realisten wird nun aber vom Establishment heftig kritisiert, und die Vorwürfe der Konservativen finden sich in beinahe identischer Form in der sowjetischen «Formalismus»-Diskussion wieder: Verachtung des Idealismus, Schwelgen im Hässlichen und Gemeinen, im Krankhaften und Obszönen, Zerstörung des Bestehenden. Das herrschende Regime verlangte demgegenüber einen Ausdruck «echter Gefühle» sowie eine «mystische Übereinstimmung zwischen dem Guten und dem Schönen»[91]. Und wie bei Stalin war das wichtigste Anliegen die sittliche, erzieherische Wirkung der Kunst, und wie bei Stalin blieb den realistischen «Untergrund»-Malern des 19. Jahrhunderts der Zutritt zu den Akademien verschlossen, und auch eine bescheidene finanzielle Unterstützung durch den Staat wurde ihnen verwehrt. Schliesslich kam es, ähnlich wie in der ehemaligen Sowjetunion, zu sogenannten – allerdings vergleichsweise harmlosen – Sittlichkeitsprozessen[92].

Das antiautoritäre und sozialpolitische Moment der realistischen Kunstauffassung, jene kämpferische Oppositionshaltung findet sich übrigens auch in der deutschen Kunstdiskussion des 19. Jahrhunderts. Der bekannte Kunsttheoretiker und Architekt Gottfried Semper[93] nahm 1849 zusammen mit dem Komponisten Richard Wagner sogar an den Strassenkämpfen der Dresdener Revolution teil und musste nach deren Niederschlagung nach London emigrieren. Auch Sempers Realismuskonzept ist von jenem der Sowjetunion weit entfernt, wenn er 1834 schrieb: «Nur einen Herrn kennt die Kunst, das Bedürfnis. Sie artet aus, wo sie der Laune des Künstlers, mehr noch, wo sie mächtigen Kunstbeschützern gehorcht.» Der Stalinkult hat mit diesem sozialkritischen Realismusbegriff nichts gemein; zwar eröffnete die Tauwetterperiode nach Stalins Tod einen neuen Wirklichkeitsbezug, eine weitgehend unverschleierte – bisweilen sogar erschreckend realistische – Darstellungsform von Lebensverhältnissen, die durchaus an die antiidealistischen und sozialpolitischen Anliegen der Realismustheorien des 19. Jahrhunderts erinnern. Doch auch der ungeschminkte, sogenannte strenge Stil unter Chruschtschow unterschied sich immer noch wesentlich von der erwähnten individuellen – durchaus antipatriotischen – Protesthaltung jener Realismus-Protagonisten aus Frankreich und Deutschland. Zu den bedeutendsten

[90] Aus Arnold Hauser, *Sozialgeschichte der Kunst und Literatur,* S. 820 sowie Jules Coulin, *Die sozialistische Weltanschauung in der französischen Malerei,* 1909, S. 61.

[91] Arnold Hauser, *Sozialgeschichte der Kunst und Literatur,* S. 825.

[92] So wurden die Dichter Flaubert, Baudelaire sowie die Brüder Goncourt angeklagt; der Prozess gegen Flaubert und der enorme Erfolg der *Madame Bovary* führten allerdings gegen 1860 zu einem Sieg der Realismusbewegung.

[93] Semper, Gottfried 1803–1879. Architekt und Erbauer der Dresdener Semper-Oper. Er verfasste zahlreiche Schriften zu Themen aus Wissenschaft, Industrie, Kunst und Kunstunterricht, insbesondere äusserte er sich über die Zusammenhänge von Baukunst und Gesellschaft. Sein zweibändiges Hauptwerk *Der Stil in den technischen und tektonischen Künsten* entstand in den Jahren 1860 und 1863; es versucht, die neue Forschung der Naturwissenschaften mit den Kunstanschauungen zu verschmelzen.

Vertretern der deutschen Realismusbewegung gehörten ohne Zweifel die Maler Max Liebermann[94] und Adolf von Menzel[95], die übrigens wie Courbet aus wohlhabenden Verhältnissen stammten, aber in der Gesellschaft des deutschen Kaiserreiches anfänglich als revolutionäre Aussenseiter galten; Wilhelm II. nannte Liebermann gar einen Anarchisten. Im Jahre 1872 entsteht sein erstes grosses Werk, die «Gänserupferinnen». In der kunstpolitischen Nachbarschaft von Göttern und Helden wurde es zum Gesellschaftsskandal, und Liebermann sowie den Realisten seiner Zeit wurde vorgeworfen, sie suchten in der Darstellung ihrer Figuren bewusst das Hässliche und Abstossende des Lebens. Auf dem politischen Nährboden der Forderung nach Gleichberechtigung und Achtung sozial unterprivilegierter Berufsstände entstand eine Ästhetik der Hässlichkeit, die noch zwanzig Jahre nach den «Gänserupferinnen» die sozialpolitisch fortschrittlichen Gemüter bewegte: «Man hat die Realisten beschuldigt, dass sie vorzugsweise das Hässliche suchen. Es ist wahr, dass wir durch die Salonkomödie zu der Vorstellung erzogen wurden, dass die Menschen, die nicht mindestens zwanzigtausend Kronen Zinsen haben, sich nicht zeigen können, und dass Armuth dasselbe ist wie Mangel an Zinsen; wir haben den Glauben an die Ideale dieser Gesellschaft mit ausgeschnittener feiner Wäsche und sechs Ellen langen Schleppen verloren; sie haben uns gelehrt, Ekel zu empfinden vor der Art von Schönheit, die ihr Dasein auf Kosten anderer fristet.

Jene Anderen in schlechten Kleidern wagen wir zu lieben, teilweise zu beklagen, bisweilen zu bewundern, selbst auf die Gefahr hin, nicht zu den ‹besseren Leuten› gerechnet zu werden. Man hat unsere Realisten beschuldigt, noch schlimmeres zu sein, nämlich: Naturalisten.

Das ist ein Ehrentitel für uns! Wir lieben die Natur, wir wenden uns mit Abscheu fort von den neuen Gesellschaftsverhältnissen. Weil wir das Verkünstelte, das Geschraubte hassen, lieben wir jedes Ding beim rechten Namen zu nennen, und wir glauben, dass unsere Gesellschaft zusammenstürzen wird, wenn nicht die vornehmste Übereinkunft, auf der jede Gesellschaft ruht, die Ehrlichkeit, wiederhergestellt wird.»[96]

---

[94] Liebermann, Max 1847–1935. Bedeutender Berliner Maler, der, obwohl aus grossbürgerlichen Verhältnissen stammend, sich in revolutionärer Art einer sozialrealistischen Thematik widmete. Durch seine Darstellungen des wirklich Lebendigen wurde er in den Augen vieler Zeitgenossen – zumindest in seiner ersten Lebenshälfte – zum *enfant terrible* der Berliner Kunstszene, zum «Schmutzmaler» und «Hässlichkeitsapostel». In der deutschen Kunstgeschichte gilt er sodann auch als typischer Vertreter des deutschen Impressionismus.

[95] Menzel, Adolf von 1815–1905, bedeutender Maler und Autodidakt, dessen Gemälde zu seiner Zeit weitgehend unbeachtet blieben. Sein bedeutendstes Gemälde – «Das Eisenwalzwerk» 1872–1875 (Nationalgalerie Berlin) – nimmt als Einzelwerk die künstlerische Thematisierung des Industriezeitalters vorweg. Technischer Fortschritt und Leben der Fabrikarbeiter gehörten im Sozialistischen Realismus zu den meistgemalten Sujets.

[96] August Strindberg: «Realismus. Freie Bühne für modernes Leben», Berlin 1890, S. 1242. Zur Begriffskontroverse Naturalismus – Realismus, siehe auch Arnold Hauser, S. 817.

Der sozialkritische Realismus des 19. Jahrhunderts sollte wie der sozialistische Realismus Russlands die Gesellschaft erneuern oder zumindest zu ihrer Erneuerung einen aktiven Beitrag leisten. Nur erwachte im einen Fall die Kritik an der Gesellschaft und richtete sich gegen die herrschenden Normen, während im anderen Fall die erneuerte Gesellschaft keiner Kritik mehr, sondern der propagandistischen Zementierung der herrschenden Normen bedurfte.

Russische Kunsttheorien

Das 19. Jahrhundert Russlands präsentiert sich als äusserst vielschichtige und bisweilen widersprüchliche Epoche, welche mitunter auch als das Aufklärungszeitalter der Russen bezeichnet wird. Russland bewahrte sich einerseits seinen vorrevolutionären Optimismus hundert Jahre länger als der europäische Westen und kannte andererseits jene Ernüchterung und Enttäuschung (noch) nicht, die sich insbesondere in Frankreich nach den verratenen und misslungenen Revolutionen um 1848 bemerkbar machten. Während die abendländische Literatur von einer Welle der Resignation und Skepsis ergriffen wurde, war hier die soziale Idee, die sich gegen den zaristischen Despotismus auflehnte, noch unbesiegt.

Mit dem Tode Puschkins[97] 1837 wechselte die Kontrolle des Kunstschaffens von der Herrschaft des Adels in die Hände der Intelligenz, welche als buntgemischte Bildungsschicht bis zur bolschewistischen Revolution eine kontroverse und spezifisch russische Kunstdiskussion führte. So hielten sich unter Studenten, Kaufleuten, Priestersöhnen, Journalisten, Staatsbeamten, freigelassenen Leibeigenen, Hauslehrern und «freien» Künstlern insbesondere zwei Gruppen im Gleichgewicht, welches bis zum heutigen Tag das politische und kulturelle Selbstverständnis Russlands in Frage stellt: die Westler und die Slawophilen – gemeint ist damit der Rationalismus der westlich orientierten Intelligenz und die Ideologie der messianischen Aufgabe des Slawentums, des «heiligen Russland». Dabei können Westler und Slawophile nicht einfach mit den Begriffen Demokraten und Konservative gleichgesetzt werden – sie unterscheiden sich eher in ihren politischen Argumenten als in ihren Zielen voneinander. Hauser meinte hierzu: «Das ganze geistige Russland macht sich die ‹slawische Idee› zu eigen: alle Intellektuellen sind Patrioten und Verkünder der ‹russischen Sendung› .... Das Diktum Peters des Grossen: ‹Wir brauchen Europa für ein paar Jahrzehnte, dann können wir ihm den Rücken kehren›, entspricht ... der Meinung der meisten Reformer.»[98] Diese generelle Haltung endete übrigens keineswegs im stalinistischen Isolationismus, sondern nährt die Kontroversen der russischen Politik bis in die Gegenwart.

---

[97] Puschkin, Alexander Sergeiewitsch 1799–1837. Dichter und Beamter im zaristischen Russland. Seine liberalen Ideen wurden vom konservativen Regime heftig kritisiert; er gilt als Begründer der modernen russischen Literatur.

[98] Zitiert aus Arnold Hauser, *Sozialgeschichte der Kunst und Literatur*, S. 899.

Nun, die Hauptvertreter der russischen Kunsttheoretiker standen weitgehend unter dem Einfluss der Philosophie des deutschen Idealismus; hegelsche Nachwirkungen zeigten insbesondere V.G. Belinsky, Vladimir Soloviev, N.A. Dobroljubow und N.G. Tschernyschewski[99]. Die letzteren beiden waren Priestersöhne und in ihrer religions- und traditionsfeindlichen Gesinnung typische Vorkämpfer des oppositionellen russischen Rationalismus jener neuen bürgerlichen Bildungsschicht. Tschernyschewski löste sich in seinen theoretischen Überlegungen zur Ästhetik von der vorherrschenden idealistischen Auffassung, dass zwischen Kunstdarstellung und objektiver Wirklichkeit eine unüberwindbare Kluft oder gar ein Gegensatz bestehe und schrieb 1853: «Das Schöne ist das Leben; schön ist das Wesen, in dem wir das Leben so sehen, wie es unseren Begriffen nach sein soll; schön ist der Gegenstand, der in sich das Leben zum Ausdruck bringt oder uns an das Leben erinnert.» Hier näherte sich vielleicht erstmals ein russischer Kunsttheoretiker der Realismusidee. In ihren Bemühungen, die Rolle der Kunst in der Gesellschaft neu zu sehen, haben die Schriften Tschernyschewskis auch in der Kunstdiskussion der Sowjetunion Bedeutung erlangt.

Als profiliertester und wichtigster Kunstdenker der russischer Realismusepoche gilt jedoch der Dichter Leo Tolstoi[100]. Er verstand Kunst als Kommunikation zwischen Menschen auf der Basis einer allgemeinverständlichen Sprache. «Wenn ein Kunstwerk ein gutes Kunstwerk ist, werden die durch den Künstler ausgedrückten Gefühle, seien sie moralisch oder unmoralisch, auf andere Menschen übertragen, beeinflussen sie andere Menschen. Der einzige Massstab für die Vorzüglichkeit in der Kunst ist das Ausmass von Beeinflussung.» Ihr kommt, laut Tolstoi, für die Vervollkommnung der Menschheit eminente Bedeutung zu. Und trotz alledem blieb

Pjotr P. Kontschalowski, Tolstoi zu Besuch beim Künstler, 1940

---

[99] Tschernyschewski, Nikolai G. 1828–1889. Russischer Philosoph und Kunsttheoretiker, dessen Ansichten auch in die sowjetische Kunstdiskussion Eingang finden. In seiner Dissertation *Die ästhetischen Beziehungen der Kunst zur Wirklichkeit* aus dem Jahre 1853 versucht er, die Hegelsche, idealistische Kunstauffassung zu überwinden. Sein Hauptwerk *Was tun?* entstand im Jahre 1863.

[100] Tolstoi, Leo Nikolajewitsch 1828–1910. Bedeutender russischer Schriftsteller, dessen Werk sich der facettenreichen Darstellung der russischen Gesellschaft widmet – er galt als «das lebende Gewissen von Europa». *Krieg und Frieden,* 1865–1869, *Anna Karenina* 1875–1877, *Was ist Kunst?* 1898.

auch sein Kunstschaffen sowie jenes von Dostojewski eine Oppositionskunst, die die alte Gesellschaftsordnung zersetzen und die revolutionäre Bewegung fördern wollte. In diesem Sinne übernahmen beide Dichter für die spätere, sozialistische Realismusdiskussion eine kunsttheoretische Vorreiterrolle. «Bei Tolstoi kann man tatsächlich nicht nur von einem ‹Triumph des Realismus›, sondern zugleich von einem ‹Triumph des Sozialismus› sprechen, nicht nur von der vorurteilslosen Gesellschaftsschilderung eines Aristokraten, sondern auch von der revolutionären Wirkung eines geborenen Reaktionärs.»[101]

Es ist an dieser Stelle zu bemerken, dass die – insbesondere die literaturgeschichtliche – Realismusdebatte im vorrevolutionären Russland höchst kontrovers geführt wurde. Sie reichte von der lapidaren Feststellung, dass Kunst dann realistisch sei, wenn sie «uns an das Leben erinnert»[102] bis zur Überlegung, dass die realistische Darstellung erst durch die Deformation, die Überhöhung oder die Verzerrung des Gewohnten möglich werde. «Der Maler als Neuerer muss an den Dingen sehen, was man gestern nicht sah, muss der Wahrnehmung eine neue Form geben.»[103] So fliesst auch die Verfremdung des Wahrgenommenen in den russischen Realismus ein.

Französischer Klassizismus

Aus dem Gesagten geht hervor, dass der russische Realismus – insbesondere der stalinistische Realismus – mit der Realismusbewegung des 19. Jahrhunderts wenig gemein hatte, auch wenn sich beide – zumindest auf den ersten Blick – den gleichen, volksnahen Themen zuwendeten. So steht die «stalinistische» Bauernszene für ein autoritäres Kulturdiktat von oben, während ähnliche Szenen bei Courbet – sowie bei den russischen Realisten des späten 19. Jahrhunderts – beissende Kul-

---

[101] Zitiert aus Arnold Hauser, *Sozialgeschichte der Kunst und Literatur,* S. 922, siehe auch S. 902.

[102] So Tschernyschewski, siehe oben S. 61.

[103] Zitiert aus *Über den Realismus in der Kunst* von Roman Jakobson, 1921, abgedruckt in *Russischer Formalismus*, herausgegeben von J. Striedter, Wilhelm Fink Verlag, München, 4. Auflage 1988.
Jakobson fügt hinzu: «So berichtet Kramskoj, einer der Begründer der sogenannten realistischen Schule der russischen Malerei, in seinen Memoiren, wie er bestrebt war, die akademische Komposition so weit wie möglich zu deformieren, wobei diese ‹Unordnung› mit einer Annäherung an die Realität motiviert wurde.»
Aufschlussreich ist auch der im selben Band veröffentlichte Aufsatz «Kunst als Verfahren» von Viktor Schklovskij aus dem Jahre 1916. «Ziel der Kunst ist es, ein Empfinden des Gegenstandes zu vermitteln, als Sehen und nicht als Wiedererkennen; das Verfahren der Kunst ist das Verfahren der ‹Verfremdung› der Dinge …, ein Verfahren, das die Schwierigkeit und Länge der Wahrnehmung steigert, denn der Wahrnehmungsprozess ist in der Kunst Selbstzweck und muss verlängert werden; die Kunst ist ein Mittel, das Machen einer Sache zu erleben; das Gemachte hingegen ist in der Kunst unwichtig.»

turkritik von unten bedeuten. Im einen Fall werden Bauern und Arbeiter heroisiert und idealisiert, im anderen sind sie ergreifende Zeugen sozialer Ungerechtigkeit.

Vor diesem Hintergrund drängen sich für die Betrachtung der Werke der Stalinzeit historische Vergleiche mit Herrschaftsformen auf, die das Verhältnis von Macht und Kunst in ähnlicher, propagandistischer Form reflektieren. So zeigen bekanntlich autoritäre Staatsformen eine Vorliebe für visionäre Darstellungen ohne innere Widersprüche, welche sich dabei regelmässig klassischer Formelemente bedienen. Es ist beinahe unvermeidbar, das sowjetische Kunstideal mit den Erscheinungsformen des sogenannten Revolutionsklassizismus des späten 18. Jahrhunderts zu vergleichen. Die Parallelen sind frappant, weniger in der Sujetwahl, wohl aber in der Überzeugung, dass die bildende Kunst ein staatlicher Ideologieträger sein muss. Von der französischen Revolution bis in die Empirezeit prägten Begriffe wie Formenstrenge, Patriotismus, Monumentalismus, Propagandismus, Historismus und schliesslich auch Eklektizismus die staatliche Kunstdiskussion. Mit «… der Revolution wird die Kunst zum politischen Glaubensbekenntnis, und erst jetzt wird es ausdrücklich betont, dass sie ‹kein blosser Schmuck am Gesellschaftsaufbau›, sondern ‹ein Teil seines Fundamentes› zu sein habe. Sie soll, heisst es, kein eitler Zeitvertreib sein, kein blosser Nervenkitzel, kein Privileg der Reichen und Müssigen, sondern soll vielmehr belehren und verbessern, zur Tat anspornen und ein Beispiel geben. Sie soll rein, wahr, begeistert und begeisternd sein, zum Glück der Allgemeinheit beitragen und zum Besitz der ganzen Nation werden.»[104] Zentrale Figur und Urheber dieser künstlerischen Revolution ist der Maler Jacques Louis David[105]. Er genoss – beinahe wie Schdanow unter Stalin – das Vertrauen der Revolutionsregierung für sämtliche Kunst- und Propagandafragen und wurde so zum Kunstdiktator der Nation, der über Akademiebetrieb, Ausstellungs- und Museumswesen sowie über die Veranstaltung aller grossen Feste und staatlicher Feierlichkeiten bestimmte. Sein kulturpolitischer Wirkungskreis übertraf sogar jenen des Malers Le Brun, der als Kunstzensor des Ancien régime eine vergleichbare Rolle einnahm. Auch David gehörte zum politischen Establishment und forderte als Mitglied des Konvents: «Jeder von uns ist der Nation Rechenschaft schuldig über das Talent, das er von der Natur erhalten hat.» Der historische Sprung erscheint gewagt, doch man kommt nicht umhin, Davids Überzeugung der politisch erzieherischen Relevanz des künstlerischen Schaffens mit den Forderungen des ersten sowjetischen Schriftstellerkongresses zu vergleichen: «Unser Kongress soll … nicht nur eine Para-

---

[104] Zitiert aus Arnold Hauser, *Sozialgeschichte der Kunst und Literatur*, S. 666. Hauser zitiert seinerseits aus *L'Art français sous la Révolution et l'Empire*, François Benoit 1897, S. 3.

[105] David, Jacques Louis 1748–1825. Bedeutender Maler und Begründer der wichtigsten klassizistischen Schule Frankreichs. Die sogenannte «révolution Davidienne» gilt als eine der Ausgangspunkte der modernen Malerei. David war nicht nur Kunstdiktator der französischen Revolution und Mitglied des Konventes, sondern zur Zeit des Kaiserreiches auch Hofmaler Napoleons. Übrigens erhielt um 1840 Gustave Courbet bei einem Schüler Davids seinen ersten Zeichenunterricht.

de unserer Talente sein, er muss auch die Literatur organisieren und die jungen Schriftsteller durch eine Arbeit erziehen, die für die ganze Sowjetunion von Bedeutung ist, da sie der allseitigen Erforschung der Vergangenheit und Gegenwart unserer Heimat dient.»[106] Oder «Die Literatur der Völker der UdSSR … ist unsere gemeinsame Errungenschaft und die Schatzkammer unserer ganzen Kunst.»[107] Und: «Wir schreiben nicht mehr einfach Bücher, sondern mit Büchern verändern wir das Leben, und gerade das vervielfacht unsere Verantwortlichkeit.»[108]

Wie in der Sowjetunion blieb auch im diktatorischen Frankreich die politische Benutzbarkeit des Kunstschaffens das wesentliche Kriterium der Kunstförderung. Es erstaunt deshalb kaum, dass David auch im französischen Kaiserreich als erster Hofmaler seinen klassizistischen Stil weiterpflegte. Dabei ging es weder Stalin noch Napoleon darum, den qualitativ besten Maler ihrer Epoche zu eruieren, sondern darum, jenen Malstil zu propagieren, welcher mit den politischen Zielen ihres Herrschaftssystems im Einklang stand. David und seine sowjetischen Epigonen wurden jeweils zu bedeutenden Erneuerern der Historienmalerei und widmeten sich mit Begeisterung der malerischen Darstellung grossflächiger Repräsentationsszenen. Beide folgten weniger inhaltlich als vielmehr im kompositorischen Bildaufbau antiken Konventionen und verbanden den patriotischen Idealismus der Szenerie mit dem wirklichkeitsnahen Naturalismus der Portraitkunst.

Es ist wenig erstaunlich, dass in beiden Systemen der propagandistischen Kriegsmalerei ein besonderer Stellenwert beigemessen wurde. Was jedoch überrascht, ist die bisweilen unheroische, beinahe humanitäre Sujetbewältigung, die die Schlachtenbilder Napoleons und Stalins verbindet. So bringen die monumentalen Werke des Antoine Gros[109] in ihrer blutigen und schrecklichen Darstellung ein – übrigens für diesen Bildtypus neues – moralisches Urteil zum Ausdruck, welches wir in ergreifender Form auch in der sowjetischen Kriegsmalerei der Jahre 1941 bis 1945 wiederfinden.[110]

Das künstlerische Schaffen Davids ist aber in einem weiteren Sinne für die hier angestellten Betrachtungen zum sozialistischen Realismus von Bedeutung, denn es wirft weit über

---

[106] Maxim Gorki, *Über sowjetische Literatur*, 17. August 1934.

[107] Fedor Gladkov, 21. August 1934.

[108] Ilja Erenburg, 22. August 1934.

[109] Gros, Antoine 1771–1835, Schüler Davids und bedeutender Maler des Empire. Seine grossflächigen Kompositionen gelten als Vorläuferwerke der französischen Romantik. *La Bataille d'Aboukir* 1807; (Versailles), *Le Champs de bataille d'Eylau*, 1808 (Louvre), *Les Pestiférés de Jaffa,* 1804 (Louvre).

[110] Siehe hierzu Arnold Hauser, *Sozialgeschichte der Kunst und Literatur,* S. 674 sowie den russischen Bildband *Wojna narodnaja,* Auroraverlag, St. Petersburg 1995.

hundert Jahre vor Stalins Erscheinen die Frage auf, ob staatlich verordnete oder zumindest instrumentalisierte Kunst überhaupt qualitativ relevant sein kann. Arnold Hauser äussert sich dazu überzeugend eindeutig: «Der Fall David ist für die Soziologie der Kunst von besonderer Bedeutung, denn es gibt in der Kunstgeschichte wohl kein zweites Beispiel, das die These von der Unvereinbarkeit praktischer politischer Ziele mit echter künstlerischer Qualität so unzweifelhaft widerlegen würde. Je inniger er mit politischen Interessen verbunden war und je restloser er seine Kunst in den Dienst propagandistischer Aufgaben stellte, desto grösser war der künstlerische Wert seiner Schöpfungen. Während der Revolution, als alle seine Gedanken sich um die Politik drehten und er seinen ‹Schwur im Ballhaussaal› und seinen ‹Marat› malte, stand er künstlerisch am höchsten. Unter dem Kaiserreich, als er sich zumindest mit den patriotischen Zielen Napoleons identifizieren konnte und sich zweifellos bewusst war, was die Revolution dem Diktator trotz allem verdankte, blieb seine Kunst, wenn es sich um praktische Aufgaben handelte, lebendig und schöpferisch. Später jedoch, in Brüssel, als er jede Beziehung zur politischen Wirklichkeit verlor und nichts als Maler war, sank er auf den tiefsten Punkt seiner künstlerischen Entwicklung. Wenn nun diese Zusammenhänge auch nicht unbedingt beweisen, dass ein Künstler politisch interessiert und progressiv gesinnt sein muss, um gute Bilder zu malen, so beweisen sie doch, dass solche Interessen und solche Ziele die Entstehung von guten Bildern keineswegs verhindern.»[111]

Ob nun der «klassizistische» Stalinismus «gute Bilder» hervorgebracht hat, soll, wie bereits erwähnt, nicht Gegenstand dieser Betrachtungen sein[112], hingegen verleiten weitere augenfällige Parallelen zum Napoleonischen Klassizismus zu vergleichenden Überlegungen. Wie das Regime der französischen Revolution übernahmen auch Stalins Kulturideologen eine bereits bestehende Kunstform in ihr politisches Programm, und beide gaben ihrem Klassizismus, beziehungsweise dem russischen Realismus des späten 19. Jahrhunderts, einen neuen Inhalt, einen neuen politisch-ideologischen Sinn. In beiden Systemen identifizierte sich die Staatsmacht mit einem propagierten Malstil, der von den entsprechenden Regierungsstellen finanziell gefördert wurde, was über kurz oder lang zu einer Erstarrung der offiziellen Kunstszene führte. So entstand sowohl unter Napoleon als auch unter Stalin eine Untergrundkunst – freilich unterschiedlicher Prägung. «Die Prinzipien der Ordnung und Disziplin büssten ihre künstlerisch anregende Wirkung ein, und die liberale Idee wurde von nun an … zu einer Quelle der dichterischen Inspiration. Napoleon konnte seine Künstler und Dichter trotz der Preise, Schenkungen und Auszeichnungen, die er ihnen zuteil werden liess, zu keinen bedeutenden Leistungen anspornen. Die wirklich produktiven Autoren der Zeit, wie Madame de Staël und Benjamin Constant, waren Dis-

---

[111] Zitiert aus Arnold Hauser, *Sozialgeschichte der Kunst und Literatur,* S. 670.

[112] Zur Frage, ob allenfalls der Kunstmarkt ein Qualitätsurteil fällt, siehe unten S. 88 ff.

sidenten und Aussenseiter.»[113] Schliesslich mündete das künstlerische Schaffen im französischen Kaiserreich, wie auch im Sowjetreich, in einen Eklektizismus, der sich auf den ersten Blick wahllos an bekannten Vorbildern orientierte und – in Russland allerdings erst nach Stalins Tod – zu einer wilden Vielfalt stilistischer Darstellungsformen führte.

Die bürgerliche Romantik

Es ist nun im weiteren kein Wagnis, die Bildinhalte des sozialistischen Realismus auch noch mit den Ideen der Romantik in Berührung zu bringen, denn die begriffliche Bestimmung des Stalinschen Kunstideals[114] hat gezeigt, dass der revolutionäre Enthusiasmus zum Nährboden grosser Utopien wurde, und dass dem sowjetischen Isolationismus durchaus ein gewisses Mass an verklärter Weltfremdheit anhaftete.

Der Schönheitsbegriff des Klassizismus orientiert sich letztlich an der Frage der Wahrheit. Dies jedoch war der sowjetischen Ideologie fremd. «Das Typische des Sozialistischen Realismus ist die anschaulich gewordene Welt des stalinschen Traums …», schreibt Boris Groys[115] und fährt wenig später fort: «Diese ausgeprägte Romantik der Kultur der Stalinzeit … entwickelt ganz natürlich einen Kult der Liebe als einer Art ‹innerer Utopie›, die die äusserliche, mechanische Utopie der Avantgarde ablöste.» Zudem ist die Mythologisierung historischer Kräfte, das Abstandnehmen von einer rationalistisch geprägten Weltanschauung, ein Phänomen der Romantik, das in ähnlicher Form mit dem Stalinmythos wiederkehrt. Der Romantiker – wie auch der Musterschüler des frühen Stalinismus – will sich «in die Illusion eines ästhetisch-utopischen Daseins wiegen. Diese Romantisierung aber bedeutet vor allem, das Leben vereinfachen und vereinheitlichen, es von der quälenden Dialektik allen geschichtlichen Seins befreien, die unlösbaren Widersprüche aus ihm ausschalten und die rationalen Widerstände gegen die Wunschträume und Phantasien abschwächen. Jedes Kunstwerk ist ein Traumbild und eine Legende der Wirklichkeit, jede Kunst setzt eine Utopie an die Stelle des Daseins, nur kommt in der Romantik der utopische Charakter der Kunst reiner und ungebrochener zum Ausdruck als sonst.»[116] Diese Überlegung Arnold Hausers zur deutschen Romantikbewegung widerspiegeln in irritierender Art und Weise

---

[113] Zitiert aus Arnold Hauser, *Sozialgeschichte der Kunst und Literatur*, S. 677.

[114] Man erinnere sich an Schdanows Aufruf an die Künstler, zum «Ingenieur der Seele» zu werden, Schriftstellerkongress 1934, siehe oben S. 24.

[115] Groys, S. 60.

[116] Zitiert aus Arnold Hauser, *Sozialgeschichte der Kunst und Literatur,* S. 696; Schdanow selbst spricht von einer «revolutionären Romantik», siehe oben S. 25.

das Kunstprogramm des frühen sowjetischen Realismus. Schliesslich findet, selbst jene für die Romantikbewegung so wichtige religiöse Erhebung, im pastoralen Pathos der stalinistischen Ideologie eine Entsprechung. Boris Groys spricht sogar von einem «augenscheinlichen ‹Byzantinismus› der Kultur der Stalinzeit», von einer «Sättigung mit christlicher Symbolik»[117].

Doch bei alledem darf freilich nicht übersehen werden, dass sich die Ideen der bürgerlichen Romantik in mancher Hinsicht radikal vom sowjetischen «Traumdogma» unterscheiden. Die Romantik des 19. Jahrhunderts entdeckte die Autonomie des Geistes und idealisierte einen Individualismus, der bisweilen gar zu einer Abschottung des Künstlers von der Gesellschaft führte. Dieser geistige Ultraliberalismus wurde erst durch die neuen Theorien des Sozialismus wieder in Frage gestellt, er bleibt aber bekanntlich bis in die heutige Zeit ein wesentlicher – und offensichtlich immer noch verteidigungswürdiger – Eckpunkt der postkapitalistischen Gesellschaft. Demgegenüber präsentiert sich die sowjetische Ideologie als eine kollektivistische Heilslehre, welche nicht die Träume des Individuums, sondern die Verklärung des Volkes thematisiert. Der Künstler hatte sich einem kollektiv verordneten Traum zu beugen. So wurde auch die Vorstellung, dass eine Gruppe von Künstlern gemeinsam schöpferisch aktiv werden kann, durch die erwähnten «Brigadearbeiten» in die Tat umgesetzt – ein Gedanke, der der romantischen Schöpfungsidee diametral gegenübersteht.

Mit seiner antiindividualistischen Haltung entfernte sich der sozialistische Realismus aber nicht nur vom romantischen, sondern auch vom klassisch realistischen oder naturalistischen Kunstbegriff. Jene «überindividuellen Schichten der Kreativität»[118], die er ansprechen wollte, fanden so am ehesten in der erwähnten «révolution Davidienne» eine Entsprechung, in jenem staatlich geförderten Malstil unter Napoleon, der bald für den westeuropäischen Klassizismus des 19. Jahrhunderts Vorbildcharakter erhalten sollte.

So wie der russische Realismus des ausgehenden 19. Jahrhunderts im europäischen Vergleich als verspätete Romantik gedeutet werden könnte, so wirkt der sozialistische Realismus, sofern er von seinen propagandistischen Verirrungen gereinigt werden kann – und man würde der russischen Malerei des 20. Jahrhunderts ohne eine solche gedankliche Trennung nicht gerecht – wie ein verspäteter Klassizismus; ein «classicisme stalinien», der sich seinen politischen – Davidschen – Gehorsam in Frankreich holt und sein Harmoniestreben in unverwechselbarer Art mit einem ideologisch überhöhten Fortschrittsglauben verknüpft.

---

[117] Groys, S. 77.

[118] Groys, S. 79, siehe oben S. 32 und S. 33.

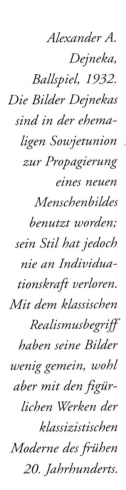

Alexander A. Dejneka, Ballspiel, 1932. Die Bilder Dejnekas sind in der ehemaligen Sowjetunion zur Propagierung eines neuen Menschenbildes benutzt worden; sein Stil hat jedoch nie an Individuationskraft verloren. Mit dem klassischen Realismusbegriff haben seine Bilder wenig gemein, wohl aber mit den figürlichen Werken der klassizistischen Moderne des frühen 20. Jahrhunderts.

Stilfragen

Beim Phänomen des sozialistischen Realismus handelt es sich also nicht um einen Kunstbegriff, der als neuer Stil in die Kunstgeschichte eingehen wird. Vielmehr entpuppt sich die sowjetische Epoche als ein Zeitalter des Eklektizismus, als eine Zeit ohne stilistische Einheit in der Malerei. Sie gleicht hierin, wie erwähnt, dem zweiten Kaiserreich unter Napoleon III. Dennoch lassen sich in der sogenannten offiziellen sowjetischen Bilderwelt verschiedene Erscheinungsformen unterscheiden, die – im Sinne weiterer Anknüpfungspunkte – zu weiteren Gegenüberstellungen führen sollen, so etwa zur klassischen Moderne, zum französischen Monumentalismus, zur neuen Sachlichkeit oder gar zum Photorealismus. Nach der Behandlung Pate stehender Kunsttheorien wären jetzt also Stilfragen als Strömungen des 20. Jahrhunderts zu thematisieren.

Zur grundsätzlichen Stillosigkeit der proletarischen Kunst hat sich Anfang unseres Jahrhunderts bereits Max Weber geäussert. Seine Überlegungen stammen aus dem Jahre 1910 – also Jahrzehnte vor den geschichtlichen Auftritten Stalins und Schdanows. Sie wirken derart visionär, dass an dieser Stelle folgendes Zitat angebracht erscheint: «Was bedeutet denn für die künstlerische Entwicklung beispielsweise die Klassenevolution des modernen Proletariats, sein Versuch, sich als eine Kulturgemeinschaft in sich – denn das war ja das Grossartige an dieser Bewegung – hinzustellen? … Das war, will ich sagen, das für uns Interessante an dieser Bewegung, dass sie die schwärmerische Hoffnung hegte, aus sich heraus der bürgerlichen Welt ganz neue Werte auf allen Gebieten entgegenzustellen. Ich frage: sind denn nun irgendwelche … Formwerte auf künstlerischem oder literarischem Gebiet, also nicht nur Vermehrung des Sujets, sondern wirkliche Formwerte davon ausgegangen? Von meinem gegenwärtigen, freilich ganz provisorischen Standpunkt würde ich diese Frage kategorisch verneinen. Bei keinem mir bekannten grossen Künstler von proletarischer Provenienz oder sozialistischer Gesinnung haben die von ihm etwa – es gibt solche Fälle – hervorgebrachten Revolutionen der künstlerischen Form irgend etwas mit seiner Klasse oder seinen Gesinnungen zu tun, sie sind zumeist dieser seiner Klasse nicht einmal verständlich. Derjenige ‹Naturalismus›, dem solche Künstler zuweilen – aber bei weitem nicht regelmässig – huldigen, hat uns neue Sujets gebracht, nicht neue Formwerte, und die Arbeiterklasse als solche steht z.B. literarisch heute bei Schiller – wenn es gut geht – aber nicht bei moderner naturalistischer Kunst.»[119]

Klassizistische Moderne

Zu den Hauptanliegen dieser Betrachtungen gehört, wie bereits erwähnt, der Versuch, die Bilderwelt des sozialistischen Realismus, oder besser des sowjetischen Klassizismus, aus ihrem kunstgeschichtlich isolierten Dasein herauszulösen und sie insbesondere zu den Kunstströmungen des Westens in Beziehung zu setzen. Eine solche Gegenüberstellung beschränkt sich bis anhin weitgehend auf einen Vergleich mit der Kunst des deutschen Nationalsozialismus. Dies ist auf den ersten Blick verständlich, denn sowohl Josef Stalin wie auch Adolf Hitler haben als skrupellose

---

[119] Max Weber, aus der Diskussionsrede zu W. Sombarts Vortrag über Technik und Kultur. Erste Soziologentagung Frankfurt 1910, in *Gesammelte Aufsätze zur Soziologie und Sozialpolitik*, herausgegeben von J.C.B. Mohr, Tübingen 1924.

Vertreter totalitärer Systeme versucht, die Kunst als Propagandamitttel einzusetzen, und es ist ihnen auch gelungen, die Kunstströmungen ihrer Zeit beinahe bis zur «Kunstlosigkeit» ideologisch zu instrumentalisieren. Das Aufzeichnen von Parallelen zur deutschen Nazi-Kunst ist auf den ersten Blick verständlich: Beide Diktatoren haben nachweislich wenig von Kunst verstanden; ihr schwärmerisch verklärtes Verhältnis zur Kunst- und Literatenwelt wirkt undifferenziert und egozentrisch, und das komplexe Zusammenspiel von Macht und Kunst verkommt zur simplen Formel von Gewalt und Selbstdarstellung. Beide Systeme haben in keiner Weise einen künstlerischen Stil geschaffen, sondern bereits vorhandene Darstellungsformen aufgegriffen, die sich auch in nicht totalitären Staaten – wenn auch in individuellerer Art – zum vorherrschenden Stil entwickelten. Aber dieser Blickwinkel ist für eine weitere Untersuchung wenig ergiebig: Zum einen bestehen zwischen Deutschland und Russland grundlegend verschiedene geistesgeschichtliche Voraussetzungen. Daneben verstand sich die sozialistische Kunstausübung selbst in ihren gesellschaftlichen Konsequenzen als Trägerin neuer menschlicher und künstlerischer Werte, während Künstler unter der nationalsozialistischen Herrschaft bestenfalls den Erhalt des bürgerlichen Kulturkanons zelebrierten. Zum anderen ist festzustellen, dass sich auch in Frankreich nach den wilden Jahren der Avantgarde eine Rückkehr zur Figürlichkeit, eine neue Liebe für die Formen der Klassik, ja sogar eine Lust zum Monumentalismus einstellte.[120]

Schliesslich führt die Vergleichbarkeit der beiden Diktaturen – wenn sie sich auch in realpolitischer Hinsicht erschreckend nahe gekommen sind – für die kulturelle und geistesgeschichtliche Fragestellung zu einer verkürzten Sichtweise, da die faschistische Ideologie vornehmlich rassistische Werte propagiert und ein Menschenbild verteidigt, das heute von allen zivilisierten Staaten abgelehnt wird, während die Ideen des Sozialismus und sogar des Kommunismus umgekehrt Eingang in die Sozialgesetzgebung vieler zivilisierter Staaten des Westens gefunden haben.

Was hat es nun auf sich mit jener «Rückkehr zur Ordnung»[121], die in den führenden europäischen Kunstnationen des frühen 20. Jahrhunderts einen neuen – modernen – Klassizismus aufleben liess? Die Rückkehr zur Figürlichkeit ist weder im Osten noch im Westen

[120] So zeigten insbesondere französische Bildhauer der ersten Hälfte unseres Jahrhunderts einen Hang zum Heroischen und Monumentalen, unter anderen Antoine Bourdelle, Pierre Poisson, Henri Bouchard, Leon Drivier, Joel und Jean Martel und allen voran Paul Landowski; er wurde 1875 in Paris geboren und besuchte dort die Ecole des Beaux-Arts und wurde in den dreissiger Jahren zu deren Leiter ernannt. Zu seinen bekanntesten Standbildern zählen die Chistusstatue über der Bucht von Rio de Janeiro, das Sun-Yat-Sen-Mausoleum in Nanking, die Grabstätte des Maréchal Foch in Paris sowie die enorme Granitgruppe «les Fantômes» in der Ebene von Chalmont, Marne, aus dem Jahre 1935.

[121] Der Begriff nimmt auf den in der Klassizismus-Diskussion häufig zitierten Titel «Le Rappel à l'ordre» Bezug; die Schrift Jean Cocteaus aus den Jahren 1918 bis 1926 hat allerdings keinerlei Manifestcharakter, sondern besteht in einer wenig kohärenten Gedankensammlung, die in loser Form Cocteaus Zusammenarbeit mit Satie, Strawinsky, Diaghilew, Massine, Picasso und Braque

Paul Landowski,
französischer Bild-
hauer (Zeitgenosse
von Maillol),
«Les Fantômes»,
1935,
monumentales
Kriegsdenkmal,
ca. 100 km östlich
von Paris.

als Rückfall in die vorkubistische Kunstszene des ausgehenden 19. Jahrhunderts, sondern vielmehr als Reaktion oder Antwort auf die instabile Welt der Avantgarde zu verstehen. Vor dem Hintergrund der durch den Ersten Weltkrieg ausgelösten Zivilisationskrise und dem damit verbundenen Aufkommen des Nationalismus, suchte der Künstler der zwanziger beziehungsweise der dreissiger Jahre neue, aus der Klassik entlehnte Regeln. Dabei handelte es sich weniger um die Suche nach Geschichtlichkeit, sondern um ein Interesse an einer vorgegebenen Ordnung. In diesem klassizistischen Streben, Gleichgewicht, Kontinuität, Harmonie und auch den Traum eines Ideals zurückzugewinnen, gleichen sich Dejneka und Picasso ebenso wie Muchina und Maillol.

Der Grieche der Antike erfährt die Klassik bekanntlich noch als Gleichsetzung von Schönheit und Vernunft. Die französische Klassik des 17. Jahrhunderts verweist hingegen bereits auf eine symbolische Betrachtung einer idealisierten Bühnenwelt, und im modernen Klas-

beleuchtet. Dennoch hat sich der Titel bis zum heutigen Tag als zündende Formel in allen einschlägigen Klassizismus-Publikationen erhalten.
Siehe auch: *Le Retour à l'ordre dans les arts plastiques et l'architecture, 1919–1925.* Colloque Histoire de l'Art contemporain de Jean Laude, Saint-Etienne, Centre interdisciplinaire d'Etudes et de Recherche sur l'Expression contemporaine 1975.

Wera I. Muchina, Arbeiter und Kolchosbäuerin, entstanden für den sowjetischen Pavillon der Weltausstellung in Paris 1937. Muchina ist ab 1912 für einige Jahre an der «Académie des Beaux-Arts» Schülerin des französischen Bildhauers A. Bourdelle und wird 1947 Vorstandsmitglied der Akademie der Künste in Moskau.

sizismus wird die dargestellte Welt vollends zur Träumerei[122]. Insofern nun mit dem Verlust der klassischen Erfahrung jener Einheit von Sein und Ordnung die Moderne beginnt und insofern jenem Realitätsverlust nicht einfach religiöse Werte gegenübergestellt werden, sondern vielmehr eine Sehnsucht nach einer traditionellen Ordnung sichtbar wird, gehört auch die Erscheinungsform des sozialistischen Realismus zur klassizistischen Moderne. Die Idee einer solchen stilgeschichtlichen Vergleichbarkeit zwischen Ost und West gründet nicht bloss auf dem regen Kulturaustausch, welcher schon lange vor den Avantgarde-Jahren zwischen Paris, Berlin und Moskau gepflegt wurde; sie fusst vielmehr auf einem vergleichbaren nationalistischen Gedankengut, das sich in Frankreich und in Russland, aber auch in Deutschland und Italien ausbreitete. Überall wurde nach dem ersten Weltkrieg nach einem Leitbild gesucht, welches Wissenschaft, Industrie und Kunst in gleichem Masse betreffen sollte. Die Forderung von Amédée Ozenfant und Charles-Edouard Jeanneret aus dem Jahre 1918: «Wissenschaft und Kunst arbeiten zusammen»[123] erinnert schon beinahe an die Propagandaparolen der frühen Stalinzeit.

[122] «Eigentlich sind Klassizismen nur noch Träumereien – im besten Fall Objekt der Reflexion, … sobald das Sein nicht mehr als Ordnung, sobald das Zeichensystem nicht mehr als Ausdruck der Ordnung erfahren wird. Als man sich dieser Auszehrung der Harmoniekräfte in der dinglichen Erfahrung bewusst wird, schlägt die Geburtsstunde der modernen Kunst. … Nach Manet lässt sich bei Paul Gauguin eine Sehnsucht nach Klassizismus feststellen; er zieht sich auf die Marquesas-Inseln zurück, um von einer Ordnung zu träumen, die einer untergehenden Gesellschaft wieder Leben einflösste.» Yves Bonnefoy: *Die Kunst der Zwischenkriegszeit und das Problem des Klassizismus* in *Klassizistische Moderne*, Ausstellungskatalog, Basel 1996.
Siehe auch oben S. 32 Anmerkung 41 Zitat Groys' zum Stalinschen Traum.

[123] Zitiert aus *Après le Cubisme*, Paris 1918; ein Werk, das sich mit der Notwendigkeit übergreifender Regeln für Wissenschaft und Kunst beschäftigt. Charles-Edouard Jeanneret (Le Corbusier) und Amédée Onzenfant betonen auch in ihrer Zeitschrift «L'Esprit Nouveau» aus dem Jahre 1920, dass die Idee des Klassizismus untrennbar mit der Feststellung einer Ordnung verknüpft ist.

Dieser neue Zeitgeist der Moderne, der – um sich von der Vorkriegszeit abzugrenzen – auch gerne Gegen-Moderne genannt wird, war nun nicht einfach ein Produkt französischer Nachkriegsideologien, der sich im übrigen Europa nur in der vergewaltigten Form des italienischen oder deutschen Faschismus manifestierte. Denn auch die ideologischen Gegner Deutschlands thematisierten den beschriebenen Ordnungsgedanken; so verlangt diese Betrachtung auch nach einem Seitenblick auf die sozialkritische Bilderwelt der neuen Sachlichkeit des sogenannten magischen Realismus[124].

Doch es ist nicht nur dieser sogenannte «Neue Zeitgeist», der jenem klassizistischen Interesse an einer vorgegebenen Ordnung zum Durchbruch verholfen hat. Die Klassik blieb überall dort ein konsequent verfolgtes Thema, wo staatliche Kunstakademien Kunstausbildung pflegten und förderten – und dies ist bis in unser Jahrhundert in Russland, Frankreich, Italien und Deutschland der Fall. Ob die Ausgebildeten nun das Gelernte in ihren Stil integrieren oder sich emanzipieren, Akademien tendieren immer dazu, Akademiekunst hervorzubringen, da sie ihrer Tätigkeit die Lehrbarkeit und Regelhaftigkeit der Kunst zugrundelegen. Und so scheint es, dass nach der radikalen Zukunftssuche der Avantgarde, die bekanntlich allen historischen Ballast abgeworfen hatte, die europäischen Kunstakademien in den zwanziger und dreissiger Jahren wieder Hochzeit feierten oder zumindest vom jeweiligen politischen Regime zu solchen Festlichkeiten überredet wurden. Das Phänomen des beinahe zeitlosen Beharrungsvermögens der Akademiekunst zeigt sich besonders in der klassischen Aktmalerei: So erstaunt es wenig, dass Delacroixs frühe Aktstudien in Öl den hundert Jahre später entstandenen Werken der Leningrader Akademieabgänger zum Verwechseln ähnlich sind.

Nun, bei allen Parallelen, die den sowjetischen Klassizismus und die

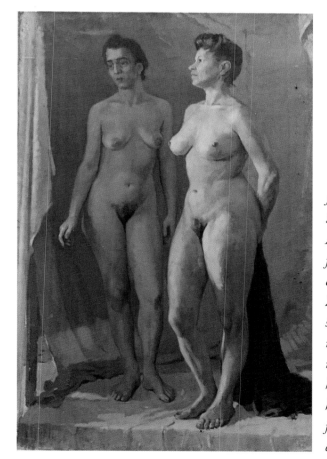

Jakow N. Skripkow, Aktstudie aus den fünfziger Jahren; ein augenfälliges Zeugnis des zeitlosen Beharrungsvermögens der Akademiekunst. Das Bild könnte auch hundert Jahre früher in Paris entstanden sein.

---

[124] Siehe unten S. 78 ff.

klassizistische Moderne vergleichbar erscheinen lassen, dürfen auch die Unterschiede und insbesondere die unterschiedliche Entwicklung nicht unerwähnt bleiben – sie betreffen vornehmlich die kulturpolitische Einflussnahme des Staates. In ihrer Ordnungsliebe und in ihrem Harmoniestreben neigt die klassizistische Kunst zum Konservatismus und eignet sich auch zur Darstellung autoritärer Weltanschauungen. So bedienten sich die faschistische Malerei und Architektur Italiens wie auch jene des deutschen Nationalsozialismus eines bereits vorhandenen Formenvokabulars, welches im Laufe der Jahre immer mehr eingeschränkt wurde. Hierin gleichen sich die Diktaturen des Westens und des Ostens. Hitler und Stalin haben folglich nicht einen Kunststil geschaffen, sondern mehr oder weniger erfolgreich das Aufkommen einer stilistischen Vielfalt mit kriminellen Mitteln unterdrückt und dadurch den Nährboden für eine Untergrundkunst geschaffen.

Doch die offiziellen und bekannten Maler dieser Zeit, wie etwa Dejneka, Samochwalow, Pachomow, Tschupjatow, Plastow, Lebedew, Gerassimow, Pimenow, Kontschalowskij und Laktionow hatten ihren Malstil, wenn er auch bisweilen akademisch anmutet, durchaus freiwillig[125] gewählt und gepflegt. Und wie Picasso oder Derain und Matisse kehrte auch Malewitsch[126] aus freien Stücken zur figürlichen Malerei zurück. «Um die sowjetische Kunst und Kultur in den dreissiger Jahren richtig zu verstehen, ist es wichtig, den Unterschied zu erhellen zwischen den normativen Forderungen des totalitären Staates und den scheinbar analogen Tendenzen in der Kunst, wo sie die ästhetischen Ideale und geistigen Bedürfnisse der Bevölkerung widerspiegelte. Die gesellschaftliche und politische Atmosphäre in der Sowjetunion wurde immer stickiger, doch in den Menschen lebte die Hoffnung und das Verlangen nach normalem menschlichem Glück. Die helle, lebensbejahende Stimmung in den Werken der verschiedenen Kunstgattungen war kein Zeichen für staatlich verordneten Optimismus, sondern bezeugte, besonders in den Arbeiten junger Künstler, den Glauben an die von der Revolution verkündeten Ideale und die noch nicht zerschlagenen Hoffnungen auf das Glück für alle. Die freudigen, sogar hedonistischen Motive resultierten aus dem Überdruss an jahrzehntelangen Entbehrungen und dem dringenden Wunsch nach Ruhe, Erholung und Schönheit.»[127]

Der wesentliche Unterschied zum Westen bestand im zunehmenden Verlust der Individualität des Künstlers; während sich der Künstler der klassizistischen Moderne als emanzipierte – abendländisch aufgeklärte – Persönlichkeit zu erkennen gab, unterwarf sich der russische

[125] Zu den Grenzen der Freiheit des Systems im Osten im Vergleich zu jenen des Marktes im Westen, siehe unten S. 88 sowie das Interview mit Lew Kerbel, S. 127.

[126] Zur Sonderrolle Malewitschs im jungen Sowjetreich der zwanziger und dreissiger Jahre, siehe oben S. 15 ff.

[127] Zitat aus *Berlin-Moskau*, Natalja Adaskina, S. 388, und sie fährt S. 389 fort: «Die Sowjetmenschen waren nicht mit Politik ‹vollgesogen›, sie konnten sich zeitweilig dem Bann der ideologischen Hypnose entziehen und normalen menschlichen Gefühlen

Maler – übrigens auch schon zu vorrevolutionärer Zeit – einer kollektiven Idee. Dies mag für all jene Künstler nur bedingt richtig sein, die mit dem Westen und insbesondere mit der Pariser Schule der zwanziger und dreissiger Jahre einen fruchtbaren Austausch pflegten. «Il va de soi que l'influence française sur les peintres de la jeune génération fut assez forte. Mais il ne faut pas non plus oublier les traditions nationales. Pour P. Kouznetsov et K. Petrov-Vodkine, c'était la tradition de l'icône et de la fresque russe ancienne. Pour M. Sarian et G. Yakoulov, celle de la miniature arménienne. Pour les membres de la Rose Bleue, Sapounov et Deïneka, la tradition de l'art populaire russe.»[128] Jener klassizistische Zeitgeist fiel im «eurasischen Russland» auf einen anderen Nährboden; jener Traum der Klassik

Arkadi Plastow, Abendbrot der Traktorfahrer, 1961.
Die Individualität des Künstlers tritt sowohl in der russischen wie auch in der traditionellen sowjetischen Malerei hinter die Akzeptanz einer kollektiven Idee.

trifft auf eine bis zum heutigen Tag ungelöste politische und kulturelle Identitätskrise, bei welcher sich, wie schon in früheren Jahrhunderten, die «Slawophilen» und die «Westler» gegenüberstehen. Die durch Peter den Grossen, durch Chruschtschow und schliesslich durch Gorbatschow initiierten Öffnungen zum Westen stossen noch heute bei breiten Bevölkerungskreisen auf Widerstand.

öffnen. Aber ihr freies, vertrauensvolles, von Politik unbeschwertes Weltgefühl, wenn es in ihrer Kunst verwirklicht war, wurde sehr oft von der offiziellen Ideologie ausgebeutet und in den Dienst des Totalitarismus gestellt.
Darin besteht die Tragik der Kunst in der totalitären Gesellschaft. Sie gibt sich uns andeutungsweise in Werken zu erkennen, die scheinbar von anderem sprechen.»

[128] Zitat aus *L'art russe et soviétique 1900–1930* von D.V. Sarabianov, Professor für Kunstgeschichte, veröffentlicht im Katalog *Paris-Moscou*, 1979. Zur Entwicklung nach den Jahren der Avantgarde äussert er sich wie folgt: «Pourtant après quelques années d'ivresse originale, bon nombre des membres du Valet de Carreau passèrent à un développement plus calme et plus harmonieux. Les peintres se tournèrent vers l'expérience de la peinture française … Mais chaque peintre percevait à sa façon l'expérience française. Les membres du Valet de Carreau se sont orientés, dans les grandes lignes, vers l'héritage de Cézanne et vers cette variante du cubisme que représentent … Gleizes, Metzinger, Le Fauconnier et Delaunay, c'est-à-dire le deuxième groupe originale du cubisme français. Mais cette expérience fut, elle aussi, transformée par les ‹cézannistes moscovites› à la faveur de leur propres objectifs. Kontchalovski se mit à chercher des harmonies colorées, un équilibre entre le volume et le plan, en créant des paysages et des natures mortes à la manière classique, bien que d'un grand caractère décoratif dans la résonnance des coloris.»

Jakow Romas,
Kaltes Wasser,
1961

Insbesondere Solschenizyn versucht die Notwendigkeit eines russischen Sonderweges mit vielen historischen Verweisen zu rechtfertigen und behauptet, schon Dostojewski habe sich vor hundertzwanzig Jahren darüber beklagt, «… dass Russland nicht für sich selbst, sondern einzig und allein für Europa lebt».[129] Und wenn Solschenizyn überdies ein mangelndes geschichtliches Selbstverständnis der russischen Bevölkerung feststellt, erklärt dies auch schon teilweise die erhöhte Manipulierbarkeit der Masse. Die gesellschaftlichen Entwicklungsstufen der abendländischen Geschichte lassen sich nicht massstabgetreu auf den eurasischen Kulturraum übertragen; Renaissance, Aufklärung und Moderne haben in Russland in anderer Form und vor allem nicht zeitgleich Einzug gehalten. So darf auch Stalins Forderung an die Kulturschaffenden, «die sowjetische Klassik zu schaffen», keineswegs als kultureller Brückenschlag nach dem Westen verstanden werden.

Jene europäische Abkehr von der Avantgarde-Bewegung der zwanziger und insbesondere der dreissiger Jahre, jene «Retour à l'ordre», betraf zwar sowohl die figürliche Moderne des Westens wie auch den sozialistischen Realismus des Ostens, aber in den beiden Systemen begann eine völlig getrennte Kunstgeschichtsschreibung; die kapitalistischen Länder nahmen praktisch keine Notiz von der neuen russischen Bilderwelt, während die Sowjetunion die westliche Moderne generell als Derivat des Faschismus verdammte.[130]

Die Gründe für eine phänomenologische Gleichzeitigkeit eines westlichen und östlichen Klassizismus erscheinen vielschichtig. So teilten die bildungsmässig privilegierten, mit

---

¹²⁹ Zu einer eindrücklichen antiwestlichen Geschichtsanalyse, die bei Neokonservativen und Altkommunisten gleichermassen Anklang findet und zum postsowjetischen Umdenken in krassem Gegensatz steht, kommt der in den neunziger Jahren verstorbene Historiker und Ethnologe Lew Gumiljow, Sohn der Schriftstellerin Anna Achmatowa: «Leider haben wir uns im 20. Jahrhundert von dieser gesunden und traditionsreichen (slawisch ethnischen) Politik losgesagt, haben damit begonnen, uns von europäischen Prinzipien leiten zu lassen beim Versuch, alle Menschen gleich zu machen. Wer aber möchte schon einem andern gleich sein? Die mechanische Übertragung westeuropäischer Verhaltenstraditionen auf die Bedingungen Russlands hat wenig Gutes gebracht, und das erstaunt nicht. Denn das russische Superethnos ist um 500 Jahre später entstanden. Wir haben, wie die Westeuropäer auch, diesen Unterschied stets gespürt und uns bewusst gemacht – nie haben wir einander für ‹unseresgleichen› gehalten. Da wir 500 Jahre jünger (als Europa) sind, werden wir vorerst, so sehr wir uns auch mit dem europäischen Erfahrungsschatz befassen, weder den Wohlstand noch die für Europa charakteristische Moral erwerben können. Unser (ethnisches) Alter, der Grad unserer Passionarität setzt völlig andere Imperative des Verhaltens voraus.»

den kulturellen und politischen Ereignissen des abendländischen Europas vertrauten Künstler aus Moskau und St. Petersburg jenen klassizistischen Zeitgeist mit ihren Pariser und Berliner Gegenspielern – auch wenn sie sich später vom sowjetischen Kunstdiktat hatten vereinnahmen lassen –, während für viele andere, und insbesondere jüngere Akademieabgänger, jener zu schaffende heroisierende Geist der Klassik weitgehend einem staatlichen Leitbild folgte, also von oben kam.[131] Für die zweite Gruppe stellte sich so die schwierige Frage, ob sie bei aller technischen Brillanz überhaupt schöpferisch tätig wurde. Dies wird aus west-

Lew Kerbel, Modelle zu Staatsaufträgen westlicher und östlicher Prägung, aufgenommen im Atelier des Künstlers.

licher Sicht gerne verneint, da es sowohl an erkennbarer individueller Identität, als auch am Bezug zum lebendigen Dasein fehlt; der Mensch interessierte nicht mehr als solcher, sondern ausschliesslich in Hinsicht auf seine Verwendung, also etwa als körpersprachliches Anschauungsmaterial, welches die Erreichung des Fünfjahresplans illustrierte. Wäre dieser Ansatz richtig, könnte manches grossartige Bild aus der Epoche des Mittelalters und insbesondere aus der Ikonenmalerei nicht mehr als Kunstwerk gelten. Die Erkennbarkeit einer kollektiven Idee, auch wenn sie noch so vordergründig oder gar politisch unverständlich und verwerflich ist, erlaubt allein noch kein künstlerisches Werturteil; das Werk bleibt allemal ein persönliches Manifest – auch wenn, wie das dem Klassizismus durchaus eigen ist, die Emotionen des Künstlers in den Hintergrund treten.

Jean Cocteau schrieb in den zwanziger Jahren: «Chaque fois que l'art est en route vers cette profonde élégance qu'on nomme classicisme, l'émotion disparaît. C'est l'étape ingrate. Le serpent glacial abandonne une peau bariolée.»

---

[130] Siehe insbesondere die Werke von Michail Lifschitz und L. Reinhardt *The Crisis of Ugliness. From Cubism to Pop Art.* Moskau, 1968 sowie *Art and the Contemporary World,* Moskau 1973.

[131] «Die ‹Klassik› war der sowjetischen Kultur bekanntlich von oben aufoktroyiert worden. Das klassische Erbe der Vergangenheit bot jedoch vielen auch eine Art ‹ästhetische Zuflucht›. Denken wir daran, dass der Neoklassizismus in der russischen Kunst parallel zur Avantgarde im ersten Jahrzent unseres Jahrhunderts aufblühte (Neoklassizismus in Architektur und Malerei, Akmeismus in der Literatur). Diese Tendenz, die in den zwanziger Jahren ihre Bedeutung verloren hatte, lebte in den dreissiger Jahren wieder auf. Ihre dauerhafte Verwurzelung in der russischen Kultur erklärt die hohe Qualität vieler Kunstwerke aus dieser Zeit ...» Natalja Adaskina, zitiert aus *Berlin-Moskau,* S. 388.

Surrealismus und Neue Sachlichkeit

Den sozialistischen Realismus mit dem Surrealismus sowie den Erscheinungsformen der neuen Sachlichkeit gegenüberzustellen, erscheint auf den ersten Blick gewagt oder sogar unverständlich. Doch es geht nicht darum aufzuzeigen, dass sich auch andere geistige Strömungen der zwanziger Jahre vermehrt der Darstellung naturgetreuer, figürlicher Themen zuwandten – da müsste auch die italienische Pittura metafisica der Maler Giorgio de Chirico und Carlo Carrà zur Sprache kommen. Vielmehr wird eine inhaltliche Überhöhung der realistischen Sehweise evident, die zu einem Seitenblick auf den Surrealismus verleitet.

Die Ideen des Surrealimus, wie sie von Guillaume Apollinaire eingeleitet und von André Breton 1924 in seinem «Manifeste du surréalisme» definiert wurden, versuchen bekanntlich der psychologischen Schau nach innen mehr Bedeutung zu geben als der blossen Darstellung äusserlicher Eindrücke. Was reell gedacht und reell geträumt wird, ist wesentlicher, als was reell gesehen wird. Die dämonischen und ironischen Bilder Salvador Dalís illustrieren dieses Spannungsfeld von Realität und Irrationalität mit akademischer Genauigkeit.

Alexander Laktionow, Ein Brief von der Front, 1947. Das Bild ist vom Künstler mehrmals kopiert worden, 1950 auch für die Central Art Gallery in New York, und gehört zu den meistbesprochenen Werken des sozialistischen Realismus.

Die Marschrichtung des sozialistischen Realismus folgte nun, insbesondere unter Stalin, dieser surrealen Devise, insofern sie im Kunstschaffen nur das parteipolitisch Gedachte und Geträumte zur Darstellung freigab. «Der Sozialistische Realismus ist jener parteiliche oder kollektive Surrealismus, der sich unter der berühmten Leninschen Losung ‹Man muss träumen› entfaltete, und das verbindet ihn mit aussersowjetischen künstlerischen Strömungen der dreissiger und vierziger Jahre.»[132] Allerdings anerkennt der Surrealismus, dass er mit Vernunft und Wirklichkeit im Widerstreit steht, was in der damals offiziellen Lesart des sowjetischen Realismus bekanntlich undenkbar ist. Vor dem Hintergrund dieser unfreiwilligen Verwandtschaft erklärt sich auch die in den fünfziger Jahren durch die amerikanische Gesellschaft der Surrealisten unter dem Vorsitz

Dalís inszenierte Preisverleihung an Alexander I. Laktionow[133], für sein im Jahre 1947 entstandenes Werk «Brief von der Front». Demselben Gemälde wurde übrigens bereits im Jahre 1948 der Stalinpreis zugesprochen, worauf Laktionow in den folgenden Jahren fünf Repliken anfertigte.

Ähnlich verhält es sich mit dem deutschen «Auswuchs» der klassizistischen Moderne, mit der «Neuen Sachlichkeit», welche mitunter auch Magischer Realismus genannt wird. Auch hier lässt sich ein Hang zur Realitätsübersteigerung feststellen, und zwar sowohl beim rechten, «neuklassizistischen», wie auch beim linken, «veristischen» Flügel. Zum letzteren gehören die Maler Beckmann, Grosz, Dix, Drexel und Scholz; sie hatten sich ganz von jenem klassizistischen Harmoniedenken gelöst und verwiesen mit beissender Kritik auf die dekadenten Verhältnisse der Gesellschaft. Gustav Friedrich Hartlaub, einer der bedeutendsten Kunsthistoriker der zwanziger Jahre, beschreibt die Veristen als «… grell zeitgenössisch, weil weniger kunstgläubig, eher aus Verneinung der Kunst geboren».[134] Den rechten Flügel nennt er «konservativ bis zum Klassizismus, im Zeitlosen Wurzel fassend», der «nach so viel Verstiegenheit und Chaos das Gesunde, Körperlich-Plastische in reiner Zeichnung nach der Natur, vielleicht noch mit Übertreibung des Erdhaften, Rundgewachsenen, wieder heilig will». Die Konservativen des Magischen Realismus teilten nun mit den Malern des sozialistischen Realismus ein auffallendes Interesse für die Neuerungen der

Anatoli Lewitin,
Warmer Tag, 1957

---

[132] Groys, S. 60, und S. 70 fügt er hinzu: «Die Kunst des Sozialistischen Realismus ist daher nicht realistisch im traditionellen Sinn des Wortes, sie bildet nicht innerweltliche Ereignisse in ihren innerweltlichen Bezügen und Motiven ab, sondern ist hagiographisch, dämonologisch, das heisst, sie beschreibt ausserirdische, der Welt transzendente Ereignisse und deren irdische Folgen.»

[133] Siehe oben S. 41, Anmerkung 60.

[134] Michalski, *Neue Sachlichkeit,* S. 18.

Technik in Stadt und Land. Fabrikanlagen, Eisenbahnlinien, Brückenkonstruktionen sowie Telephon- und Radioinstallationen gehörten zu den beliebten Motiven; allerdings tendiert die neusachliche Bilderwelt zu einer illusionslosen Schilderung des Lebensraumes, während im Osten Fortschrittsglaube und Optimismus wenigstens bis zum Tode Stalins zum Bildprogramm gehörten. Dort, wo in der Sowjetunion eine tragisch pessimistische Sehweise erlaubt ist – insbesondere in der Dramatik der Kriegsmalerei –, sind auch die Parallelen am auffallendsten.[135]

Die sozialistischen und die magischen Realisten suchten nach Symbolen, aber die letzteren setzten der grossartigen, gelogenen Zukunftsverheissung des Fünfjahresplanes das kleine Glück des bescheidenen Alltags entgegen – ein Aspekt, der sich in der offiziellen Malerei Russlands erst in den fünfziger und sechziger Jahren durchsetzte. Die Neue Sachlichkeit erschien prosaisch statt heroisch, mystisch statt ideologisch. Boris Groys sieht dies anders: «Was den Surrealismus oder den Magischen Realismus von den totalitären Kunstformen ihrer Zeit unterscheidet, ist nur der ‹individuelle› Charakter ihrer Inszenierungen, sie bleiben im Rahmen der ‹Kunst›, während in Deutschland oder Russland das Prädikat des Surrealisten auf den politischen Führer überging.»

Amerikanischer Realismus

Das amerikanische Kunstleben der ersten Hälfte unseres Jahrhundert bot keinerlei kunstgeschichtliche Anknüpfungspunkte, die für das Verständnis des sowjetischen Realismus von Bedeutung wären; in der amerikanischen Kunst sprach man erst seit dem Durchbruch des abstrakten Expressionimus Ende der vierziger Jahre von einer Avantgarde. Auch auf sie folgte als Reaktion eine Forderung nach formaler Disziplin, eine Rückkehr zur Figürlichkeit der Pop Art.

Nun, selbst wenn sich der kulturelle Reichtum der Vereinigten Staaten kaum mit jenem Russlands vergleichen lässt, lohnt sich doch ein Blick in die Anfänge der Kunstszene des grossen politischen Gegners.[136] Die Geschichte der amerikanischen Malerei erscheint als Kette von Innovationen, die fast alle ins 20. Jahrhundert fallen und nicht als komplexe Tradition mit einem geschichtlichen Erklärungsbedarf. Etwa zeitgleich zur Vorbereitung des sozialistischen Realismus entstand in Amerika ein realistischer Malstil, der sich ganz im Sinne des zwanghaften Puritanismus hartnäckig gegen jede Sinnenfreudigkeit richtete. Das Bilder-Malen musste einen Zweck

[135] So beispielsweise das Bild «Abgeschossenes Fliegeras» von A.A. Dejneka aus dem Jahre 1943, aber auch «Bestarbeiterinnen in der Fabrik ‹Roter Morgen›» von P.N. Filonow aus den dreissiger Jahren.
Die Künstler F.W. Antonow, A.A. Dejneka, W. Lebedew, K.N. Redko, V.G. Odinzow, A.F. Pachomow, J. Pimenow, A.N. Samochwalow, D. Schterenberg und L.T. Tschupjatow fühlten sich in den zwanziger Jahren der internationalen Neuen Sachlichkeit zugehörig und vereinigten sich in der Gruppe OST. Sie blieben auch in den dreissiger Jahren ihrem Stil treu und entwickelten später eine besondere Spielart des sozialistischen Realismus.

haben, und der Zweck war die Schilderung des amerikanischen Lebens, der moralischen Qualität der Gesellschaft; selbst die frühen Landschaftsmaler suchten das Abbild und nicht den sinnlichen Reiz, nicht einen Stil oder eine zu definierende Kunstform. «In keinem anderen Land haben Künstler ihre Kunst so konsequent in den Dienst von Programmen und Ideologien gestellt, die nicht dem Bereich der Kunst selbst entstammten. Zu einem grossen Teil behielt deshalb die amerikanische Malerei einen abbildenden und ausgesprochen erzählenden Charakter bei.»[137] Diese in unserem Kontext durchaus erstaunliche Behauptung soll nicht zu falschen Schlüssen verleiten. Die Bilderwelt Amerikas der Anfänge unseres Jahrhunderts war noch in der Volkskunst verhaftet und demnach unintellektuell, unindividuell und unfrei, das heisst, von den vorherrschenden moralischen Vorstellungen ihrer sozialen Umgebung noch wenig emanzipiert. Der amerikanischen Kunst stand so zu diesem Zeitpunkt noch eine Entwicklung bevor, welche nicht nur die russische Avantgarde, sondern auch der russische Realismus der Jahrhundertwende – man denke etwa an Valentin Serow – bereits hinter sich hatte. Wo der sozialistische Realismus der dreissiger Jahre in ein ideologisches Korsett gezwängt wurde, war auch er unfrei und unindividuell, doch er verfügte unverkennbar über einen technischen Stand, eine akademische Tradition und somit über eine potentielle künstlerische Qualität, die keinen ernsthaften Vergleich mit jenem frühen amerikanischen Realismus zulässt.

Während Stalin in den frühen dreissiger Jahren seinen ersten Fünfjahresplan lancierte, stand Franklin Roosevelt zur gleichen Zeit vor der schier unlösbaren Aufgabe, auch sein Land aus der schweren wirtschaftlichen und sozialen Krise zu führen. In Amerika lebten acht Millionen Arbeitslose – an jeder Strassenecke lauerte die Revolution. Vor diesem Hintergrund beschloss eine Gruppe von Künstlern den Kampf gegen die grassierenden Ungerechtigkeiten des industriellen und grossstädtischen Lebens – sie nannten sich «Soziale Realisten» – und unterstützten mit ihren aussagekräftigen Bildern die Reformprogramme der Regierung.[138] Ähnlich wie in der Sowjetunion unterstützten ab 1933 die damaligen amerikanischen Regierungsbehörden das Schaffen dieser Künstler finanziell, insbesondere wurden die sogenannten Works Progress Administration-Projekte mit einem festen Monatseinkommen bedacht. Maler und Photographen wurden zu Dokumentations- und Propagandazwecken in die entlegenen Landesteile geschickt. Auch

---

[136] Die USA sind übrigens, wie bereits erwähnt, durch die materielle Unterstützung der russischen Untergrundkünstler während den Jahren des kalten Krieges auch in der Kunstszene zum aktiven ideologischen Gegner geworden. Siehe oben, S. 43 sowie Anmerkung 63.

[137] Zitat aus *Amerikanische Malerei 1900–1970*, Dr. John W. McCoubrey, Time-Life International (Nederland) B.V., 1973 und 1977.

[138] Die erste Gruppe der amerikanischen, sozialrealistischen Schule trat um die Jahrhundertwende auf und wurde von Ben Shahn, Moses Soyer, seinen Brüdern Raphael und Isaac, Reginald Marsh, Philip Evergood und Peter Blume angeführt. Eine zweite Gruppe durchlebte die Jahre der Wirtschaftskrise, insbesondere Jack Levine, Jacob Lawrence und George Tooker.

Komponisten und Dramatiker erhielten Aufträge, Symphonien und Theaterstücke einzustudieren und sie in wirtschaftlich und sozial unterprivilegierten Dörfern und Städten aufzuführen. Weiter entstanden Wandmalereien an öffentlichen Gebäuden, Kleinstadtmuseen und Wanderausstellungen. Die geschichtlichen Parallelen sind frappant: Nicht nur die frühen sozialistischen Realisten Russlands, sondern auch die sozialen Realisten Amerikas sahen sich durch die Regierungsunterstützung in ihrem Glauben bestärkt, dass die Kunst ein wesentlicher Bestandteil des sozialen und politischen Lebens sei. Im Jahre 1936 kam es auch in den Vereinigten Staaten zum ersten Künstlerkongress, an welchem – ähnlich wie in Moskau im Jahre 1934 – die Schriftsteller Faschismus, soziale Ungerechtigkeit und wirtschaftliche Not als die wichtigsten Feinde der menschlichen Zivilisation geisselten. Der Dichter Lewis Mumford stellte wörtlich fest: «Der Zeitpunkt ist gekommen für alle, die das Leben und die Kultur lieben, eine vereinigte Front zu bilden … bereit zu sein, das Erbe der Menschheit, das wir als Künstler verkörpern, zu schützen und zu bewahren, ja, wenn nötig, dafür zu kämpfen.»

Die bedeutenden Vertreter des Sozialen Realismus entstammten unterschiedlicher Herkunft und pflegten keinen einheitlichen Malstil; die einen neigten zum Expressionismus, andere eher zur Neuen Sachlichkeit, doch alle bekannten sich leidenschaftlich zur Notwendigkeit sozialer Reformen und glichen so in ihrer «puritanischen» Kunstauffassung den frühen Siedlern Amerikas, für welche Kunst ohne einen höheren moralischen, «ideologischen» Zweck als Teufelswerk – oder nach sowjetischer Terminologie als «Formalismus» – abzulehnen war.

Photorealismus

Die seit den siebziger Jahren bekannten grossflächigen, mit einer beinahe peinlichen Genauigkeit kolorierten Leinwandbilder, die oft Sujets der Gelegenheitsphotographie vergrössert darstellen, verleiten verständlicherweise zu Vergleichen mit den ebenfalls grossformatigen, mit photographischer Exaktheit gemalten Alltagsszenen des sozialistischen Realismus.[139]

Die Unterschiede sind jedoch grundsätzlicher Natur, und eine Gegenüberstellung entpuppt sich als rein äusserlicher, wenig ergiebiger Ansatz, der einer genaueren Betrachtung nicht standhält.

Die sozialrealistischen Bilder leben vom Inhalt, sie kennen eine Poesie der Gefühle und haben einen visionären Anspruch. Der Realismus des 19. Jahrhunderts begreift sich wie der «sozialistische Klassizismus» nicht als Kunst der Abbildung des Realen, sondern als dessen

---

[139] Der exakt realistische Malstil wird auch nach dem Zusammenbruch der Sowjetunion noch aktiv gepflegt. Zur Gründung der entsprechenden Interessenvereinigung «Schiwopistew Gilde» unter Leitung von Alexander F. Polozov in St. Petersburg, siehe unten S. 125.

geläuterte und verdichtete Variante. Im Vordergrund steht nicht der zufällige Wirklichkeitsbezug, sondern die sozial erlebte oder gewünschte Wirklichkeit Der akademische, handwerkliche Stolz, der Nachweis der manuellen technischen Leistung ist dabei nicht unbedeutend.

Alexander F. Polozow, Moskauer Schienen, siebziger Jahre

Demgegenüber sucht der Photorealismus durch die Reproduktion Distanz zur Realität und zwar regelmässig durch überdimensionierte Vergrösserungen. Das photorealistische Ölbild entsteht malerisch im Lichtstrahl des Diaprojektors – die Stofflichkeit des Mediums interessiert beinahe mehr als der Inhalt. Deshalb werden Zufälligkeiten und Belanglosigkeiten bewusst akzeptiert. Das photorealistische Werk interessiert sich nicht für die gedankliche Zeitlosigkeit des Inhalts, höchstens für den Zeitstillstand in der Reproduktion.

Vor diesem Hintergrund erscheint es verständlich, dass sich sämtliche sozial- oder neorealistisch tätigen Künstler vehement gegen eine Gleichbehandlung mit den Photorealisten wehren.[140]

---

[140] Siehe unten S. 125.

Wassili S. Orlow, Schmetterling-fangen, 1952. Das Bild ist 1997 bei Christie's London zur Erstei-gerung angeboten worden.

Kitsch

Der Kitsch ist in der Kunstbetrachtung des sozialistischen Realismus ein auffallend häufig benutzter, jedoch kunstwissenschaftlich kaum definierter oder definierbarer Begriff. «Kitsch ist nicht, wie der Bildungsglaube es möchte, blosses Abfallprodukt der Kunst, entstanden durch treulose Akkommodation, sondern lauert in ihr auf die stets wiederkehrenden Gelegenheiten, aus der Kunst hervorzuspringen. Während Kitsch koboldhaft jeder Definition, auch der geschichtlichen, entschlüpft, ist eines seiner hartnäckigen Charakteristika die Fiktion und damit die Neutralisierung nicht vorhandener Gefühle … Vergebens, abstrakt die Grenzen ziehen zu wollen zwischen ästhetischer Fiktion und dem Gefühlsplunder des Kitsches. Als Giftstoff ist er aller Kunst beigemischt; ihn aus sich auszuscheiden, ist eine ihrer verzweifelten Anstrengungen heute.»[141]

Und gerade die politische Tendenzkunst des sozialistischen Realismus sei besonders anfällig auf Glücksdarstellungen, die sich mit dogmatischem Eifer jedem Realitätsbezug, jeder

Eintrübung durch die Wirklichkeit entgegenstellten. Abgesehen davon, dass dies für die Bilder des sogenannten «strengen Stils» der chruschtschowschen Tauwetterperiode nicht zutrifft, darf aus der Tatsache der ideologisch-dogmatischen Einflussnahme auf das Kunstschaffen allein noch kein Urteil über Kunst und Unkunst abgeleitet werden. «Wenn das Dogmatische tatsächlich das Böse für jedes Wertsystem sein soll, wenn die Kunst es tatsächlich ablehnen soll, irgendwelchen äusseren Einflüssen untertan zu sein, dann wäre jede Tendenzkunst von vorneherein Repräsentant des Bösen, ja es wäre zweifelhaft, ob die mittelalterliche Unterordnung der Kunst unter das Religiöse nicht dem Wesen der Kunst widersprochen hätte. Und trotzdem bestand die mittelalterliche Kunst, trotzdem bestehen Kunstwerke, deren ausgesprochener Tendenzgehalt nicht abzuleugnen ist, es besteht die Lehrdichtung Lessings, es bestehen Gerhart Hauptmanns ‹Weber› und es bestehen die russischen Filme.

Man kann also durchaus nicht behaupten, dass alle Tendenzkunst Kitsch sei, so sehr auch das Imitationssystem, wie es vom Kitsch repräsentiert wird, geeignet ist, sich ausserkünstlerischen Tendenzen unterzuordnen …»[142]

Nun, Imitation sowie ideologische und politische Unterordnung schaffen allein noch keinen Kitsch. Er entsteht, folgt man den Überlegungen Georg Schmidts erst dann, wenn die persönliche wirklichkeitsbezogene «Gesinnung erlahmt und von einer repräsentativ-idealisierenden Haltung verdrängt» wird. «Kitsch ist ein künstlerisches Gebilde, das im künstlerischen Mittel naturalistisch ist, in der geistigen Gesinnung jedoch den Realismus verleugnet – oder noch knapper: Kitsch ist äussere Richtigkeit bei innerer Unwahrheit.»[143] Folgt man dieser Definition, so hat, laut Schmidt, seit dem Hellenismus schon manche Epoche Kitsch hervorgebracht. Es bleibt die Frage, ob nicht – um dem Begriff wirklich eine negative Konnotation zu geben – die Definition enger gefasst werden müsste. Wird ein Werk allein schon dadurch «unkünstlerisch», als sein idealer Realitätsbezug, jene innere Wahrheit fragwürdig erscheint, so nähme man der Kunst ihren Reiz des Ambivalenten. Überdies ist unklar, ob sich jenes Gefühl der «inneren Unwahrheit» nur beim Künstler oder aber auch beim Betrachter einstellen muss. So haben viele Bilder aus der offiziellen Sowjetunion in der geschichtlichen Distanz einen Glaubwürdigkeits- oder Fragwürdigkeitswandel durchlaufen, und ihre historische und künstlerische Bedeutung als Zeichen und Zeugen einer Zeit wird heute freier und vorbehaltloser gewürdigt als während der Jahre des kalten Krieges. Noch vor wenigen Jahren war es beispielsweise undenkbar, dass bei Christie's London ein

[141] Theodor W. Adorno, *Ästhetische Theorie,* S. 355, Suhrkamp Taschenbuch Wissenschaft 2, 13. Auflage, 1995.

[142] Hermann Broch, *Kitsch und Tendenzkunst* aus *Einige Bemerkungen zum Problem des Kitsches* in *Dichten und Erkennen,* Band I, Zürich 1955.

[143] Georg Schmidt, *Umgang mit Kunst – Ausgewählte Schriften 1940–1963,* S. 60 ff., herausgegeben vom Verein der Freunde des Kunstmuseums Basel, 2. Auflage 1976.

*Tatjana
Jablonskaja,
Morgen,
1954*

Bild von Wassili S. Orlow[144] zur Ersteigerung angeboten worden wäre; das Ölbild aus dem Jahre 1952 zeigt eine Guppe junger Pioniere unter weiblicher Führung in einer idyllischen, sommerlichen Flusslandschaft beim botanischen Studium oder einfach beim Schmetterlingfangen. Sehnsucht nach einer gewünschten Wirklichkeit oder äussere Richtigkeit bei innerer Unwahrheit – wir wissen nicht, wie ernst es Orlow wirklich war, aber wir wissen, dass jene idealisierende Vordergründigkeit heute anders gelesen wird als in den siebziger Jahren und stellen fest, dass das Bild auf historisches und künstlerisches Interesse stösst. Und das Urteil über Kunst und Unkunst, jene Kitschfrage also, ob die Liebe zum naturalistischen Detail von der inneren Bildwahrheit mitgetragen wird oder zur unehrlichen Platitüde verkommt, bleibt letztlich dem Betrachter überlassen und muss für jedes Werk immer wieder neu gestellt werden.

Es ist keine Frage, dass der sowjetische Propagandaapparat unkünstlerische Banalitäten in grossen Mengen gefördert und finanziell honoriert hat – nur ist der abendländische, individualistisch kritische Geist allzu schnell zum Werturteil bereit, die politisch moralisiernde Erbauung jener postrevolutionären Bilder habe das erkennbare persönliche Engagement des Künstlers gänzlich verdrängt. Doch nicht alles, was auf einen kollektiven, wenn auch idealisierten Zeitgeist hindeutet, darf ohne weiteres ins «Arbeitslager der unfreien Kunstszene» verbannt werden. Auch die politische, soziale oder gar wirtschaftliche Unglaubwürdigkeit der dargestellten Szene schafft allein noch keinen Kitsch. Erst wenn jene Vordergründigkeit, jene pauschale Lehrmeisterlichkeit jede menschliche Dimension verloren hat oder in undifferenzierter stereotyper Manie dem Betrachter zum Frass hingeworfen wird, und dies noch in billiger, repetitiver Form geschieht, entsteht

---

[144] Katalog Christie's April 1997: Vasili S. Orlov, born 1910, The Nature Hunt, signed in cyrillic and dated 1952, oil on canvas, 76,9×104 cm, estimate: £ 4000 – £ 6000, Abbildung S. 87.
Siehe auch unten S. 88.

Unkunst, die nicht ernst genommen werden kann. Hier erst stehen sich Betrachtung und Empfindung wie zwei Fremdkörper gegenüber. Dies gilt sowohl für Darstellungen von Volkshelden, wie auch für Bilder der Themenbereiche Sport, Politik oder Erotik. Interessanterweise stammen die augenfälligsten Beispiele kitschiger Monumente aus der postsowjetischen Ära – im Jahre 1997 wurde in Moskau hinter dem Haus der Künstler Surab Zeretelis 86 Meter hohes Denkmal Peter I. errichtet, eine megalomane Hollywoodfigur, deren Gestik eher an Peter Pan als an Peter den Grossen denken lässt.[145]

  Die sozialistische Bilderwelt kann also auch als politisch wirkende Tendenzkunst durch den erkennbaren, individualisierbaren und originären Beitrag des Malers oder Bildhauers einen künstlerischen Rang erhalten. Selbst das Bild der Pioniere in der

Unbekannter Maler aus dem Norden der Sowjetunion, Bild aus den siebziger Jahren.

Sommerlandschaft von Wassili S. Orlow beansprucht eine persönliche Authentizität, welche die Kitschfrage nicht mehr eindeutig beantworten lässt. Das visionäre, oft von einer erkennbaren Sehnsucht erfüllte Engagement vieler sowjetischer Künstler schafft einen ideellen, durchaus nachvollziehbaren Wirklichkeitsbezug, welcher der reproduzierten Gartenzwergplastik regelmässig fehlt, beim steifen Kosmonautenmosaik jedoch meist vorhanden ist. Der sozialistische Realismus ist zwar als vorwiegend politisch motivierte Marschrichtung einer Kunstentwicklung definiert worden, doch die künstlerische, technische und stilistische Vielfalt sowie die akademische Tradition des offiziellen russischen Kunstschaffens erlaubt keine Reduktion des sowjetischen Klassizismus auf die stereotype Effekthascherei eines generellen sowjetischen Kitsches.

[145] In der offiziellen Ausschreibung geht im Jahre 1996 der erste Preis nicht an Zereteli, sondern an den «verdienten Volkskünstler» Lew Kerbel (siehe unten S. 127). Auch Surab Zereteli ist zeitlebens mit der Ausgestaltung russischer Botschaften und der Dekoration sowjetischer Militärzentren betraut worden – im Jahre 1989 war er noch Mitglied des Volksdeputiertenkongresses. Heute sind die lukrativen Beziehungen des Georgiers zur russischen Mafia stadtbekannt, und als Inhaber mehrerer Fabriken und einer Rohstoffhandelsfirma tritt er als sein eigener Mäzen auf. Finanzierungskriterien drängen sich so vor Kunstkriterien, was der Verbreitung von Kitsch durchaus förderlich ist. Siehe hiezu auch NZZ vom 9. Juni 1997, *«Peter und die Wölfe, Die Beziehung von Kunst und Macht in Moskau – und ein Denkmalstreit.»*

Dschintra Jansone,
Leninportrait,
1970.
Die Monumental-
skulptur wird 1998
durch Sotheby's in
Sussex versteigert.

Kunstmarkt

Es gehört zu den wesentlichen Charakteristika der sowjetischen Kunst, dass sie sich zeitlebens in einem System und nicht in einem Markt hat bewähren müssen. Dies ist im kunsthistorischen Kontext nicht weiter bemerkenswert, denn seit die abendländische Geschichte hierarchische Organisationsstrukturen kennt, lebt das Kunstschaffen in einem weitgehend autoritären Auftragssystem. Seit Jahrtausenden entsteht Kunst für Kaiser und Könige, für Fürsten und Klöster. Die Möglichkeit, dass sich Staat und Bürger Kunst auf dem freien Markt beschaffen, ist ein geschichtlich junges Phänomen, das sich, abgesehen von wenigen Ausnahmen[146], erst in den letzten 150 Jahren entwickelt hat.

Das neue Russland scheint so zu den letzten europäischen Staaten zu gehören, die von einer reinen staatlichen Auftragskunst Abschied genommen und sich dem freien Kunst-

---

[146] Die ersten freien Kunstmärkte entstanden in Europa wohl im prosperierenden Holland des 17. Jahrhunderts, wo im Zuge der Religionskriege die Kirche ihre Rolle als alleinige Auftraggeberin von Kunst verlor.

markt geöffnet haben. Die kontroverse Frage, ob nun die Bedingungen des Systems oder jene des Marktes der bessere Garant für Qualität sei, soll hier nicht erörtert werden[147]. Wesentlich wird hier vielmehr die Feststellung, dass die sowjetische Systemkunst nach der Wende marktfähig geworden ist. Wenn nun Werke des sozialistischen Realismus seit den neunziger Jahren im Westen für fünf- und sechsstellige Dollarbeträge verkauft werden, so geschieht dies nicht aus naivem Exotismus, sondern aus der persönlichen Überzeugung, dass selbst in einem geistigen Umfeld ohne politische Überlebenschancen überlebensfähige Kunst entstehen kann. Sie erfährt durch die geschichtliche Distanz zum Sowjetreich in ihrer kritischen Beurteilung einen Wertschub und wird als künstlerisches Manifest einer Epoche zu Recht ernst genommen.[148]

Der bekannte Londoner Galerist Roy Miles meint sogar: "What is at stake is the last great art market on earth that hasn't been drained, a Russian lake dammed up for 70 years. In the West, old masters have practically run dry and are going round and round, shouldered out into the cold. Russian art will be the dominant world market during the 1990's, without any doubt."[149] Und im englischen «Daily Telegraph» vom September 1996 ist zu lesen: "A major 'Soviet' painting by Alexander Laktionov is on sale for just

Leonid Tichomirow, Anastasia Stepanowa, 1969. Das Bild ist durch die Londoner Galerie Roy Miles im Westen verkauft worden.

[147] Die im dritten Teil dieser Ausführungen vorgestellten, staatlich anerkannten Künstler betrachten den Staat, die Existenz einer marktunabhängigen staatlichen Kunstkommission allemal als den verlässlicheren Qualitätsgaranten – dies ist allerdings kaum erstaunlich, denn sie sind alle vom damaligen System gefördert und nach politischen Kriterien beurteilt worden, die jenen der Kunst nicht unbedingt widersprochen haben müssen. Heute leiden sie beinahe alle mehr unter den Bedingungen und materiellen Zwängen des Marktes als unter den damaligen Einschränkungen des Systems.

[148] Der Stadtrat des ostlettischen Ortes Preili beschloss Mitte der neunziger Jahre, ihre fünf Tonnen schwere Lenin-Statue dem westlichen Kunstmarkt anzubieten. Das eindrückliche, mit wehendem Halstuch dramatisierte Brustbild kam am 19. Mai 1998 bei Sotheby's im englischen Sussex zur Versteigerung – man rechnete mit 30 000.– US Dollar. Sotheby's schrieb: "This is an opportunity to purchase a unique piece of history ... We are hoping for a buyer who has an interest in 20th-century politics."

[149] Zitiert aus «The Sunday Times», June 1996.

£ 42 000 in London. Sergei Chepik, Russia's junior living painter, argues that we must look again at art under Stalin ... Russian painting – largely crippled by limitations on subjects, by taboos and bans – kept up its quality and continued to exist, albeit under the humiliating banner of Socialist Realism."

Auch das heutige Russland selbst versucht bekanntlich den Schritt in die Marktwirtschaft, was für den Kunst- und insbesondere den Literaturbetrieb mitunter zu schmerzlichen Erscheinungen führt. Einerseits fehlt es noch an kapitalkräftigen nationalen Interessenten und Sammlern, die für die jüngste Kulturgeschichte Russlands das nötige Verständnis aufbringen, und andererseits scheint auch im eurasischen Halbkontinent der Übergang zu einer Massenkultur amerikanischer Prägung unvermeidbar. So wählen grosse Bevölkerungsteile, die sich früher mit einer ideologisch kritisierten, aber auch reflektierten Lese- und Bilderwelt auseinandergesetzt haben, die Flucht in esoterische Literatur, in seichte Familiensagas, weiche Pornographie und nichtssagende Sonntagsmalerei. Die ideologische Liberalisierung hat so – wenigstens im Moment – nicht nur Gutes gebracht. «Woraus man ... schliessen könnte, dass die Befreiung des russischen Literaturbetriebs von ideologischen Zwängen zugleich Ursache wäre für den Niedergang des Publikumsgeschmacks – was wiederum an jenes weithin umstrittene Diktum Joseph Brodskys denken lässt, wonach letztlich der Sowjetzensur das Verdienst zukomme, jahrzehntelang die Aufmerksamkeit der von ihr bevormundeten Leser wie auch das Qualitätsbewusstsein der Autoren wachgehalten, es stetig verfeinert zu haben.»[150]

Diese beobachtete geistige Verflachung hat auch für die Produktion und Rezeption der bildenden Künste ihre Richtigkeit. Die neuesten, bereits erwähnten Beispiele[151], die Bronzefiguren in der Moskauer Innenstadt des ehemals verdienten Volkskünstlers und Bildhauers Surab Zereteli legen hierfür ein eindrückliches Zeugnis ab. Doch es existieren auch Gegenbeispiele von jüngeren Künstlern, die im ehemaligen System erfolgreich gearbeitet haben und nun, befreit vom ideologischen Diktat, ihren stilistischen und technischen, ihren künstlerischen Ansprüchen treu geblieben sind. So ist beispielsweise in St. Petersburg im Jahre 1992 unter dem Vorsitz des bekannten Malers Alexander Polozow[152] eine Malergilde entstanden, deren Mitglieder zwar weiterhin zum lokalen – nun programmlosen – Künstlerverband gehören, die sich aber aktiv um die qualitative Pflege und Weiterentwicklung der russischen realistischen Tradition bemühen. Polozow selbst hat bereits in den achtziger Jahren realistische, grossformatige Bilder gemalt, die keinen ideologisch moralisierenden Inhalt erkennen lassen, aber in ihrer Komposition und insbesondere in ihrer Land-

[150] Zitiert aus «Neue Zürcher Zeitung» vom 5./6. Juli 1997, «Wenn Bücher Waren werden».

[151] Siehe oben S. 87 sowie Fussnote 145 und unten S. 106/107.

[152] Siehe unten S. 125.

schaftsgestaltung eine grosse lyrische Kraft ausstrahlen. Auch in Moskau bemühen sich junge Künstler erfolgreich um einen eigenen Stil, ohne ihre akademische Herkunft zu verleugnen; zu den bekanntesten unter ihnen gehört zweifellos Alexander Rukawischnikow, Sohn des ebenso bekannten und bereits im alten System respektierten Julian Rukawischnikow. Beide scheinen den Sprung in den Kunstmarkt der Gegenwart geschafft zu haben.

Alexander F. Polozow, Selbstportrait, 1977

Übersicht der Stilentwicklungen 1863–1963

V. Serow,
Portrait von Vera
Mamontowa,
1887

1863 Vertreter des russischen Realismus gründen den «Bund der 13». Ab 1878 bildet sich unter dem Vorsitz von I.J. Repin die lose Vereinigung der «Wanderaussteller» oder «Wanderer», zu der sich 1881 auch W.I. Surikow gesellt. Ihr Kunstverständnis hat für die offizielle Kunstdoktrin des frühen sozialistischen Realismus Vorbildcharakter. Die Entstehung des russischen Jugendstils, des Symbolismus, der neorussischen Kunst sowie der Neoromantik fällt in die gleiche Zeit.

A. Grischtschenko,
Portrait,
1918

1910 Die radikale, alle Lebensbereiche umfassende russische Avantgarde setzt in ganz Europa völlig neue Kunstmassstäbe. Es kommt zur Gründung des «Bundes der Jugend» sowie der Gesellschaft «Karo-Bube». Die Verteidigung der neuen kubistischen, suprematistischen, konstruktivistischen Strömung sowie weiterer Strömungen führt zu wilden sozio-kulturellen Auseinandersetzungen, so insbesondere zwischen W.J. Tatlin und K.S. Malewitsch.

1925 Zahlreiche Künstlergruppierungen bekennen sich in Russland, wie auch im Westen, wieder vermehrt zur figürlichen Malerei. Es entsteht die «Gesellschaft der Staffeleimaler», die «Linke Front der Künste» sowie die «Assoziation der Künstler des revolutionären Russland»; letztere setzt stilistisch die Tradition der realistischen Genremalerei des 19. Jahrhunderts fort.

V.M. Belakowskaja, Stahlross auf den Feldern der Ukraine, 1927

1932 Es werden per Dekret alle russischen Künstlervereinigungen aufgelöst und durch einen staatlichen Künstlerverband ersetzt. Der Schriftstellerkongress des Jahres 1934 wird zur Geburtsstunde des sozialistischen Realismus. Andrei Schdanow, Stalins führender Kunstideologe, ruft alle Künstler auf, zum «Ingenieur der menschlichen Seele» zu werden. Die Kunst ist nun «sozialistisch im Inhalt und national in der Form».

A. Wolter, Bestarbeiter, 1932

*P. Kotow,
Portrait der
Schweisserin
E. Michewa, 1947*

1940 Die staatliche Kunstzensur führt während der Stalinzeit zu keinem einheitlichen Stil, vielmehr entstehen unterscheidbare Formen eines heroischen, eines dokumentarischen und eines idyllisierenden Realismus, eines «sowjetischen Klassizismus». Kriegskunst, Personen- und Portraitkult und sozialistische Träume dominieren die Bilderwelt.

*M. Boschi,
Ärztin,
1955*

1954 Mit dem Tod Stalins (1953) beginnt die sogenannte Tauwetterperiode; sie führt zu einer sprunghaften Öffnung des Realismusbegriffes. Es ensteht ein ungeschminkter, sogenannter «strenger» Stil, der technische Fortschrittsglaube wird durch die Besinnung auf russische Traditionen ersetzt, die Genreszenen werden apolitisch, so z.B. bei A.A. Plastows Werk «Frühling» aus dem Jahre 1954 (siehe S. 35).

1963 Trotz einer erneuten ideologischen Eiszeit der frühen sechziger Jahre gehören nun «Vielfalt und Breite» zum Erscheinungsbild des sozialistischen Realismus; der Personenkult ist überwunden, verurteilte Künstler werden z.T. rehabilitiert, und mit der «Manège-Ausstellung» von 1963 beginnt die Aushöhlung des sozialistisch-realistischen Mythos.

R. Achmedow,
Portrait, 1962

1974 In den siebziger Jahren vermengt sich die offizielle Kunstszene mit der sogenannten Untergrundkunst und den Strömungen der zweiten russischen Avantgarde. Nach der «Izmailowo-Ausstellung» von 1974 beginnt sich der russische Geheimdienst (KGB) – im Widerstreit mit der Partei – für die Legalisierung der verbotenen Kunst einzusetzen; letztere gilt nun in den neuen intellektuellen Kreisen als ungefährlich.

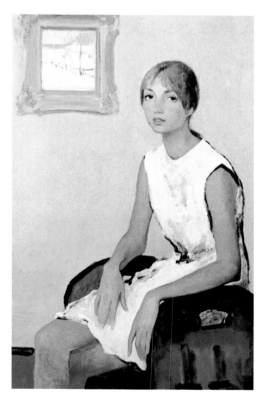

B. Ugalow,
Portrait, 1972

Die Künstler und Dichter sind durchaus nicht immer Propheten, und die Kunst hinkt der Zeit ebenso oft nach wie sie ihr vorauseilt.

Arnold Hauser

Eindrücke aus Moskau und St. Petersburg

Empfangsdamen des staatlichen Bild- haueraterliers des Moskauer Künstler- verbandes

Künstlerschicksale und Ateliers

Der kunstinteressierte Russlandreisende stellt auch heute noch fest, dass sich das alte Sowjetreich in feudaler Manie Heerscharen von bildenden Künstlern gehalten hat, die mit propagandistischem Eifer, aber auch mit künstlerischer Kraft versucht haben, die Volksmassen hinter der Staatsmacht zu vereinen. Jener Sprung vom Feudalismus in den Sozialismus ist bekanntlich nicht gelungen; die Sowjetunion ist tot, doch manches Werk – auch manches Kunstwerk – und mit ihnen auch mancher Künstler haben überlebt.

So geht es in diesem letzten Teil der Betrachtungen weniger um die Frage, ob nun die Maler oder ihre Auftraggeber mehr Grund gehabt haben, an die Verwirklichung der sozialistischen Idee zu glauben. Vielmehr sollen die ausgewählten, und sicherlich letztmaligen Atelierbesuche die Künstlerbiographien jener sogenannten zweiten Stalingeneration[153] vervollständigen; das vorliegende Bildmaterial beschränkt sich auf einige wenige Kunstveteranen einer nun vergangenen Epoche. Sie alle sind Preisträger hoher staatlicher Auszeichnungen und stehen in ihren Rentnerjahren nun plötzlich einem jungen, unstrukturierten – von mafiosen Praktiken durchzogenen – Kunstmarkt gegenüber. Auch wenn sie manche ihrer materiellen Privilegien in die postsowjetische Ära hinüberretten konnten, beurteilen sie alle die Zwänge des Marktes als einschneidender als die Unfreiheiten des Systems. Das ist durchaus verständlich, denn Staatsaufträge förderten nicht nur den künstlerischen Bekanntheitsgrad, sondern erlaubten auch die Finanzierung privater Projekte. So bedeutete der «perestroische» Wechsel vom System zum Markt für manchen Volkskünstler nicht nur einen politischen, sondern vor allem einen wirtschaftlichen Schock. Das persönliche Schicksal der sowjetischen Kunstveteranen gleicht hierin in bedenklicher, aber augenfälliger Weise jenem der Kriegsveteranen – das Kunst- und das Kriegshandwerk standen denn auch der Propagandamaschinerie sowie der direkten staatlichen Finanzierung vergleichbar nahe. An die Stelle eines verdienten Ruhestandes jener Volkskunsthelden treten nun Rentenkürzungen sowie ein – in ihren Augen willkürlicher und chaotischer – Kunst-, beziehungsweise Arbeitsmarkt, der keiner höheren Idee mehr verpflichtet ist.

Den klassischen sowjetischen Künstlerbiographien ist gemeinsam, dass alle Portraitierten eine solide akademische Ausbildung genossen haben und praktisch zeitlebens mit staatlichen Aufträgen betraut worden sind; mindestens einmal im Jahr wurde eine Reise ins Ausland bezahlt, und für grössere Projekte schloss man sich – zumindest noch unter Stalin – zu sogenannten Künstlerbrigaden[154] zusammen. Das war eine künstlerische Organisationsform, die schon das 19. Jahrhundert kannte: Die damals weitverbreiteten Ausstellungspanoramen wurden von ganzen

---

[153] Zur zweiten Stalingeneration zählen hier alle Künstler, welche zwischen den beiden Weltkriegen geboren worden sind.

[154] Siehe oben S. 26 Anmerkung 35.

Jakow N. Skripkow in seinem Atelier, 1996. Er zeigt eine Bleistiftzeichnung verdienter Persönlichkeiten der Sowjetunion.

Künstlergruppen zusammen und arbeitsteilig gestaltet. Das Bourbaki-Panorama in Luzern, an deren Erstellung sich der junge Ferdinand Hodler beteiligte, gibt noch heute ein Bild von dieser Arbeitsweise.

Wer also im Sozialismus von der Kunst leben wollte, musste sich, wenigstens nach aussen, des erzieherischen Wertes seines künstlerischen Schaffens bewusst sein und seine Ideenwelt politisch lesbar gestalten und – was noch bis in die siebziger Jahre verbreitet war – an den staatlichen Ausschreibungen teilnehmen. Ähnlich wie unter Napoleon sollten auch im sowjetischen Regime bedeutende Ereignisse aus Krieg, Wirtschaft, Forschung und Sport, aber auch aus dem Leben der Herrscher und Chefideologen bildlich festgehalten werden. Und zwar nicht einmal, sondern so oft die Wiederholung des Themas politisch wünschbar erschien. Es erstaunt deshalb nicht, dass sich beinahe jeder namhafte Künstler mit den gleichen geschichtsbildenden Themen befasst hat. Sie mögen in den dreissiger und vierziger Jahren noch von einem persönlichen Engagement des Künstlers mitgetragen worden sein, sind aber in den Folgejahren zu einem eigentlichen Staatsmarkt für Massenartikel verkommen. Im gleichen Sinne steht auch die Portraitkunst hoch im Kurs: Lenin und Stalin dürfen – wahrscheinlich noch vor Mao – für sich in Anspruch nehmen, die meistportraitierten Staatsmänner der Welt zu sein. Aber auch ausserhalb dieser staatlichen Wettbewerbskunst gab es einen offiziell geförderten Markt, die erlaubte Themenbreite gerade dieser Bilder ist während des kalten Krieges vom Westen gerne unterschätzt worden.[155]

Wer stilistisch und politisch eigene Wege gehen wollte, musste in den Untergrund. Er konnte zwar während des kalten Krieges mitunter damit rechnen, vom Westen finanziell unterstützt zu werden, wurde dann aber regelmässig – bis in die frühen siebziger Jahre – als Gesinnungstäter verfolgt.[156] Wer aber ins System passte – und in der bildenden Kunst liess sich die wahre politische Gesinnung weniger klar bestimmen als in der Literatur – hatte Chancen, als Maler oder Bildhauer in den offiziellen Künstlerverband aufgenommen und sogar zum «Künstler

---

[155] Dies gilt im besonderen Masse für Chruschtschows Tauwetterperiode, welche, wie oben erwähnt, auch eine stilistische Öffnung mit sich gebracht hat. Allerdings sind die Vertreter dieses sogenannten «strengen Stils» wirtschaftlich nicht gefördert worden – für eine graue und pessimistische Darstellung des Lebens gab es keinen offiziellen Markt.

[156] Siehe oben S. 43.

des Volkes» oder zum «Helden der Arbeit»
ernannt zu werden, beides Titel, die nicht nur
Ehre, sondern auch finanzielle Vorteile brachten. Unzählige Werke jener «Kunsthelden»
sind heute zu Recht oder zu Unrecht in Ver-
gessenheit geraten oder gar, wie ihr sowjetischer Auftraggeber, ganz vom Erdboden verschwunden. Andere jedoch tauchen seit der
Perestroika wieder in westlichen Galerien auf
oder werden, wie erwähnt, bei Christie's oder
Sotheby's versteigert.[157] Es wird heute kaum
mehr bezweifelt, dass einige Werke des sozialistischen Realismus den politischen Zahn der
Zeit überleben und als *ars aeterna* ihren Platz
in der Kunstgschichte einnehmen werden. Zu
ihnen gehören nicht nur die Gemälde Dejnekas und Pimenows aus den dreissiger Jahren,
sondern auch jene aus einem Granitblock her-
auswachsende Marx-Skulptur aus dem Jahre
1961 von Lew Kerbel.[158]

*Lew Kerbel,
Karl-Marx-Denk-
mal gegenüber dem
Bolschoi-Theater,
1961*

     Wer heute die Ateliers jener Volkshelden besucht, kämpft sich durch dunkle,
heruntergekommene Gebäude sowjetischer Trabantenstädte. In langen, geisterbahnartigen Gän-
gen glotzen weisse Leninschädel gegen die Wand, sie ersaufen im Unrat verflossener Jahrzehnte.
Berühmte Kosmonauten stehen in Gips neben weniger berühmten Sportlern, und ab und zu blin-
zelt ein Mädchen – die heute selbst zur Mutter herangewachsene Tochter des Künstlers – aus dem
Staub hervor.

     Die eigentlichen Ateliers gleichen kleinen Zeitoasen, hochgebauten Andachts-
räumen, in denen Vergangenes aufbewahrt, zur Betrachtung ausgestellt und auch zum Verkauf
angeboten wird.

     Viele Bildhauer und Maler nennen sich Monumentalisten, da sie sich vor-
nehmlich grossflächigen, architekturalen Dimensionen verschrieben haben, so insbesondere der
Gestaltung grosser Plätze oder der Dekoration öffentlicher Bauten. Bald erzählen sie von ihren
Erlebnissen in den entlegenen Provinzen und von ihren Begegnungen mit Stalin, wie wenn dies

[157] Siehe oben S. 88 ff.

[158] Die acht Meter hohe Figur steht heute noch am Swerdlow Platz in Moskau. Zur Biographie von Lew Kerbel siehe unten S. 103 ff.

alles nur wenige Jahre zurückliegen würde – und man sitzt alsdann beim Wodka oder einer Tasse Tee, der nie ohne trockene Bisquits serviert wird und erfährt, welche Ausschreibungen der Künstler gewonnen und welche Studienreise ihn beeindruckt hat. Zu allen Geschichten ist reichlich Bildmaterial vorhanden, und man wühlt wenig später gemeinsam in den dicken Skizzenmappen der stalinschen und chruschtschowschen Vergangenheit.

Es werden Photographien aus den vierziger und fünfziger Jahren herumgereicht, und bald schwärmen jene Volkshelden wie Kriegsveteranen von ihrer Aktivzeit. Und doch bleibt ein wesentlicher Unterschied: Der Kunstveteran bleibt Zeuge eines künstlerischen Dialoges mit seiner Zeit und gibt durchaus glaubwürdig zu verstehen, dass er nicht in erster Linie für ein politisches System, sondern vielmehr aus Liebe zur figürlichen Kunst gearbeitet habe.

Doch nicht in allen Werkstätten der ehemaligen Volkskünstler ist die Zeit stehen geblieben. Die bekannten Bildhauer, womöglich kaum nur die Besten unter ihnen, haben ihre hochrangigen politischen Beziehungen ins neue Zeitalter hinüberretten können und bewerben sich weiterhin erfolgreich um Staatsaufträge im In- und Ausland. Einige unter ihnen sind durch ihre zweifelhaften Beziehungen zur russischen Mafia zu Reichtum und Macht gelangt, und man fragt sich mitunter, welche Jury oder welche autokratischen Verfahren ihnen die Errichtung der gegenwärtigen Moskauer Monumente zugehalten haben. Zu den abschreckendsten Beispielen gehört sicherlich das 1997 in Moskau erstellte, bereits erwähnte Denkmal Peter des Grossen des georgischen Bildhauers Surab Zereteli.[159] Als Besitzer eigener Ateliers und Handelsfirmen tritt der ehemalige Volksdeputierte heute als sein eigener Mäzen auf, was die Finanzierungsproblematik zwar vereinfacht, das künstlerische Auswahlverfahren jedoch erheblich erschwert.

---

[159] Siehe oben S. 87, Fussnote 145.

Lew Jefimowitsch Kerbel

Lew Kerbel vor dem Modell des bekannten Karl Marx Kopfes von Chemnitz, entstanden in den fünfziger Jahren.

Lew Kerbel vor dem Modell zu seinem Leninmonument, 1984

Von den wirklichen Helden der Kunst, die auch heute noch gefeiert werden, sind nur noch wenige am Leben. Der bedeutendste unter ihnen ist zweifellos Lew Kerbel aus Moskau, der im Herbst 1997 seinen achtzigsten Geburtstag begangen hat und bereits zur lebenden Legende geworden ist. Er kam genau am russischen Revolutionstag, am 7. November 1917, zur Welt und galt bereits im Todesjahr Stalins als «verdienter Volkskünstler». Er gehörte anlässlich der Aufbahrung des Diktators auf dem roten Platz zu den geladenen Gästen und erinnert sich noch peinlich genau an seinen wachsbefleckten, dunken Anzug – als Bildhauer hatte er an jenem Tag keinen Skizzenblock, sondern als Modelliermasse ein Stückchen Wachs in der Tasche, welches er beim Anblick des Profils des Leichnams sofort ergriff, um zum letzten Mal die Gesichtszüge des Herrschers nachzuformen.

Lew Kerbels Begabung wurde früh erkannt; als sechzehnjähriger erhielt er in Moskau seinen ersten Bildhauerkurs und begann 1937 sein Studium an der Bildhauerfakultät des St. Petersburger Instituts für Malerei, Bildhauerkunst, Architektur und Kunstwissenschaft der allrussischen Akademie der Künste. 1942 erfolgte die Aufnahme in den sowjetischen Künstlerverband. Er begann seine Karriere als sogenannter Kriegskünstler bei der Marine in den nördlichen

Lew Kerbels Lenin-monument auf dem Oktoberplatz in Moskau.

Polarmeeren: der heldenhafte Kampf der russischen Soldaten gegen den deutschen Feind sollte thematisiert werden. 1944 kam es zur ersten bedeutenden Kriegskunst-Ausstellung im Kulturhaus der Nordmeerflotte; 1948 wurde ihm sein Bildhauerdiplom verliehen, und 1950 erhielt er für eine Reliefserie zu einem historisch-revolutionären Thema den Stalinpreis; das Werk entstand im Jahre 1949 in Zusammenarbeit mit einer Gruppe von Bildhauern unter der Leitung von N.W. Tomski. 1953 unterrichtete Kerbel für kurze Zeit in Shanghai.

In den folgenden Jahren gehörte er zur Elite der sowjetischen Staats-

Modell des Standbildes Peter des Grossen, welches 1996 anlässlich einer staatlichen Ausschreibung den 1. Preis gewann.

Gewerkschafts-demonstration in Chemnitz im Oktober 1997 (Bild: Basler Zeitung).

künstler und bereiste als gefragter Meister die ehemals sozialistischen Bruderstaaten, so insbesondere die DDR, wo in der früheren Karl-Marx-Stadt, dem heutigen Chemnitz, der bekannte, überlebensgrosse Marx-Kopf und in Berlin das Thälmann-Relief entstanden. Studienreisen brachten ihn auch nach Kuba, Frankreich und nach Spanien. Aber auch in Moskau, wie in vielen anderen Städten der ehemaligen Sowjetunion, finden sich noch immer Kerbels monumentale Zeugnisse aus revolutionär geprägten Zeiten, so insbesondere das Monument des Revolutionsdichters Wladimir Majakowski auf dem gleichnamigen Platz, das 1961 errichtete Marx-Denkmal, ein eindrücklicher Granitblock auf dem Swerdlow-Platz sowie das 1984 von Gorbatschow eingeweihte Leninmonument auf dem Oktoberplatz.

Als Professor unterrichtete er regelmässig am Moskauer Surikow-Institut; im Jahre 1975 wurde er zum leitenden Mitglied der Akademie der Künste der Sowjetunion gewählt. Seit dem Frühjahr 1996 teilt Lew Kerbel mit seinem Gegenspieler, dem georgischen Bildhauer Surab Zereteli das Präsidium der Akademie der Künste Russlands.

Kerbels Atelier besteht heute noch aus drei grossen Hallen. Die erste bildet einen musealen Empfangsraum. Entlang der Wände sind Bronzeabgüsse grosser sowjetischer Persönlichkeiten aufgereiht, dazwischen hängen Erinnerungsphotos feierlicher Anlässe mit Fidel Castro, Gorbatschow und Jelzin. In einer Ecke thront ein enormes Gipsmodell von Karl Marx, daneben steht eine Pietà-Version für eine Moskauer Kathedrale, und am langen Tisch in der Mitte des hohen, fensterlosen Raumes sitzt in einer weissen Schürze – von den Besuchern bei seiner Arbeit gestört – der Volkskünstler. Zum Zeitpunkt des Besuches verfasst er als berühmter Bürger von Moskau gerade die handschriftlichen Einleitungsworte zur neuen Sonderausgabe der Moskauer Stadtgeschichte, welche im Herbst 1997 anlässlich der 850-Jahr-Feier der Stadt erschienen ist.

Der zweite Raum ist hell und weiss und mit Gipsmodellen und Baugerüsten verstellt. Mit der Energie und Agilität eines Mannes, der in seiner Lebensmitte zu stehen scheint, erläutert Lew Kerbel seine Werke, unter anderen seine Variante Peter des Grossen, die an der offiziellen staatlichen Ausschreibung im Jahre 1996 den ersten Preis erhalten hat. Doch der Volkskünstler äussert sich mit keinem Wort über die Gründe, warum die Errichtung des Monumentes seinem Gegenspieler Surab Zereteli zugehalten worden ist; aber er weiss sehr wohl, dass die realisierte – und vom Moskauer Bürgermeister Juri Luschkow abgesegnete – Disneylandvariante im In- und Ausland nur Unverständnis und Kopfschütteln hervorgerufen hat.

Lew Kerbel mit einem Auftraggeber, ein Luftwaffenoffizier der russischen Armee.

Im dritten Raum, einer Art Lagerhalle ohne Oberlicht, steigt man schliesslich ins Dunkel der Geschichte. Hier erzählen die Gipsmodelle personifizierter Ideale aus längst verflossenen Zeiten, wohlbehütet unter dem Staub der letzten Jahrzehnte, im gelben Scheinwerferlicht riesiger Glühbirnen, die an langen Seilen von der Decke herunterhängen. Hier finden sich Bronzeskulpturen bekannter Persönlichkeiten aus Politik, Wissenschaft und Kultur, aus der ehemaligen DDR, aus Kuba sowie aus Asien, und man entdeckt schliesslich massstabgetreue Modelle ganzer Plätze, die das geplante Denkmal zur Perspektive seiner Umgebung in Beziehung setzen. Lew Kerbel klettert bereitwillig hinter seine Maquetten und lässt sich in seiner weissen Schürze photographieren. Er kommt sichtlich ins Schwärmen – es war eben neben allen Entgleisungen eine Epoche voller Visionen, und er vergleicht den Marxschen Gedanken theatralisch mit dem ersten Raumschiff, das in den Kosmos steuerte. «Das gilt für mich heute noch», meint er und führt mich zum Ausgang. Denn auf den Volkshelden warten noch viele Termine, und er beklagt sich, dass er wegen der vielen Besucher kaum mehr zum Arbeiten komme. Draussen steht ein hochrangiger Luftwaffenoffizier – Lew Kerbel umarmt seinen nächsten Gast und bittet mich, noch ein letztes Bild zu schiessen.

Jakow Nikiphorowitsch Skripkow

Jakow N. Skripkow in seinem Atelier, 1996

In einer für westliche Verhältnisse traurig anmutenden Moskauer Wohnsiedlung empfängt mich Jakow Skripkow in einem lichtdurchfluteten Dachstock. Die Höhe des Raumes sowie die grosszügigen Fensterflächen verraten dem Besucher, dass der Raum als Atelier konzipiert worden ist und so den «verdienten Künstlern des Volkes» wohl seit seiner Entstehung als Arbeitsstätte zur Verfügung gestanden hat.

Skripkow kam im Jahre 1919 im südsibirischen Alteigebirge zur Welt; er entstammt einfachen und bildungsmässig unterprivilegierten Verhältnissen. Sein zeichnerisches Talent wurde früh erkannt und gefördert. Im Alter von achtzehn Jahren wurde er an der Kalininschule, der Moskauer Kunstgewerbeschule, aufgenommen. Sein Studium wurde jedoch durch den Kriegsausbruch im Jahre 1939 unterbrochen. Auch an der Front widmete er sich regelmässig der Portraitkunst, überdies schrieb er häufig Gedichte, die in lokalen Zeitschriften abgedruckt wurden. 1946 konnte er sein Studium an der Moskauer Hochschule für angewandte und dekorative Kunst in der Meisterklasse von Alexander Dejneka fortsetzen. Er lernte bei ihm nicht nur, dass Kunst über gesellschaftliche Probleme sprechen und sich an die grosse

Jakow N. Skripkow, Ölskizze (Höhe 3 m) für eine Wandmalerei: Felix Admondowitsch Swerschinski mit Waisenkind.

Masse wenden soll, sondern wie durch das Raumstudium eine Symbiose mit der Architektur gefunden werden kann. Zu Skripkows bedeutendsten und erfolgreichsten Werken gehören denn auch die Dekorationen öffentlicher Gebäude, so insbesondere seine als Diplomarbeit anerkannten Skizzen für die Ausmalung des Kalinin-Theaters in Tver sowie die Innendekoration des Stadttheaters und des Bahnhofes von Wolgograd, ehemals Stalingrad.

Der Dialog mit dem Bau blieb auch in den sechziger Jahren Skripkows dominantes künstlerisches Thema; zu seinen bekanntesten Partnern dieser Zeit gehörte der Architekt

*Jakow N.
Skripkow,
sein Atelier*

A. Polanski. So werden Mosaike und grossflächige Wandmalereien in fortlaufender Sujetsfolge mit klassizistischen Formelementen verbunden; zu den bekanntesten Beispielen gehört zweifellos der Pionierpalast von Ulianowsk an der Wolga. Der «verdiente Künstler des Volkes» nennt sich übrigens während des Gespräches konsequent Monumentalist und niemals Dekorateur oder einfach Maler.

Für die Ausführung seiner Decken- und Wandgemälde hält sich Skripkow an die Sgraffitto-Technik des 19. Jahrhunderts, thematisch lässt er eine Vorliebe für zeitlose allegorische Sujets erkennen. Frauenfiguren verkörpern die grossen sibirischen Flüsse, in roter Farbe gehaltene Triptycha thematisieren das Leben der sowjetischen Frau im Krieg, in Trauer und im Glauben an den ewigen Frieden. Vor diesem Hintergrund erstaunt es kaum, dass der Besuch der Sixtinischen Kapelle während einer Italienreise in den siebziger Jahren den Künstler nachhaltig beeindruckt hat.

Skripkow gehört schliesslich auch zu den grossen Portraitisten der sowjetischen Kosmonauten, unter zahlreichen Gruppenbildern amerikanischer und sowjetischer Piloten findet sich im Ausbildungszentrum der russischen Raumschiffahrt Skripkows Mosaik «Das Lächeln des

Gagarin». Und anlässlich der erfolgreichen Apollo-Sojus-Andockung erscheinen auf seinen Werken die Kosmonauten aus West und Ost brüderlich vereint.

Jakow N. Skripkow vor seinen Wandskizzen: Soldat und Kosmonauten, um 1980

Julian Rukawischnikow

Julian Rukawisch-nikow vor einer Skulptur John Lennons, ausgeführt von seinem Sohn Alexander.

Im Gegensatz zu Skripkow gehört Rukawischnikow zu einer bekannten russischen Künstlerfamilie. Wer sich für die Moskauer Kunstszene interessiert, kommt an der Rukawischnikow-Dynastie nicht vorbei. Julian ist in einem wohlsituierten Milieu aufgewachsen; sein Grossvater war Kaufmann, doch sein Vater, sein Sohn, wie auch sein Enkel haben sich alle erfolgreich der Bildhauerkarriere zugewandt. Im elterlichen Haus herrschte ein offener Geist, es verkehrten bekannte Dichter und Maler, so insbesondere A.W. Kuprin, A. Belych, S.T. Konjenkow und andere mehr.

    Wie Lew Kerbel gehört auch Julian Rukawischnikow zu den erfolgreichen sowjetischen Künstlern, die den Schritt ins posttotalitäre Kunstleben scheinbar problemlos geschafft haben. Bei den Rukawischnikows erstaunt zudem, dass ihr künstlerisches Wirken, trotz grossbürgerlicher Herkunft, alle ideologischen Schranken überwunden hat. Einige Zufälle mögen dem künstlerischen Werdegang während der Stalinzeit dienlich gewesen sein. So traf Julian als Student in der Städtischen Pilotenschule Ende der dreissiger Jahre mit Stalins Sohn zusammen. Dieser bat ihn anlässlich des Todes seiner Grosseltern, ein Grabmal zu entwerfen und es bei der entsprechenden staatlichen Kommission einzureichen. Diese lehnte den Vorschlag jedoch ab, da Studenten für solch offizielle Aufträge weder registriert noch qualifiziert waren. Zu Rukawischnikows Entsetzen schlug nun der junge Stalin vor, die Pläne direkt seinem Vater zur Begutachtung vorzulegen – was im Ablehnungsfalle für Julians berufliches Fortkommen verheerende Folgen gehabt hätte. Stalin stimmte dem Vorschlag zu, einige etablierte Mitglieder der Bildhauerlobby waren wahrscheinlich verärgert, doch Rukawischnikow war gerettet.

Julian Rukawischnikow ist heute beinahe ausschliesslich für westliche Galerien tätig.

    Seine Fliegerkarriere, die er an der Militärpilotenschule fortsetzte, endete bereits im Jahre 1942, als er sich während eines Prüfungsfluges eine Verletzung zuzog.

    In den folgenden Kriegsjahren arbeitete er in der Werkstatt des Moskauer Künstlerfonds, eine Art Ankaufskommission des Künstlerverbandes, die auch die Mittel für die Ausführung der vergebenen Aufträge zur Verfügung stellte. 1945 erhielt er für seine künstlerische Arbeit seine erste staatliche Anerkennungsmedaille. In den Jahren 1946 bis 1952 studierte er am Moskauer Surikow-Institut in der Bildhauerklasse von N.W. Tomski und wurde für seine - Abschlussarbeit – Panzerkreuzer Potemkin – mit einem Diplom mit Auszeichnung belohnt. Zu

Julian Rukawischnikow, 1997

seinen Vorbildern und Lehrern gehören neben seinem Vater M.S. Rukawischnikow A.T. Matweiew, W.N. Jakowlew und D.F. Zaplin. Rukawischnikow wurde im Jahre 1954 in den Künstlerverband aufgenommen. Er widmete sich in den folgenden Jahren mit grossem Erfolg der Portraitkunst; berühmte Naturwissenschaftler, grosse Schriftsteller, Schauspieler und Gelehrte wurden in Stein und Bronze geformt; natürlich darf auch der Kopf Lenins nicht fehlen; für sein Exemplar, das anlässlich des Moskauer Weltfestivals für Jugend und Studenten im Jahre 1957 enthüllt wurde, nahm er von der staatlichen Jury eine Silbermedaille entgegen. 1960 entstand zum hundertsten Geburtstag Anton Tschechows ein Denkmal in Taganrog, 1971 beteiligte er sich an der Gestaltung des Memorialmuseums in Ulianowsk, diesmal anlässlich des hundertsten Geburtstags Lenins. Als «verdienter Künstler des russischen Volkes» schaffte er unzählige Werke für die sowjetischen Botschaften in den Vereinigten Staaten, der Schweiz, Frankreich, England und Kuba. 1973 begann er mit seiner berühmten Serie «Naturevolution und Verwandlung», für welche er 1989 von der Akademie für Bildende Kunst wiederum mit einer Silbermedaille belohnt wurde. 1977 holte er sich an einem polnischen Wettbewerb einen ersten Preis, im gleichen Jahr entstanden die Portraits der Dichter Maxim Gorki sowie seines Onkels Iwan Rukawischnikow. 1978 wurde er Mitglied der Akademie der Bildenden Künste und erhielt den Ehrentitel «Künstler des Volkes der UdSSR». Es folgten weitere Portraits bekannter Atomwissenschaftler und Architekten, und zwischen 1983 und 1985 entstand in Nischni Nowgorod in Zusammenarbeit mit seinem Sohn A.I. Rukawischnikow das Denkmal für den Piloten Nesterew, dem angeblichen Begründer des Kunstfluges. Julian ist in den siebziger, achtziger und neunziger Jahren regelrecht mit Medaillen und Auszeichnungen überhäuft worden. So erhielt er insbesondere 1971 die Medaille für «heldenhafte Arbeit», 1982 den «Orden der Roten Arbeiterfahne» für seine Verdienste für die Entwicklung der bildenden Kunst, und interessanterweise wurde ihm in der postsowjetischen Ära, 1994, abermals der staatliche Orden «Freundschaft der Völker» für die gleichen Verdienste zuerkannt. Und schliesslich erhielt er anlässlich der grossen Rukawischnikow-Ausstellung 1994/95 abermals von der russischen Akademie für Bildende Künste eine Goldmedaille. Einige seiner monumentalen Werke sind in Zusammenarbeit mit seiner 1986 verstorbenen Frau, der Bildhauerin A.N. Filippowa entstanden, so das Denkmal «Sieg in der Stadt Twer»(1978) und die «Soldatenbefreiung» (1983) in Rostow-am-Don.

Julian Rukawischnikow beginnt in den neunziger Jahren mit seinem Enkel zusammenzuarbeiten; es entstehen die Denkmäler für den Nobelpreisträger Scholochow, für Streltsow sowie für den Komponisten Schostakowitsch. Seine vielleicht letzte grosse Arbeit nimmt er schliesslich im Jahre 1997 in Angriff. Das neue Russland hat für den Wiederaufbau der berühmten Christus-Erlöser-Kathedrale die grössten Maler und Bildhauer des Landes zusammengerufen: Rukawischnikow schafft das Hochrelief «Auferstehung Christi».

Michail Nikolaiewitsch Smirnow

*Michail Smirnow
in seinem Atelier,
1996*

Im Norden von Moskau liegt das staatliche Bildhaueratelier des städtischen Künstlerverbandes; inmitten von unansehnlichen Wohnblocks wirkt es wie ein ungepflegtes, mit wildem Unkraut und Büschen zugewachsenes Schulhaus, eine heruntergekommene Kunst-Fabrik oder ein verlassenes Altersheim. In den dunklen Korridoren flimmert grünes Neonlicht. In unzähligen Werkstatträumen stauen sich unter dicken Staubschichten tausendfach Figuren und Reliefs in Bronze, Gips, Holz oder Ton – und immer noch wird gearbeitet.

Auch Michail Smirnow hat hier seit vielen Jahrzehnten sein Atelier. Er empfängt mich mit russischer Gastlichkeit, übergibt mir seine bebilderte Künstlerbiographie und meint lachend: «Hier steht drin, wann ich geboren und wann ich gestorben bin.» Im Gespräch stellt sich bald heraus, dass er mit Jakow Skripkow eng befreundet ist und mit ihm in den Sommermonaten das nachbarliche Datschaleben geniesst. Seine zahlreichen Skulpturen liegender und stehender Akte überlässt er kommentarlos den prüfenden Blicken des Betrachters, doch mit einem Lächeln der Erinnerung berichtet er gerne über Wesensart und Temperament seiner Modelle.

Michail Smirnow, Tonmodelle für Bronzefiguren

Smirnow ist kein Kriegsveteran, sein Werk ist deshalb nicht direkt vom Kriegsgeschehen geprägt. Er kam im Jahre 1926 in Moskau zur Welt und begann bereits in der zweiten Primarklasse mit seinem Malstudium. Im sogenannten Pionierpalast trafen Kinder mit bekannten russischen Malerpersönlichkeiten zusammen. Als Fünfzehnjähriger besuchte er die regionale Kunstakademie in Moskau, ein Jahr später verlor er seinen Vater im Krieg und verbrachte die folgenden Jahre weitgehend alleine. Er verdiente sich seinen Lebensunterhalt mit Arbeiten in der Kolchose, im Wald und auch mit dem Aushe-

Michail Smirnow, Atelier

Margarita Woskrezenskaja, Ehegattin von Michail Smirnow, Holzfiguren

ben von Schützengräben. Bereits 1945 erhielt er sein Lehrerdiplom für Zeichnen und Graphik. Trotz einer Empfehlung für die Petersburger Akademie der Künste blieb er in Moskau und trat in die Stroganoff-Schule, die Moskauer Kunstgewerbeschule, ein; sie förderte sein Verständnis für Architektur und Reliefgestaltung. 1950 präsentierte er seine Diplomarbeit, ein Relief für das Moskauer Wassersportstadion, Smirnow arbeitete in der Folge im Atelier des bekannten Architekten A. Poliakow. Es entstanden bedeutende Dekorationsarbeiten und heraldische Reliefs für öffentliche Gebäude und Hotels sowie für die Moskauer Metro und insbesondere für die Moskauer Lomonossow-Universität; sie kennen noch das Pathos der Nachkriegsbauten.

Ab der Mitte der fünfziger Jahre nahm die Nachfrage nach Reliefarbeiten an öffentlichen Bauten ab, Smirnow begann sich von der dekorativen Thematik zu lösen und wurde freier Bildhauer. Seiner Vorliebe für das Werkmaterial Holz ist er sein ganzes Leben lang treu geblieben. 1959 wurde er vom Künstlerverband ins zentralasiatische Altaigebirge geschickt, wo er die einheimische Bevölkerung portraitierte. Er steigerte die Ausdrucksstärke seiner Figuren und näherte sich zugleich der traditionellen, folkloristischen, kunstgewerblichen Formensprache; ab den sechziger Jahren wurden die Figuren auch bemalt. Smirnow wurde so zu einem Epigonen des traditionsreichen russischen Kunsthandwerkes, das in den zwanziger Jahren durch den bekannten Bildhauer Konjenkow eine erste Renaissance erlebt hat.

Während den sechziger und siebziger Jahren bereiste er Griechenland, Frankreich und Vietnam.

Auch Michail Smirnows Frau Margarita Woskrezenskaja gilt als erfolgreiche Holz-Bildhauerin und hat ihr Atelier ebenfalls im besagten Gebäude.

Wladimir Nekrasow

Wladimir Nekrasow in seinem Atelier, 1996

Im Moskauer Stadtteil Taganskaja sitzt Wladimir Nekrasow in einer schummrigen Dachkammer. Kein Atelier, in welchem künstlerisches Schaffen ausklingt, sondern ein bedrückender Lagerraum, in welchem sich Auftragswerke einer vergangenen Ära stauen – ein trauriges, aber für die Mehrzahl der «verdienten Volkskünstler» wahrscheinlich typisches Bild. Der Zusammenbruch des Systems und der Sturz in den freien Kunstmarkt hat wohl für die meisten Künstler der letzten Stalin-Generation – also für all jene, die bis ins Rentneralter vom System gefördert und geehrt worden sind – zu einem jähen Verlust ideeller und materieller Lebenswerte geführt. Zur Frage, ob nun das System oder der Markt letztlich dem Künstler mehr Freiheiten biete, äussert sich Nekrasow entsprechend unmissverständlich; er meint, dass zwar in formaler Hinsicht ein grösserer gestalterischer Freiraum geschaffen worden sei, dass jedoch durch den Niveauverlust der Kunstkonsumenten, der Künstler im Markt weniger frei sei. Im sowjetischen System hätten Kunstkommissionen, Professoren, Intellektuelle und Kunstkenner über den Ankauf von Bildern entschieden, das Niveau der Auftraggeber im freien – mitunter subjektiven Modeströmungen ausgesetzten – Markt sei demgegenüber niedriger und unprofessioneller.

Wladimir Nekrasows Dachkammer

Wladimir Nekrasow kam 1924 in Moskau zur Welt und besuchte nach seinen Kriegsjahren an der Front das W. Surikow-Institut. Er war Schüler von Dimitri Motschalski, wurde im Jahre 1953 diplomiert und 1957 in den Künstlerverband aufgenommen. Als «verdienter Künstler des Volkes» und Träger des vaterländischen Verdienstordens kam er in den Genuss zahlreicher Studienreisen nach Österreich, Frankreich, Italien und sogar in die Vereinigten Staaten von Amerika. Während vieler Jahrzehnte wirkte er als Leiter der Zeichen- und später der Malabteilung am Surikow-Institut.

Ewgeni Demjanowitsch Malzew

*Ewgeni Malzew,
1995*

*Ewgeni Malzew,
Reagan und Gor-
batschow vor nächt-
lich blitzendem
Himmel.*

Die grossflächigen Gemälde, die man von
Ewgeni Malzew zu sehen bekommt, haben
mit dem sozialistischen Realismus wenig zu
tun, ihr leicht surrealer und in der Farbgebung
seiner Landschaften verträumter Stil wäre wohl
unter Stalin als volksfeindlicher Formalismus
verurteilt worden. Malzew mag ein Kind der
Tauwetterperiode sein.

Seit den späten Perestroikajahren ist er Präsident des Petersburger Künstlerverbandes und
meint während unseres Gespräches, dass
Avantgarde und Klassik in der Sowjetunion
immer nebeneinander bestanden hätten; es sei
zwar zu ideologischen Schwierigkeiten gekommen, aber nie zu einem völligen Abbrechen der
einen Richtung zugunsten der anderen. In seiner wortkargen, etwas humorlosen aber bestimmten Art ist er sichtlich bemüht, vom russischen Künstler ein neues, beinahe westlich
individualistisches Bild zu zeichnen – offenbar
wähnt er seine westlichen Besucher in der ver-
klärten Vorstellung propagandistischer Bri-
gadekünstler, die es aufzuklären gilt. Er
behauptet, selbst nie Parteimitglied gewesen zu
sein, was bei seinem Werdegang zwar erstaun-
lich, aber angesichts seiner beinahe postsowjetischen Wahl durchaus denkbar ist. Die Perestroika
hat in der sowjetischen Kunstszene, wie erwähnt, in den siebziger Jahren Einzug gehalten. Zu diesem Zeitpunkt begann sich der russische Geheimdienst bereits für die Legalisierung der verbotenen Kunst einzusetzen, möglicherweise in der Meinung, dass sie sich im offiziellen Rahmen letztlich besser kontrollieren lässt. Zudem galt die Untergrund-Kunst in den intellektuellen Kreisen
des KGB in den späten siebziger Jahren als gänzlich ungefährlich, und einige Petersburger KGB-
Offiziere sollen sogar zu den interessierten Sammlern dieser Kunst gehört haben. Die offizielle
Linie der Partei war zu dieser Zeit noch bedeutend konservativer und widersetzte sich den Lega-
lisierungsbestrebungen vehement.

Malzews repräsentatives, lichtdurchflutetes Atelier liegt im Herzen von
St. Petersburg und wird durch ein überdimensioniertes, hochformatiges Werk dominiert. Es zeigt

im expressiven Stil, vor schwarzem Hintergrund, die Staatsoberhäupter Reagan und Gorbatschow im Gespräch; vom oberen Bildrand fährt ein feuriger Blitz zwischen die beiden Köpfe. Ewgeni Malzew verzichtet auf einen Kommentar.

Ewgeni Malzews
Atelier

Alexander Polozow

*Alexander
Polozow,
1995*

Polozow gehört als Vertreter der Nachkriegsgeneration eigentlich nicht in die Reihe der hier aufgeführten Kunstveteranen. Auch sein Atelier wirkt wie ein persönlich hergerichtetes Studierzimmer und erinnert in keiner Weise an jene staatlich zugeteilten Künstlerwerkstätten. Doch seine Bilder gehören vielleicht zum besten und typischsten, was in der Ära des sozialistischen Realismus entstanden ist. Seine grossflächigen Gemälde wirken eher melancholisch als heroisch, und so steht er mit seinem etwas akademisch anmutenden Stil eher in der Tradition des russischen Realismus als in der Nostalgie des stalinschen Klassizismus. Thematisch hat er sich jedoch ganz dem Alltag der sozialistischen Gesellschaft gewidmet: Fabrikarbeiter, Giessereien, heimkehrende Soldaten und Kriegsveteranen in den Schützengräben bei Petersburg – fünfzig Jahre nach der Blockade. Die durchaus lyrisch gehaltene Malweise besticht durch ihre technische Exaktheit, so dass wir bald auf den amerikani-

Alexander Polozow
Fabrikarbeiter,
um 1985

schen Photorealismus zu sprechen kommen. Doch Alexander Polozow schüttelt nur seinen Kopf und bemängelt die Seelenlosigkeit und Zufälligkeit jener amerikanischen Bilder. In der überaus sympathischen Art eines feinfühligen Gelehrten spricht er von der versteckten Poesie der Gefühle in der russischen Malerei und behauptet, dass gute Bilder Sehnsucht hervorrufen müssen.

Polozow kam in den vierziger Jahren zur Welt und studierte an der Kunstakademie in St. Petersburg. Im Jahre 1972 erhielt er sein Abschlussdiplom. In den folgenden Jahren beteiligte er sich an zahlreichen Ausstellungen, so insbesondere in Deutschland, Spanien, Norwegen und Ungarn. Mit dem Zusammenbruch der Sowjetunion und den einhergehenden zentrifugalen Kräften der neuen Kunstszene befürchtete Polozow auch den Untergang der russischen Realismustradition. Dies veranlasste ihn, im Jahre 1992 mit dreizehn Mitgliedern des Künstlerverbandes eine Malergilde zu gründen, die durch Ausbildung und Ausstellungen das Verständnis für die realistische Malerei fördern soll. Sie nennt sich «Schiwopistew Gilde». Polozow zeichnet als ihr Präsident; zugleich sitzt er im Vorstand des Petersburger Künstlerverbandes.

Im Atelier von
Alexander Polozow

Interview mit dem Bildhauer Lew Kerbel anlässlich seines 80. Geburtstags in Moskau am 7. November 1997

Frage: Sehen Sie sich in erster Linie als Künstler, als Nationalist, d.h. Nationalrusse oder als Sozialist?

Kerbel: Zunächst einmal bin ich kein Volks- oder Nationalrusse, ich sehe mich als russischen (rossiskij) Menschen, als russischen Staatsbürger. Ich bin in Russland geboren und aufgewachsen. Vor allem aber sehe ich mich natürlich als Künstler, Bildhauer, Monumentalist. Ich bin Professor am Surikow-Institut und unterrichte dort schon seit über dreissig Jahren meine Schüler, von denen viele bereits erfolgreiche Akademiker geworden sind. Das ist meine Aufgabe. Und was meinen sozialen Auftrag angeht: was mich im jeweiligen geschichtlichen Umfeld beschäftigt, versuche ich umzusetzen.

Meine Arbeit ist sehr schwierig und komplex, aber ich liebe diese Arbeit, und ich habe viele Denkmäler realisieren können. Ich halte mich für einen glücklichen Menschen. Perestroika hin, Perestroika her: für mich ist das Leben eben das Dasein, was es auch immer für eines sein mag. Ich liebe es, nicht umherzuschweifen. Ich war Kommunist, ein ziemlich ehrlicher und anständiger. Ich habe gekämpft. Und als die Perestroika begann, die Partei «auseinanderflog», wollte ich in keine Partei mehr eintreten. Ich trete in die «Kerbel-Partei» ein, in die Partei meiner Familie und Freunde. Ich arbeitete, und ich bin in der Partei der Kunst, wenn man so will.

Lew Kerbel kurz vor seinem achtzigsten Geburtstag, Oktober 1997

Lew Kerbel vor seinem Modell Peter des Grossen

Ich verfolge menschliche Schicksale, vieles beschäftigt mich; mit (Macht-)Politik setze ich mich nicht auseinander, aber sie beschäftigt mich insoweit, als sie meine Arbeit stört. Aber eigentlich halte ich das, was ich gerade mache, für die Fortsetzung jener Zeit, die ich durchlaufen habe. Sagen wir: wenn ich früher Lenin, Marx, Kriegshelden, Schauspieler, Künstler und Schriftsteller portraitiert habe, so entstehen jetzt eben Modelle des faszinierenden Reformators und Zaren Peter des Ersten. Ich habe einen realistischen Entwurf des Peter-Denkmals bereits in Lehm fertiggestellt – es soll im Ismailow-Bezirk (Moskauer Vorort) aufgestellt werden, dort am See, wo Peter sein erstes Schiff erbaut hat.

Lew Kerbel,
Lenin-Denkmal
am Oktoberplatz
in Moskau

Ich habe viele Portraits geschaffen – das Schicksal dieser Menschen hat mich sehr interessiert, da waren die unterschiedlichsten Persönlichkeiten vertreten. Und auch in Deutschland sind einige Denkmäler entstanden, die ich für gelungen halte – das Marx-Denkmal in Karl-Marx-Stadt, heute Chemnitz. Dort habe ich den ganzen Platz als Projekt gestaltet oder etwa das Denkmal für die Helden des Krieges gegen den Faschismus beim Reichstag, das Denkmal auf den Seelower Höhen (bei Frankfurt/Oder, d.A.), wo zwei Panzerdivisionen aufeinanderstiessen.

Und nun ist es bei mir so: wenn ich früher mit Sorge auf den Faschismus gesehen habe – und das tue ich bis jetzt –, so sehe ich heute ebenso sorgenvoll auf die Konfliktsituationen, Tschetschenien und andere, in welche unsere Jugend hineingerät. Krieg (Kriegsheldentum) ist glücklicherweise nicht mehr gefragt, das Volk ist zivilisierter, gebildeter geworden – auf dem ganzen Erdball. Wir haben besser gelernt, uns zu verständigen und uns auszutauschen über das Leben auf der Welt. Ich denke, dass es notwendig ist, schrittweise durchlässige Grenzen zu schaffen. Wir haben nichts zu verlieren. Drogen werden so oder so geschmuggelt. Man muss sich mit ihnen abfinden. Verbrecher wird es noch lange geben, und zwar so lange, als es sehr Reiche und sehr Arme gibt. Woher kommen denn die Verbrecher – sie brauchen Geld, können nicht arbeiten, wollen nicht arbeiten, aber wollen reich sein, und so riskieren sie alles. Die Reichen riskieren, umgebracht oder ausgeraubt zu werden. Deshalb ist es besser, man bleibt in seinen materiellen Ansprüchen in der Norm und geht seinen wirklichen Lebensaufgaben nach.

Und die Thematik des sozialistischen Realismus, glauben Sie noch an sie? Sie betraf doch einen grossen Teil Ihres Schaffens.

Verstehen Sie, Realismus und sozialistischer Realismus, das sind verschiedene Dinge. Der sozialistische Realismus, das ist der Auftrag der Partei, ein bestimmtes Thema aufzugreifen und zu gestalten. Aber ich bin Realist; ich habe geglaubt, was man mir gesagt hat, aber niemand hat mich dazu überredet. Ich habe das nach eigenem Wunsch getan. Ob das nun sozialistischer Realismus heisst oder nicht; der Begriff hat dem Vokabular der Zeit entsprochen. Wie nennt man das nun, was ich mit Peter mache? Vielleicht auch sozialistischer Realismus.

Meine Seele verlangt das darzustellen, worüber ich lange nachgedacht habe und was in mir arbeitet – ich bin ein Künstler. Für mich besteht da kein Unterschied: Nehmen Sie die Schauspieler – sie können alte und neue Zeiten spielen, oder auch gestrige. Das ist eben ein Schauspieler – er verwandelt sich. Sehen Sie, die Figur von Lenin ist von wirklich bekannten Schauspielern gespielt worden; sie haben auch Tschechow und andere Rollen der alten Klassik grossartig gespielt – sie haben sich verwandelt. Das ist ihr Beruf.

So mache ich es auch. Wenn ich mir etwas überlege – Sie haben ja gesehen, ich habe viele Entwürfe hier liegen –, suche ich solange, bis ich gefunden habe, was ich wirklich will, und zwar ich selbst, nicht irgendwer sonst. Man muss der Richtigkeit halber hinzufügen, dass früher natürlich immer alles vom Kulturministerium bestätigt werden musste. Aber das Kulturministerium hat seinerseits, sofern es die Arbeiten bestätigte, alle technischen und administrativen Angelegenheiten an ein Kombinat weitergeleitet. Die gingen mich nichts an. Meine Sache war es zu modellieren, mit den Modellen an den künstlerischen Ausschuss zu gelangen – die haben dann alles weitere übernommen. Aber jetzt mache ich alles selbst, mit meinem eigenen Geld, mit eigenen, mitunter schrecklichen Anstrengungen. Natürlich ermüden mich diese technisch-organisatorischen Arbeiten, ich müsste schöpferisch arbeiten. Das eben stört mich zur Zeit sehr.

Aber im grossen und ganzen bin ich sehr zufrieden mit meinem Leben. Ich habe gute Kinder – drei schöne Mädchen – und eine gute Frau. Ich besitze eine enge Wohnung, aber ich liebe sie. Ich liebe mein Atelier: Irgendwann hat mir die Regierung dieses Studio bauen lassen, natürlich auf meine Rechnung, aber damals waren das ein paar Kopeken. Ja, was kann ich sagen: Ich liebe das Leben, so wie es ist.

Lew Kerbel und Boris Jelzin vor dem Atelier, 1988

Und da jetzt vor mir eine Vertreterin aus Deutschland, dem vereinigten Deutschland, steht, möchte ich die Gelegenheit nutzen, allen Deutschen ohne Ausnahme – den Kleinen, Mittleren und Grossen mit ihrer jeweiligen Überzeugung – einen innigen Gruss zu überbringen. Ich habe viel in Deutschland gearbeitet, habe viele Freunde dort. Die deutsche Sprache ist mir angenehm; überhaupt liebe ich die Luft in Deutschland. Ich mag das deutsche Volk, die Disziplin, die Gastfreundschaft. Am Anfang hielt ich die Deutschen für geizig, weil es doch bei den Russen üblich ist, den Gast zu Hause sofort zu bewirten. Bei den Deutschen ist das nicht üblich, aber dafür bewirten sie ihre Gäste in Restaurants und zwar ausgiebig. So habe ich verstanden, dass die Deutschen dennoch gute Menschen sind. Und als ich mit ihnen vertrauter wurde, haben sie mich auch nach Hause eingeladen.

Identifizieren Sie sich in besonderer Weise mit der grossen sozialistischen Oktoberrevolution? Sie sind ja gewissermassen am gleichen Tag, also gemeinsam geboren worden.

Die Sache ist die: Von meiner Geburt bis zu meinem achtzehnten Lebensjahr habe ich keine besondere Verbindung mit der Revolution gefühlt. Das war normal. Es gab Feiertage, es gab die Oktoberrevolution. Ich habe mich überhaupt nicht damit identifiziert. Aber als ich achtzehn Jahre alt wurde – ich war damals im ersten Studienjahr an der Leningrader Künstlerakademie – war Schdanow[160], damals Sekretär des Leningrader Stadtkomitees, der wichtigste Mann der Stadt. Er hat alle in den Ulizkow-Palast eingeladen, die im Jahre 1917 zur Welt gekommen sind. Für uns Studenten war das ein luxuriöses Ereignis: einige Eimer gefüllt mit Winigred (Salat und rote Beete), Heringe, Brot und Gemüse. Damals war das enorm, die Lebensmittel waren knapp. Wir haben natürlich mit Vergnügen gegessen und getanzt. Da waren Schauspieler, Weberinnen, Arbeiter, Bauern, Künstler; von der Akademie der Künste waren wir zu zweit. Einer wurde Ende 1917 geboren und ich eben am 7. November (nach westlicher Zeitrechnung der Tag der Oktoberrevolution).

Ja, damals begann ich Verantwortung zu fühlen, denn alle Altersgenossen des Oktobers, das war so quasi die Quintessenz der sowjetischen Jugend. Wir fühlten alle eine grosse Verantwortung – deshalb habe ich mich bemüht, gut zu studieren und gesellschaftliche Arbeit gut zu verrichten. Ich war ein ehrlicher und anständiger Komsomolze; wir hatten eine gute Organisation, wir gingen viel ins Theater, versammelten uns an Feiertagen, zum neuen Jahr, zum Tag der Oktoberrevolution usw.

Und so wie es über mich gekommen ist, so fühlte die ganze Jugend dieser Zeit: Verantwortung gegenüber der Heimat, nicht gegenüber irgendeiner Person, sondern gegenüber der Heimat.

[160] Siehe oben S. 24, Fussnote 30.

Und nicht auch gegenüber Lenin?

Nein. Nicht gegenüber Lenin, nicht gegenüber Stalin, niemandem gegenüber. Stalin haben wir nach dem Jahr 1937 gefürchtet, im Inneren gefürchtet, da vor unseren Augen unsere Eltern, unsere Bekannten abgeführt wurden. Plötzlich war man mit allem nicht mehr zufrieden – viele kamen damals ums Leben. Wir wussten davon noch nichts. Wir waren überrascht, dass dies plötzlich alles Feinde des Volkes sein sollten. Das waren keine Feinde des Volkes – doch einige hielten es für notwendig, das Umfeld von Stalin zu säubern, so dass nurmehr hörige Mitläufer übrigblieben. Alle jene, die polemisierten und argumentierten, wie Trotzki, Bucharin und andere, hat man entfernt, Tuchaschewski und viele mehr. So kam es, dass die ganze Intelligenz der Kriegsjahre ausgerottet wurde. Stalin war der Alleinherrscher, und alle um ihn herum gehorchten ihm aus Furcht. Und trotz alledem wurden in dieser Zeit auch grosse Dinge geschaffen: Das Land wurde zu einer industriellen Grossmacht, die Jugend hat da mitgeholfen – die Landwirtschaft wurde vom Enthusiasmus der Bauern und uns Jungen am Leben erhalten; wir fuhren oft hinaus, der Landwirtschaft zu helfen.

Lew Kerbel schreibt die Präambel für das Moskauer Stadtbuch zur 800-Jahr-Feier 1997.

Haben Sie sich nie als Staatskünstler gesehen?

Nein, niemals. Der Staat hat mir viele Preise verliehen. Und nicht nur unser Staat, auch ausländische Staaten haben das gemacht. Ich habe unzählige Kriegsorden und goldene Medaillen, so auch die deutsche goldene Goethe-Medaille und den höheren Karl-Marx-Orden erhalten – und noch irgendeinen Orden, ich erinnere mich schon nicht mehr. Auch Bulgarien hat mich für meine Arbeit mit Orden ausgezeichnet, Kuba und wer noch? Italien für eine Ausstellung, die Mongolei, China – ja, ich war eben gefragt. In der letzten Zeit ging dann das Interesse zurück. Die Regierung hatte mit sich zu tun, mich haben sie vergessen. Jetzt sind sie wieder auf mich zugekommen, sie haben sich an meinen achtzigsten Geburtstag erinnert – in der Annahme, dass ich vielleicht in einem Jahr sterben könnte. Aber das werde ich nicht tun; noch werde ich mich anstrengen, zu arbeiten und zu leben.

Wie sehen Sie das heutige Russland? Was gefällt Ihnen daran und was nicht?

Mit Optimismus. Mit Schmerz und Optimismus. Mit Schmerz für die Menschen, die «weggefegt» wurden. Viele haben in den grossen Werken gearbeitet und sind nun arbeitslos, und die Renten sind niedrig. Und von den Künstlern werden auch viele nicht mehr gebraucht; auf das alles sehe ich mit Schmerz. Aber ich sehe auch mit Optimismus auf Russland, denn Russland ist eine Nation, die mit Sicherheit aus all diesen Miseren «herauskriecht». Jetzt ist die Zeit gekommen, da Russland sich aufrafft. Und es kommandiert keiner mehr, es kann auch keiner mehr kommandieren, denn heute regiert das Volk. Das Volk wird Menschen finden, die ihm helfen werden.

Ich hoffe, ehrlich gesagt, auf unseren Präsidenten. Er hat letztlich begriffen, womit man sich auseinandersetzen muss. Als erstes ist er zur Zeit damit beschäftigt, dass er versucht, die Diplomatie so zu führen, dass die Völker der Welt – aus meiner Sicht – sich friedlich vereinigen, so dass es vielleicht einmal keine Grenzen mehr gibt. Die Grenzen müssten für immer abgeschafft werden. Zuerst hatten wir die GUS und dann … im wirtschaftlichen, nicht im politischen Sinne. Naja, ich will dieses Thema nicht ausweiten, denn das ist nicht mehr meine Sorge und nicht meine Arbeit, und doch beschäftigt und belastet es mich. Denn auch die Presse berichtet heute sehr viel Unglaubwürdiges und wühlt vieles auf. Das Volk braucht heute Ruhe. Das Volk muss beruhigt werden, damit es arbeiten kann. Das ist alles.

Ich selbst beschäftige mich zur Zeit, wie gesagt, mit Peter dem Ersten. Nach langem Hin und Her gab man mir schliesslich doch noch die Möglichkeit, dieses Projekt zu realisieren. Der Bürgermeister von Moskau, Luschkow, versprach mir, dass im nächsten Jahr alles bezahlt würde. Darauf hoffe ich, denn meine Familie hat unter dieser Situation etwas gelitten und ich dazu. Ja, so ist es.

Übersetzung von Simone Voigt, 1997

Verzeichnis
bedeutender Künstler

Arkadi A. Plastow,
Ein Faschist ist
vorbeigeflogen,
1947

Die hier aufgeführten Kurzbiographien beschränken sich auf einige bedeutende Maler, Bildhauer und Dekorateure der Sowjetunion, die vor dem Zweiten Weltkrieg zur Welt gekommen sind. Viele von ihnen haben lediglich eine kunstgewerbliche oder eine künstlerisch-industrielle Fachhochschule besucht; ihre Werke stehen jedoch denjenigen ihrer akademisch geschulten Kollegen um nichts nach. Wer heute in den russischen Museen auf die aufgeführten Namen stösst, sollte sich vor Augen halten, dass der Glaube, nun aktiv ein neues Menschenbild zu schaffen, die Arbeit vieler Künstler beseelt und begeistert hat. Die Frage, ob dies zu recht oder zu unrecht geschehen ist, muss angesichts der Unvergleichbarkeit künstlerischer und politischer Taten bedeutungslos erscheinen. Die naive künstlerische Umsetzung hoher Ideale regt allemal zum Denken an; wenn sich hingegen Politiker erlauben, die vermeintlich selben Ideale mit der gleichen Naivität und Radikalität durchzusetzen, endet dies regelmässig in der geschichtlichen Katastrophe.

Die Quellen der hier aufgeführten Kurzbiographien sind teilweise spärlich – unbekannte Todesdaten wurden ebenso wie nicht bekannte Lebensdaten notgedrungenermassen offen gelassen.

Altman, Nathan Issajewitsch, 1889–1970

Maler und Bildhauer aus Winniza, Ukraine. Er begann seine Ausbildung 1902 an der Kunstschule in Odessa, zog 1910 für ein Jahr an die Freie russische Akademie nach Paris und unterrichtete von 1915 bis 1917 an der Zeichen-, Malerei- und Bildhauerschule M.D. Bernstein und L.W. Scherwud und von 1918 bis 1921 an den Freien Kunstwerkstätten in Petrograd. Er beschäftigte sich mit Porzellanmalerei und wurde zum «Verdienten Künstler der Russischen Sozialistischen Föderativen Sowjetrepublik» ernannt.

Akimuschkina, Vera Michajlowna, 1924–

Bildhauerin aus Moskau. In den Jahren 1945 bis 1950 studierte sie bei G.I. Motolow an der Höheren künstlerisch-industriellen Fachschule, der ehemaligen Stroganow-Fachschule, in Moskau. Seit 1956 beteiligte sie sich an den bedeutenden Ausstellungen des Landes. Manche Bronzeskulptur entstand in Gruppenarbeiten, so insbesondere die viel beachtete Arbeit zum dreihundertjährigen Jubiläum der Ukraine und Russlands im Jahre 1954, welche gemeinsam mit I.P. Chotinok und A.I. Resnitschenko geschaffen wurde.

Andrejew, Nikolaj Andrejewitsch, 1873–1932

Bildhauer aus Moskau. Er studierte in den Jahren 1892 bis 1901 an der späteren Fachschule für Malerei, Bildhauerei und Baukunst der Moskauer Kunstgesellschaft; seine Bronzewerke erfreuten sich bereits zur Zarenzeit grosser Beliebtheit. 1929 entstand seine Bronzearbeit «Lenin auf der Tribüne», die auch nach Andrejews Tod noch mehrmals nachgegossen wurde.

Anikuschin, Michail Konstantinowitsch, 1917–

Bildhauer aus Moskau. Er zog in seinen Jugendjahren nach Leningrad und studierte von 1937 bis 1941 sowie von 1945 bis 1947 am Repin-Institut für Malerei, Skulptur und Architektur der Allrussischen Akademie der Künste in Leningrad. (Ein Institut, das nach dem Zusammenbruch der Sowjetunion 1992 geschlossen werden musste.) 1946 erhielt er sein Diplom für seine Bronzeskulptur «Siegreicher Krieger».

Anissowitsch, Wladislaw Leopoldowitsch, 1908–1969

Maler aus Lugansk. Er begann als Neunzehnjähriger sein Studium am Kunstinstitut in Charkow und kam 1930 für ein Jahr an das Institut für proletarische bildende Kunst in Leningrad; letzteres existierte lediglich während zwei Jahren. Er wechselte in der Folge ans Repin-Institut für Malerei, Skulptur und Architektur der Allrussischen Akademie der Künste, wo er nach abgeschlossener Dissertation ab dem Jahre 1933 selber eine Lehrtätigkeit aufnahm. Seit 1935 beteiligte er sich regelmässig an Ausstellungen.

Antonow, Fjodor Wassilewitsch, 1904–

Maler aus Tambow. Seine Ausbildung begann bereits im Alter von zwölf Jahren am Kunsttechnikum von Tambow. 1922 zog er nach Moskau und studierte während den folgenden sieben Jahren am damaligen Höheren künstlerisch-technischen Institut; letzteres wurde bereits im Jahre 1930 geschlossen oder umbenannt. Neben der Malerei in Öl, widmete sich Antonow seit 1925 auch dem Entwurf von Textil- und Tapetenmustern; 1931 beteiligte er sich am grossflächigen Fresko «Arbeitersiedlung», welches nach einer Skizze von A.A. Dejneka am Sitz des Volkskommissariates für Ackerbau in Moskau entstand. In den Jahren 1941 bis 1945 beteiligte er sich an der Künstlergruppe «Okna TASS», die während den Kriegsjahren unter der Leitung der Telegraphenagentur der Sowjetunion TASS politische Agitationsplakate entwarf. 1948 und 1953 übernahm er Lehrtätigkeiten am Moskauer Institut für angewandte und dekorative Kunst sowie am Moskauer Textilinstitut, 1957 wurde er zum Professor ernannt.

Asarowa, Ludmila Pawlowna, 1919–

Kunsthandwerklich tätige Malerin aus Borowsk. Sie begann ihr Studium nach dem Aktivdienst im Jahre 1945 an der Höheren künstlerisch-industriellen Fachschule, der ehemaligen Stroganow-Fachschule, in Moskau, und gehörte seit den sechziger Jahren zu den bekanntesten Vertreterinnen des sowjetischen Kunstgewerbes. 1956 wurde sie in den Künstlerverband aufgenommen. 1978 erhielt sie für ihre Arbeiten den staatlichen «Repin»-Preis, und im Jahre 1981 wurde ihr der Titel «Volkskünstler der Russischen Sozialistischen Föderativen Sowjetrepublik» verliehen.

Aslamasjan, Mariam Arschakowna, 1907–

Malerin und Graphikerin aus Basch-Schirak, Armenien. Sie begann ihre Ausbildung 1926 an der Kunstgewerbeschule in Jerewan, zog 1920 nach Moskau an die Stroganow-Kunstgewerbeschule sowie an das Institut für proletarische bildende Künste und lebte fortan in Moskau. Sie widmete sich der Kunstkeramik und erhielt den Titel einer «Volkskünstlerin der Armenischen Sowjetrepublik». Ihre Ölgemälde finden sich in der Tretjakow Galerie, im Museum der orientalischen Kunst in Moskau, im Russischen Museum in St. Petersburg und in der Gemäldegalerie Armeniens in Jerewan.

Bakschejew, Wassili Nikolajewitsch, 1862–1958

Maler aus Moskau. Er begann seine Ausbildung an der Moskauer Kunstschule bei J. S. Sorokin, W.D. Polenow, A.K. Sawrassow und W.J. Makowski und war Mitglied der Genossenschaft für Wanderausstellungen sowie der Assoziation der Künstler des revolutionären Russlands. 1894 bis 1918 unterrichtete er an der Moskauer Kunstschule, 1940 bis 1958 an einer Moskauer Gebietskunstschule und von 1946 bis 1952 schliesslich an der M.I.-Kalinin-Kunstgewerbeschule. Er erhielt den Titel eines «Volkskünstlers der Sowjetunion».

Balakin, Igor Kusmitsch, 1919–1968

Lackminiatur-Künstler aus Barnaul. Er studierte in den Jahren 1935 bis 1937 an der Mstjoraer Fachschule bei I.A. Serebrjakow und widmete sich vornehmlich der in Russland bis heute verbreiteten Tempera-Miniaturmalerei, die meist auf Papiermaché oder Holz aufgetragen wird.

Viktorija Belakowskaja, Selbstportrait, 1930

Belakowskaja, Viktorija Markowna, 1901–1965

Malerin aus Alexandria (Cherson). Sie begann ihr Studium mit siebzehn Jahren am Institut für bildende Künste in Odessa und zog 1923 nach Leningrad, wo sie vier Jahre am Höheren künstlerisch-technischen Institut sowie in dessen Werkstätte arbeitete. Seit 1924 beteiligte sie sich an staatlichen Ausstellungen. Ihre Diplomarbeit, 1927, nannte sie «Stahlross auf den Feldern der Ukraine»; sie zeigt eine kräftige junge Traktorfahrerin auf einem neuen, graublauen Gefährt vor dem goldgelben Hintergrund weiter Kornfelder (siehe Seite 93).

Belaschow, Michail Gawrilowitsch, 1903–1941

Maler aus Asow (Schwarzes Meer). Er kam 1925 nach Moskau, wo er für vier Jahre am Höheren künstlerisch-technischen Institut studierte. Er beteiligte sich seit 1934 an staatlichen Ausstellungen.

Belaschowa, Jekaterina Fjodorowna, 1906–1971

Bildhauerin aus St. Petersburg. Sie begann ihr Studium 1926 am Höheren künstlerisch-technischen Institut und wechselte 1930 für zwei Jahre an das Leningrader Institut für proletarische bildende Kunst. Sie beteiligte sich mit Erfolg an staatlichen Ausstellungen und erhielt 1958 für ihre Komposition «Träumen» (1957) vom Kulturministerium der Sowjetunion eine Silbermedaille.

Below, Wladimir Wassilewitsch, 1911–1957

Holzschnitzer aus Bogorodskoj. Er gehörte in den dreissiger und vierziger Jahren zu den namhaften Vertretern, die der alten russischen Holzschnitz-Tradition in unserem Jahrhundert zu einer Renaissance verholfen haben.

Bespalowa-Michaljewa, Tamara Nikolajewna, 1912–1991

Porzellanmalerin aus St. Petersburg. Sie schloss 1931 ihre Ausbildung am künstlerisch-industriellen Technikum in Leningrad ab, der späteren Leningrader Kunstfachschule, und arbeitete in den folgenden Jahren an der ehemals kaiserlichen, nun Leningrader Porzellanmanufaktur «M.W. Lomonossow», wo sie unter anderen auch mit N.M. Sujetin zusammentraf.

Bibikow, Georgi Nikolajewitsch, 1903–1976

Maler aus Poltawa. Er begann sein Studium 1920 am künstlerisch-industriellen Technikum in Omsk und zog 1925 nach Leningrad, um seine Ausbildung am Höheren künstlerisch-technischen Institut sowie am Institut für proletarische bildende Kunst fortzusetzen. Er beteiligte sich seit 1920 an staatlichen Ausstellungen und beschäftigte sich ab den dreissiger Jahren zunehmend mit der bis in die fünfziger Jahre gefragten monumentalen Bemalung von öffentlichen Gebäuden und Fabrikanlagen.

Bogajewski, Konstantin Fjodorowitsch, 1872–1943

Maler aus Feodossija. Er begann seine Ausbildung noch an der Höheren Kunstfachschule für Malerei, Skulptur und Architektur bei der Kaiserlichen Akademie der Künste, St. Petersburg und beteiligte sich seit 1897 unter dem Regime des Zaren an öffentlichen Ausstellungen. 1933 verlieh ihm der neue Staat den Titel des «Verdienten Kunstschaffenden der Russischen Sozialistischen Föderativen Sowjetrepublik».

Bogoljubow, Wenjamin Jakowlewitsch, 1895–1954

Bildhauer aus Zarskoje Selo. Sein Studium am Höheren künstlerisch-technischen Institut in Leningrad begann er erst 1926; er beteiligte sich seit 1935 an staatlichen Ausstellungen und erhielt 1941 für das Bronzeportrait des sowjetischen Parteifunktionärs G.K. Ordschonikidse (1937) einen Stalinpreis. Das Werk ist in Zusammenarbeit mit W.I. Ingal entstanden.

Bogorodski, Fjodor Semjonowitsch, 1895–1959

Maler aus Nischni Nowgorod. Er begann seine Ausbildung 1911 an einem privaten Kunststudio in seiner Heimatstadt, zog 1914 nach Moskau an die Höheren Kunstwerkstätten und besuchte zwischen 1928 und 1930 Deutschland und Italien. Er war Mitglied der Assoziation der Künstler des revolutionären Russland und unterrichtete von 1938 bis 1959 am Institut für Kinematographie. Er erhielt den Titel eines «Verdienten Künstlers der Russischen Sozialistischen Föderativen Sowjetrepublik».

Borunow, Alexander Wassilewitsch, 1920–

Dekorateur und Miniaturmaler aus Timofejewka (Wladimir). Er begann sein Studium an der Palecher Kunstfachschule bei P.L. Parilow und N.A. Prawdin. Nach dem Aktivdienst während der Kriegsjahre beteiligte er sich ab 1946 an den Restaurationsarbeiten der Kathedralen des Moskauer Kremls und ab 1956 an der Wiederherstellung des Lackkabinetts im Monplaisir-Palais in Peterhof. An der Palecher Kunstfachschule war er inzwischen als Lehrer tätig, und seit 1950 ist er Mitglied des Künstlerverbandes. Auch ihm wurde der Titel eines «Verdienten Künstlers der Russischen Sozialistischen Föderativen Sowjetrepublik» verliehen.

Alexander I. Laktionow, Portrait von I.I. Brodski, 1939

Brodski, Isaak Israjlewitsch, 1883–1939

Maler aus Sofijewka. Er begann sein Studium 1896 an der Kunstfachschule in Odessa und wurde 1902 an der Höheren Kunstfachschule für Malerei, Skulptur und Architektur der Kaiserlichen Akademie der Künste in St. Petersburg aufgenommen, wo er Schüler von I.J. Repin wurde. Seit 1904 beteiligte er sich an staatlichen Ausstellungen, wurde Mitglied des russischen Künstlerverbandes und besuchte als Stipendiat der Akademie der Künste zwischen 1909 und 1911 Frankreich, Italien, Spanien und Österreich. 1932 wurde ihm der Titel des «Verdienten Kunstschaffenden der Russischen Sozialistischen Föderativen Sowjetrepublik» verliehen. Im gleichen Jahr wurde er Professor am Repin-Institut für Malerei, Skulptur und Architektur der Akademie der Künste der Sowjetunion in Leningrad, von 1934 bis 1939 leitete er die Leningrader Kunstakademie und habilitierte schliesslich für eine kunstwissenschaftliche Professur. Brodski pflegte einen peinlich exakten Realismusstil; seine diesbezüglichen Unterrichtsmethoden spielten bei der Reorganisation der Kunstausbildung in der jungen Sowjetunion eine bedeutende Rolle. An der Internationalen Ausstellung in Paris wurde ihm 1937 für sein Gemälde «Lenins Auftritt im Putilow-Werk» (1926) ein «Grand Prix» verliehen; 1934 erhielt er als erster Künstler einen Lenin-Orden.

Bubnow, Alexander Pawlowitsch, 1908–1964

Maler aus Tiflis. Er begann sein Studium 1926 am Höheren künstlerisch-technischen Institut in Moskau und beteiligte sich seit 1928 an staatlichen Ausstellungen. 1939 arbeitete er in der Maler-brigade für das grossflächige Gemälde «Verdiente Persönlichkeiten des Sowjetlandes», welches an der New Yorker Weltausstellung den sowjetischen Pavillon schmückte. 1954 wurde er zum korrespondierenden Mitglied der Akademie der Künste in Moskau und 1955 zum «Verdienten Kunstschaffenden der Sowjetunion» ernannt. Im Jahre 1948 erhielt er für sein Gemälde «Morgen auf dem Kulikowo-Feld» den Stalin-Preis und für sein Werk «Gespräche» die Bronzemedaille an der Weltausstellung 1958 in Brüssel.

Charitonow, Alexander Wassilewitsch, 1895–1973

Graveur aus St. Petersburg. Er begann seine Ausbildung im Jahre 1906 in der Werkstatt seines Vaters W.A. Charitonow und wurde 1946 leitender Künstler am Leningrader Münzenhof. Seit 1937 beteiligte er sich an öffentlichen Ausstellungen.

Danko, Natalija Jakowlewna, 1892–1942

Bildhauerin aus Tiflis. Sie studierte an der Stroganow-Fachschule in Moskau, an der Kunstschule in Vilnius sowie in der Werkstatt der Bildhauer M.L. Dillon und L.W. Scherwud und arbeitete ab 1914 an der Leningrader, ehemals Kaiserlichen Porzellanmanufaktur «M.W. Lomonossow», wo sie wenig später die Leitung der Bildhauerabteilung übernahm. Natalija Danko hat sich vor allem mit ihren bemalten Porzellanarbeiten einen Namen gemacht; unter anderen hatte sie in den dreissiger Jahren auch mit W.F. Rukawischnikowa zusammengearbeitet.

Dejneka, Alexander Alexandrowitsch, 1899–1969

Maler und Graphiker aus Kursk. Er kam als Fünfzehnjähriger an die Kunstfachschule von Charkow und arbeitete ab 1920 an der Höheren künstlerisch-technischen Werkstätte in Moskau; er beteiligte sich an der dekorativen Gestaltung der Universität, des Kongresspalastes des Kremls sowie der bekannten Metrostationen «Majakowskaja» und «Nowokusnezkaja». Ab dem Jahre 1928

Alexander A. Dejneka, Pariserin, 1935

übernahm Dejneka an verschiedenen Moskauer Kunstinstituten eine Lehrtätigkeit, bereiste zwischen 1934 und 1945 Amerika, Frankreich, Italien und Deutschland, wurde 1945 Direktor des Institutes für angewandte und dekorative Kunst und erhielt den Titel des «Verdienten Kunstschaffenden der Russischen Sozialistischen Föderativen Sowjetrepublik». 1947 wurde er zum ordentlichen Mitglied der Akademie der Künste und 1959 zum «Volkskünstler» ernannt. Es wurden ihm zahlreiche internationale Preise und Medaillen zugesprochen, so 1932 ein erster Preis an der Internationalen Ausstellung in Pittsburgh («Auf dem Balkon»), eine grosse Goldmedaille an der Weltausstellung 1958 in Brüssel («Stachanow-Arbeiter») sowie eine zweite Goldmedaille für weitere Gemälde im sowjetischen Pavillon («Für den Frieden in der ganzen Welt», «Verteidigung Petrograds» und «Vorort Moskaus. November 1941»).

Dlugatsch, Michail Oskarowitsch, 1893–1988

Graphiker und Maler aus Kiew. Er studierte zwischen 1905 und 1917 an der Kunstfachschule in Kiew und beteiligte sich ab 1925 mit Erfolg an staatlichen Ausstellungen.

Dolgorukow, Nikolaj Andrejewitsch, 1902–1980

Graphiker und Maler aus Jekaterinburg. Er zog 1928 nach Moskau und studierte am Höheren künstlerisch-technischen Institut und beteiligte sich bereits ab dem selben Jahr an öffentlichen Ausstellungen. Für sein Plakat «Beteiligt Euch an den Wahlen zum Obersten Sowjet der Turkmenischen Sozialistischen Republik!» (1947) erhielt er an der internationalen Plakatausstellung in Wien ein Diplom ersten Grades.

Dubassow, Iwan Iwanowitsch, 1897–

Graphiker aus Moskau. Er soll bereits als Elfjähriger die Stroganow Kunstfachschule besucht und sich frühzeitig an öffentlichen Ausstellungen beteiligt haben. Dubassow wurde insbesondere durch seine in Silber gestanzten Medaillen und Orden bekannt; er wurde 1932 leitender Künstler der «Gosnak»-Fabrik. 1939 erhielt er den Orden des Goldenen Sterns des Helden der Sowjetunion und 1945 den Lenin-Orden.

Eisenstein, Sergei Michailowitsch, 1898–1948

Film- und Theaterregisseur aus Riga. Sein künstlerisches Medium hat mit jenem der Maler des sozialistischen Realismus wenig gemein, doch ist seine Biographie für das Verständnis der chaotischen kulturpolitischen Verhältnisse der frühen Stalinjahre von Bedeutung. Die propagandistische und künstlerische Sprengkraft des Filmmediums ist vom jungen Regime früh erkannt und jenem der bildenden Kunst bisweilen vorgezogen worden.

Eisenstein begann sein Studium 1915 am Petrograder Institut für Zivilingenieure und diente bis 1920 in der Roten Armee als Techniker für Militärbauten. Während seiner Japanologie-Studien an der Generalstabsakademie in Moskau begann er im Proletkulttheater als Bühnenbildner und Regisseur zu arbeiten und belegte bei Meyerhold Regiekurse. In Zusammenarbeit mit S. Tretjakow entstanden die ersten Theaterstücke; er wurde Mitglied der Linken Front der Künste (LEF). Seine ersten Filme «Streik» (1924), «Panzerkreuzer Potemkin» (1925), «Oktober» (1927) und «Das Alte und das Neue» (1929) machten ihn weltberühmt. Sein «Potemkin» wurde zum Schlüsselwerk der neuen sowjetischen Revolutionskunst; er entwickelte eine Filmsprache, in der die Montage als Konstruktionsprinzip etabliert wird. Es folgten Einladungen nach Berlin und Hollywood, und er unterrichtete an westlichen Universitäten sowie an der Moskauer Filmhochschule. Doch in den späten dreissiger Jahren wurde auch er als Formalist scharf kritisiert und musste sich, wie in «Iwan dem Schrecklichen», dem politischen Leitbild beugen.

«‹Potemkin› wurde zur Weltsensation, die Stalin auf Eisenstein aufmerksam machte und Eisenstein von da an eine Sonderstellung im sowjetischen Film verschaffte. Stalin, der gerade seine Position im innerparteilichen Kampf festigte, bestellte bei Eisenstein einen Film über seine politische Generallinie: Der junge Konstruktivist sollte das Dorf im Umbruch darstellen – mit revolutionärem Schwung und amerikanischer Sachlichkeit. Als nahe Utopie. Der Schöpfer dieser Utopie war Stalin selbst. Parallel dazu sollte Eisenstein einen Monumentalfilm inszenieren, dessen Kosten das Budget eines russischen Durchschnittfilms um das Zwanzigfache überstieg. In ‹Oktober› (oder ‹Zehn Tage, die die Welt erschütterten›) stellte er die Oktoberrevolution nach – beeindruckender als sie es war. Auf Weisung Stalins musste er allerdings Trotzki aus dem Film entfernen … Stalin forderte Veränderungen, schlug Eisenstein einen neuen Titel vor (‹Das Alte und das Neue›) und einen neuen Schluss. Obwohl bereits einige Kinokopien gezogen waren, liess Sergej Eisenstein sich auf die Herstellung einer neuen Fassung ein. Stalin genehmigte ihm sodann eine Reise ins Ausland …

Im Januar 1941 erhielt Eisenstein das Angebot, einen Film über Iwan den Schrecklichen, jenen sadistisch-perversen, homosexuellen und siebenmal verheirateten Monarchen, zu drehen. Stalin wünschte sich diesen Spiegel eines absoluten Herrschers über die Geschicke Russlands, um seinen Terror, dem Millionen Menschen zum Opfer fielen, im Namen einer grossen Staatsidee rechtfertigen zu können, was für Eisenstein persönlich bedeutete, dass er letztlich den Tod vieler Freunde legitimierte.

Trotz Krieg bekam er alles – Menschen für Massenszenen, Brokat für die Kostüme, Holz für Bauten. Wenn er bei seinem Minister auf Schwierigkeiten stiess, wendete er sich direkt an Stalin. Der Auftraggeber gab Eisenstein für den ersten Teil des Films den Stalinpreis und verbot den zweiten. Eisenstein brach mit einem Herzinfarkt zusammen. Nach der Genesung diskutierte Stalin mit ihm Veränderungen: Iwan solle bei der Ausrottung der Feinde entschlossener handeln und nicht wie Hamlet zögern, Eisenstein lasse sich zu sehr von Schatten hinreissen, der Film sei zu mystisch, und der Regisseur lenke den Zuschauer durch den Bart Iwans von der Handlung ab. Er solle den Film neu drehen und würde keinerlei Beschränkungen erfahren. Eisenstein starb jedoch einige Monate nach dem Gespräch im Kreml (am 11. Februar 1948), ohne etwas am Film zu ändern. Er blieb seiner Kunst treu, nicht seinem Auftraggeber.»[161]

Falk, Robert Rafailowitsch, 1886–1958

Maler aus Moskau. Er begann sein Studium 1903 an der Malschule von K.F. Juon und I.O. Dudin, wechselte 1905 an die spätere Fachschule für Malerei, Bildhauerei und Baukunst der Moskauer Kunstgesellschaft und wurde dort Schüler von K.A. Korowin und W.A. Serow. Als bedeutender Vertreter der russischen Avantgarde-Bewegung gehörte er zu den Mitbegründern der 1910 ins Leben gerufenen Künstlergesellschaft «Karo-Bube» («Bubnowyi walet»). 1910 unternahm er für zwei Jahre ausgedehnte Reisen nach Italien, Frankreich, Mittelasien und in die Ostseegebiete. 1925 trat er der Assoziation der Künstler des revolutionären Russland bei, 1928 zog er für zehn Jahre

[161] Zitiert aus der NZZ vom 23. Januar 1998, *Kunst als emotionale Versklavungsmaschine oder befreiende Realität?* Zum 100. Geburtstag Sergei Eisensteins, Oskana Bulgakowa: «Der Terror war zu Eisensteins Lebzeiten allgegenwärtig. Hat seine suggestive Kraft diese Gewalt inspiriert? War es ein Zufall, dass Goebbels von seinen Künstlern einen nationalsozialistischen ‹Panzerkreuzer Potemkin› forderte? Ist Kunst eine emotionale und ideologische Versklavungs- und Manipulationsmaschine? Eisenstein wusste um diese Gefahren, vor denen ihn schon Piscator und Brecht in den zwanziger Jahren gewarnt hatten, und war sich ihrer Ausmasse durchaus bewusst. Anfang der dreissiger Jahre war er gar fast so weit, diese ‹schmähliche Beschäftigung Kunst› aufzugeben.»

nach Paris. Nach seiner Rückkehr unterrichtete er an der Gebietskunstschule in Samarkand und von 1945 bis 1958 an der Moskauer Hochschule für dekorative und angewandte Kunst.

Filonow, Pawel Nikolajewitsch, 1882–1941

Maler aus Moskau. Er begann sein Studium in St. Petersburg im Atelier von L.J. Dmitrijew-Kawkaskij und wechselte 1908 an die Höhere Kunstfachschule für Malerei, Skulptur und Architektur bei der Kaiserlichen Akademie der Künste. Er gehört zu den bedeutenden Vertretern der russischen Avantgarde, war Mitbegründer des 1910 ins Leben gerufenen «Jugendverbandes» («Sojus molodjoschi») und bildete 1925 die Malergruppe «Meister der analytischen Kunst». Sein stilistisches Anliegen ist bei seinem «Kolchosbauer» aus dem Jahre 1931 noch erkennbar, bei seinem «Stalinportrait» von 1936 jedoch kaum mehr.

Fjodorow, Nikolaj Iwanowitsch, 1918–1990

Textilkünstler aus Wjatka. In der Zeit zwischen 1937 und 1941 studierte er am Moskauer Textilinstitut, arbeitete ab 1946 in der Markow-Fabrik und ab 1949 in einem Moskauer Webereikombinat, wo ihm seit 1970 für die Entwürfe der dekorativen Arbeiten die künstlerische Leitung übertragen wurde. Die figürlichen Werke entstanden in Zusammenarbeit mit W.A. Schubnikowa.

Frolowa-Bagrejewa, Lidija Fjodorowna, 1907–

Malerin aus St. Petersburg. Sie studierte in den Jahren 1925 bis 1930 am Höheren künstlerischtechnischen Institut in Leningrad und beteiligte sich seit 1927 an öffentlichen Ausstellungen

Gerassimow, Alexander Michajlowitsch, 1881–1963

Maler aus Koslow. Er begann sein Studium im Jahre 1903 in der Malerklasse der späteren Fachschule für Malerei, Bildhauerei und Baukunst der Moskauer Kunstgesellschaft, zu seinen Lehrern gehörten N. Kassatkin, K. Korowin und A. Archipow. 1910 wechselte er in die Architekturabteilung und beteiligte sich an öffentlichen Ausstellungen, so auch 1929 in Köln. 1934 war er Mitbegründer und Leiter des Militärkünstlerateliers M.B. Grekow; er widmete während diesen Jahren sein malerisches Wirken überwiegend Themen der Roten Armee und wurde Sprecher der Künstlergesellschaft des revolutionären Russland. 1933 entstand das erste Stalinportrait, 1937 nahm er an der Weltausstellung in Paris (Grand Prix für seine «Erste Reiterarmee») und 1939 in New York teil. Seit 1947 war er Mitglied und Präsident des Moskauer Künstlerverbandes, betei-

ligte sich an der Formalismus-Diskussion und setzte sich für Schaffung einer «hohen ideenhalti-
gen Kunst» ein. Schliesslich wurde er im selben Jahr zum ersten Präsidenten der Akademie der
Bildenden Künste der Sowjetunion und erhielt 1943 als erster Künstler den Titel «Volkskünstler
der Sowjetunion». 1951 wurde er zum habilitierten Doktor der Kunstwissenschaften und in den
Jahren 1947 bis 1958 zum Deputierten des Obersten Sowjets gewählt.

Für seine Gemälde «J.W. Stalin und K.J. Woroschilow im Kreml» (1938),
«Hymne auf den Oktober» (1942) sowie für sein «Gruppenbildnis der ältesten Künstler» (1944)
wurden ihm gleich drei Stalinpreise zuerkannt; für das letztere erhielt er überdies an der Weltausstellung in Brüssel im Jahre 1958 eine Bronzemedaille.

Gerassimow, Michail Michajlowitsch, 1907–1970

Bildhauer und Anthropologe aus St. Petersburg. Er studierte zwischen 1927 und 1950 an der staatlichen Universität von Irkutsk Geschichte und beteiligte sich seit 1938 zugleich an öffentlichen
Ausstellungen. Im Jahre 1950 erhielt er für seine Monographie «Grundlagen der Wiederherstellung des Gesichtes nach dem Schädel» den Stalinpreis. Er beschäftigte sich auch mit der Herstellung von Medaillen und Halbreliefs.

Gerassimow, Sergej Wassilewitsch, 1885–1964

Maler aus Moschaijsk, Gebiet um Moskau. Er begann sein Studium 1901 an der Stroganow Fachschule in Moskau, wechselte 1907 an die spätere Fachschule für Malerei, Bildhauerei und Baukunst der Moskauer Kunstgesellschaft, wo er mit S.I. Iwanow und K.A. Korowin zusammentraf,
und unternahm in den folgenden Jahren mehrere Reisen nach Westeuropa sowie in die Türkei.
Er war Mitglied der Assoziation der Künstler des revolutionären Russland. Nach zahlreichen Be-
teiligungen an öffentlichen Ausstellungen übernahm er ab dem Jahr 1930 verschiedene Lehrtätigkeiten, so am Moskauer Institut für angewandte und dekorative Kunst, am Institut für
bildende Künste (1936 bis 1937), am Moskauer Kunstinstitut (1937 bis 1947), am staatlichen
Surikow-Institut der Akademie der Künste (1947 bis 1950) und als Leiter der Fakultät für Monumentalmalerei an der Höheren künstlerisch-industriellen Fachschule, der ehemaligen Stroganow-
Fachschule (1950 bis 1964). Zwischen 1946 und 1948 ist er auch Direktor des Surikow-Kunst-
institutes der Akademie der Künste in Moskau und fungierte zwischen 1938 und 1952 mit einigen
Unterbrüchen als Vorstandsvorsitzender der Moskauer Abteilung des sowjetischen Künstlerverbandes.

1937 erhielt er den Titel des «Verdienten Künstlers», 1943 und 1958 wurde er
zum «Volkskünstler der Russischen Sozialistischen Föderativen Sowjetrepublik» beziehungsweise

der Sowjetunion ernannt und schliesslich 1947 als ordentliches Mitglied in die Akademie der Künste aufgenommen.

An der internationalen Ausstellung in Paris wurde ihm 1937 für sein Werk «Feiertag in der Kolchose» die Silbermedaille zugesprochen, für seine «Mutter eines Partisanen» erhielt er an der Brüsseler Weltausstellung 1959 die Goldmedaille, und schliesslich überreichte ihm auch das sowjetische Kulturministerium für seine Gemälde «Zur Sowjetmacht» sowie für seine Serie «Moschajsker Landschaften» eine Goldmedaille. Bekannt sind auch die Illustrationen zu Gorkijs Roman «Das Werk der Artomonows».

Gerschannik, Roman Wassilewitsch, 1898–1984

Graphiker aus Jelisawetgrad. Er arbeitete ab 1923 für drei Jahre an der Höheren künstlerisch-technischen Werkstatt, dem späteren gleichnamigen Institut in Moskau und beteiligte sich seit 1921 an öffentlichen Ausstellungen. 1944 erhielt er den Titel des «Verdienten Kunstschaffenden der Sowjetunion».

Glikman, Gawriil Dawydowitsch, 1913–

Bildhauer aus Witebsk. Er begann sein Studium 1937 am I.J. Repin-Institut für Malerei, Skulptur und Architektur der Allrussischen Akademie der Künste der Sowjetunion in Leningrad und setzte seine Ausbildung nach Kriegsende 1945 bis 1947 fort. Er beteiligte sich ab 1949 an öffentlichen Ausstellungen und arbeitete bisweilen in Bildhauerbrigaden, so mit D.M. Jepifanow, W.N. Ritter, W.N. Sokolow und M.G. Maniser für die siebenteilige Komposition «Kampf um den Frieden» aus dem Jahre 1950. Glikman zog 1979 in die USA.

Golenezki, Wladimir Wladimirowitsch, 1906–1976

Medailleur aus Sajsan (Semipalatinsk). Er studierte in den Jahren 1925 bis 1930 am Höheren künstlerisch-technischen Institut in Leningrad und sodann für sieben Jahre am sogenannten Leningrader Münzhof. Ab dem Jahre 1948 beteiligte er sich an öffentlichen Ausstellungen.

Granawzewa, Maria Stepanowa, 1904–1989

Malerin aus Moskau. Sie studierte in den Jahren 1925 bis 1929 am Höheren künstlerisch-technischen Institut in Moskau und beteiligte sich ab 1930 an öffentlichen Ausstellungen.

Grekow, Mitrofan Borissowitsch, 1882–1934

Maler aus Scharapajewka, Rostower Gebiet. Er begann seine Ausbildung 1898 an der Kunstschule der Kunstgesellschaft in Odessa, kam 1903 an die Höhere Kunstschule der Akademie der Künste in St. Petersburg und wurde Schüler von F.A. Roubot und I.J. Repin. Er war Mitglied der Assoziation der Künstler des revolutionären Russland und gilt als der Begründer der sowjetischen Schlachtenmalerei.

Igumnow, Sergei Dmitrijewitsch, 1900–1942

Graphiker aus Moskau. Er studierte in den zwanziger Jahren an der Höheren künstlerisch-technischen Werkstätte in Moskau und beteiligte sich ab 1926 an öffentlichen Ausstellungen.

Ingal, Wladimir Josifowitsch, 1901–1966

Bildhauer aus Jekaterinodar. In den Jahren 1926 bis 1930 studierte er am Höheren künstlerisch-technischen Institut in Leningrad und beteiligte sich seit 1927 an öffentlichen Ausstellungen. Im Jahre 1941 erhielt er für seine Plastik «Sergo Ordschonikidse» (1937), die in Zusammenarbeit mit W.J. Bogoljubow entstand, einen Stalinpreis.

Issajewa, Wera Wassilewna, 1898–1960

Bildhauerin aus Kronstadt. Sie studierte in den Jahren 1922 bis 1927 am Höheren künstlerisch-technischen Institut in Leningrad und beteiligte sich ab 1927 an öffentlichen Ausstellungen.

Iwanowa, Sinaida Grigorjewna, 1897–1979

Bildhauerin aus Pensa. Sie absolvierte ihr Studium während den Jahren 1921 bis 1927 am Höheren künstlerisch-technischen Institut in Moskau und beteiligte sich sodann an öffentlichen Ausstellungen. Für ihre Skulpturenkomposition «Wir fordern den Frieden!», welche 1950 in Zusammenarbeit mit W.I. Muchina, N.G. Selenskaja, S.W. Kasakow und A.M. Sergejew entstand, erhielt sie einen Stalinpreis, ebenso für ihre Mitarbeit am M. Gorki-Denkmal in Moskau (1949 bis 1952).

Jablonskaja, Tatjana Nilowna, 1917–

Malerin aus Smolensk. Sie begann ihr Studium 1935 am staatlichen Kunstinstitut in Kiew, wo sie ab 1944 auch einen Lehrauftrag übernahm. 1951 wurde ihr der Titel einer «Verdienten Kunstschaffenden der Sowjetunion» verliehen, 1953 wurde sie korrespondierendes Mitglied der Akademie der Künste, und in den Jahre 1951 bis 1959 fungierte sie als Deputierte des Obersten Sowjets. Für ihre Gemälde «Brot» (1949) und «Frühling» (1950) erhielt sie zwei Stalinpreise; für das erstere wurde ihr überdies an der Weltausstellung in Brüssel 1958 die Bronzemedaille zugesprochen.

Jakowlew, Wassili Nikolajewitsch, 1894–1953

Maler aus Moskau. Er studierte ab 1914 an der späteren Fachschule für Malerei, Bildhauerei und Baukunst der Moskauer Kunstgesellschaft bei A.J. Archipow, K.A. Korowin und S.W. Maljutin, war Mitglied der Assoziation der Künstler des revolutionären Russland und unterrichtete von 1918 bis 1922 an den Höheren künstlerisch-technischen Werkstätten. 1930 wurde er für zwei Jahre Leiter der Restaurierungsabteilung des staatlichen Puschkin-Museums für bildende Künste, 1933 bis 1937 übernahm er einen Lehrauftrag am Institut für Malerei, Skulptur und Architektur der Allrussischen Akademie der Künste in Leningrad, 1934 ebenso an der höheren Fachschule für Architektur und Bauwesen in Moskau und 1948 am Moskauer Surikow-Kunstinstitut der Akademie der Künste. Im selben Jahr wurde er zum Professor und 1951 zum habilitierten Doktor der Kunstwissenschaften ernannt. Er trug seit 1944 den Titel eines «Volkskünstlers» und wurde 1947 ordentliches Mitglied der Akademie der Künste in Moskau. Für seine Gemälde «Portrait des Helden der Sowjetunion»(1941), «Bildnis eines Partisanen»(1942) und «Kolchosherde»(1948) erhielt er drei Stalinpreise. An der Landwirtschaftlichen Allunionsausstellung der Jahre 1938, 1939 sowie 1949, 1950 wirkte er als leitender Künstler.

Janson-Maniser, Jelena Alexandrowna, 1890–1971

Bildhauerin aus Petershof. Sie begann ihr Studium im Jahre 1921 am Höheren künstlerisch-technischen Institut in Petrograd und beteiligte sich ab 1926 an öffentlichen Ausstellungen.

Jar-Krawtschenko, Anatoli Nikiforowitsch, 1911–1983

Graphiker und Maler aus Blagoweschtschensk (Amur). Er begann sein Studium 1932 am Institut für Malerei, Skulptur und Architektur der Allrussischen Akademie der Künste in Leningrad und beteiligte sich, vornehmlich mit Lithograpien und Bilderzyklen aus Stalins Leben, an Ausstellungen. 1951 wurde er Sekretär des Verwaltungskomitees des Künstlerverbandes der Sowjetunion und war mehrfacher Stalinpreisträger.

Jedunow, Boris Wladimirowitsch, 1921–

Bildhauer aus Moskau. Er begann seine Ausbildung im Jahre 1946 am I.J. Repin-Institut für Malerei, Skulptur und Architektur der Akademie der Künste in Leningrad bei M.G. Maniser und W.W. Lischew. Er arbeitete zeitweise auch an der Leningrader Porzellanmanufaktur M.W. Lomonossow, vormals kaiserliche Porzellanmanufaktur.

Jefanow, Wassili Prokofjewitsch, 1900–1978

Maler aus Samara. Er begann sein Studium als Siebzehnjähriger am künstlerisch-industriellen Technikum von Samara und zog 1921 nach Moskau, um im Atelier von D.N. Kardowskij zu arbeiten. Nach Ausstellungsbeteiligungen arbeitete er zwischen 1935 bis 1938 in einer Künstlerbrigade, so insbesondere am Panoramabild «Perekops Erstürmung» und übernahm 1948 eine Lehrtätigkeit am Staatlichen Surikow-Kunstinstitut der Akademie der Künste in Moskau. 1947 wurde er ordentliches Mitglied der Akademie der Künste und 1948 zum Professor ernannt. 1951 erhielt er den Titel eines «Volkskünstlers der Russischen Sozialistischen Föderativen Sowjetrepublik» und wurde mit sieben Stalinpreisen, einer Silbermedaille des Kulturministeriums und 1959 schliesslich mit einer Bronzemedaille der Weltausstellung in Brüssel geehrt. Bei vielen grossflächigen Gemälden fungierte er als Brigadeleiter, so bei den Werken «Sitzung des Präsidiums der Akademie der Wissenschaften der UdSSR» (1951) und «Verdiente Persönlichkeiten des Sowjetlandes» (1939).

Jefimowa, Anna Maximowna, 1897–1962

Porzellanmalerin aus Porchow (Pskow). Sie studierte am künstlerisch-industriellen Technikum sowie an der Höheren künstlerisch-technischen Werkstätte in Petrograd und arbeitete ab dem Jahre 1931 an der Leningrader Porzellanmanufaktur M.W. Lomonossow.

Jepifanow, Dmitri Michajlowitsch, 1915–

Bildhauer aus Twer. Er begann sein Studium im Jahre 1947 am I.J. Repin-Institut für Malerei, Skulptur und Architektur der Akademie der Künste in Leningrad und beteiligte sich bereits seit 1945 an öffentlichen Ausstellungen. Unter der Leitung von M.G. Maniser arbeitete er mit W.N. Ritter, W.N. Sokolow und G.D. Glikman in einer Bildhauerbrigade für den siebenteiligen Zyklus «Kampf um den Frieden» aus dem Jahre 1950.

Jermolajew, Boris Nikolajewitsch, 1903–1982

Maler aus St. Petersburg. Er begann sein Studium im Jahre 1921 am Petrograder künstlerisch-industriellen Technikum und wechselte 1925 an das Höhere künstlerisch-technische Institut. Seit 1928 beteiligte er sich an öffentlichen Ausstellungen, arbeitete an der Gestaltung von Zeitungen und Zeitschriften und war häufig als Kinderbuchillustrator tätig. Ab dem Jahre 1940 arbeitete er in der Lithographiewerkstatt des sowjetischen Künstlerverbandes in Leningrad.

Jewgrafow, Nikolai Iwanowitsch, 1904–1941

Maler aus Nischni Nowgorod. Er begann seine Ausbildung im Jahre 1921 an der staatlichen freien Kunstwerkstätte in Nischni Nowgorod, zog 1923 nach Leningrad an das künstlerisch-industrielle Technikum und schliesslich an das Institut für proletarische bildende Kunst, das spätere Institut für Malerei der Allrussischen Akademie der Künste. 1941 fiel er an der Front bei Leningrad.

Joganson, Boris Wladimirowitsch, 1893–1973

Maler aus Moskau. Ab dem Jahre 1913 studierte er an der Höheren künstlerisch-industriellen Fachschule, der damaligen Stroganow-Fachschule, in Moskau, beteiligte sich früh an öffentlichen Ausstellungen, unternahm zwischen 1923 und 1937 mehrere Reisen an den Ural und in den Kaukasus und war in den Jahren 1935 bis 1938 Mitglied einer bekannten Künstlerbrigade (Panoramabild «Erstürmung Perekops»). In den dreissiger Jahren übernahm er am Institut für angewandte und dekorative Kunst sowie am Moskauer Institut für bildende Künste Lehraufträge, von 1939 bis 1962 war er Leiter einer eigenen Werkstatt am Leningrader Institut für Malerei, Skulptur und Architektur und von 1949 bis 1962 führte er überdies die Malereiwerkstatt der Akademie der Künste in Leningrad. 1942 wurde ihm der Titel des «Verdienten Kunstschaffenden» und 1943 der des «Volkskünstlers der Sowjetunion» verliehen. 1947 wurde er ordentliches Mitglied der Akademie der Künste der Sowjetunion, 1953 avancierte er zum Vizepräsidenten und 1958 bis 1962 zum Präsidenten der Akademie. Seit dem Jahre 1939 wirkte er auch als Professor für Kunstwissenschaften und wurde 1951 für drei Jahre Direktor der Moskauer Tretjakow-Galerie; so erstaunt es kaum, dass er zwischen 1954 und 1957 auch zum Vorsitzenden des Organisationskomitees des sowjetischen Künstlerverbandes gewählt wurde. 1958 ernannte ihn die Akademie der Künste der DDR zu ihrem Ehrenmitglied.

Für seine Werke «Im alten Uralwerk» (1937) und «Lenins Auftritt auf dem 3. Komsomolkongress» (Gruppenarbeit 1950) erhielt er zwei Stalinpreise, für sein «Verhör der Kommunisten» (1937) wurde ihm 1939 an der internationalen Ausstellung in Paris der Grand

Prix sowie in Moskau ein Diplom ersten Grades und ein erster Preis an der landwirtschaftlichen Allunionsausstellung verliehen. Für sein Gemälde «Im alten Uralwerk» durfte er überdies an der Weltausstellung in Brüssel 1958 eine Goldmedaille entgegennehmen.

Juon, Konstantin Fjodorowitsch, 1875–1958

Maler und Bühnenbildner aus Moskau. Er studierte ab 1894 an der Fachschule für Malerei, Bildhauerei und Baukunst der Moskauer Kunstgesellschaft bei K.A. Sawitzki, A.J. Archipow, K.A. Korowin und V. Serow und unterrichtete ab 1900 in seiner eigenen Schule, dem Juon-Atelier. Er bereiste während der vorrevolutionären Jahre ausgiebig Italien, Deutschland, Frankreich und die Schweiz und arbeitete in mehreren Pariser Ateliers. 1903 wurde er Mitglied des Verbandes russischer Künstler sowie der Assoziation der Künstler des revolutionären Russland. 1900 bis 1917 lehrte er zusammen mit I.O. Dudin im eigenen Kunststudio, von 1921 bis 1930 unterrichtete er an der staatlichen Akademie der Kunstwissenschaften und von 1934 bis 1935 am I.J. Repin-Institut. Er übernahm an der Moskauer Schule für die Invaliden des «Grossen vaterländischen Krieges» überdies eine Betreuerrolle und leitete ab 1938 am Institut für Malerei, Skulptur und Architektur der Allrussischen Akademie der Künste in Leningrad eine eigene Werkstatt. Nachdem er bereits 1913 in der Theatergruppe Sergej Diaghilew das Bühnenbild zu «Boris Godunow» gestaltet hatte, wurde er in den Jahren 1945 bis 1947 Chefbühnenbildner des Moskauer akademischen Maly-Theaters. Zwischen 1952 und 1955 lehrte er am Moskauer Surikow-Institut der Akademie der Künste der Sowjetunion und wurde 1952 zum Professor für Kunstwissenschaften ernannt.

In den Jahren 1948 bis 1956 war er Direktor des wissenschaftlichen Forschungsinstituts für Theorie und Geschichte der bildenden Kunst der Akademie der Künste, 1947 ordentliches Mitglied der Akademie der Künste in Moskau, und 1957 wurde er für zwei Jahre erster Sekretär des Künstlerverbandes der Sowjetunion.

1945 erhielt er die Auszeichnung des «Volkünstlers der Sowjetrepublik» und 1950 die des «Volkskünstlers der Sowjetunion»; von 1934 bis 1947 amtierte er als Deputierter des Moskauer Sowjets der Volksdeputierten. Den Stalinpreis erhielt er schliesslich 1943 für seine langjährigen Verdienste auf dem Gebiet der bildenden Kunst.

Kapljanski, Boris Jewsejewitsch, 1903–1985

Bildhauer und Dekorateur aus Moskau. Er begann sein Studium mit siebzehn Jahren an den Petrograder freien künstlerischen Lehrwerkstätten in der Skulpturenklasse von A.A. Matwejew und beteiligte sich ab 1929 an öffentlichen Ausstellungen. Er übernahm Lehrtätigkeiten an den Kunsthochschulen Leningrads und wurde in den vierziger Jahren Mitglied des sowjetischen Künstlerverbandes. Kapljanskij machte sich vor allem auf dem Gebiet der Bildhauerei und der monumentalen dekorativen Plastik einen Namen.

Kasakow, Sergei Wassilewitsch, 1909–

Bildhauer aus Tiflis. Er studierte von 1939 bis 1941 am Moskauer Institut für bildende Künste und beteiligte sich ab 1950 an öffentlichen Ausstellungen. Für seine Skulpturenkomposition «Wir fordern den Frieden», die 1950 in Zusammenarbeit mit W.I. Muchina, N.G. Selenskaja, S.G. Iwanowa und A.M. Sergejew entstand, erhielt er den Stalinpreis. 1949 bis 1952 arbeitete er, wiederum gemeinsam mit W. I. Muchina, am Moskauer Gorki-Denkmal.

Kasanzew, Anatoli Alexejewitsch, 1908–

Maler aus Chabarowsk. In den Jahren 1931 und 1932 studierte er am Institut für proletarische bildende Kunst in Leningrad, welches 1932 geschlossen wurde; er wechselte sodann ans Institut für Malerei, Skulptur und Architektur der Allrussischen Akademie der Künste, das er 1938 verliess. Er beteiligte sich seit 1929 an öffentlichen Ausstellungen.

Kerbel, Lew Jefimowitsch, 1917–

Bildhauer aus dem Tschernigower Gebiet. Er begann sein Studium 1933 am Moskauer Institut für bildende Künste und kam 1937 an die Allrussische Akademie der Künste nach St. Petersburg. Seit 1944 beteiligte er sich an öffentlichen Ausstellungen; für seine Reliefserie zu einem historisch revolutionären Thema, die unter Leitung des Bildhauers N.W. Tomski entstand, erhielt er 1950 den Stalinpreis. Er wurde in den neunziger Jahren Vizepräsident der Akademie der Künste (die Präsidentschaft wurde unter zweifelhaften Umständen seinem georgischen Gegenspieler Zereteli zugehalten, siehe oben S. 106) und gewann 1996 mit seinem Peter dem Grossen als Schiffbauer in einer Ausschreibung der Stadt Moskau den ersten Preis. Die Zusage, dass sein Werk im Ismailowski-Park realisiert werden könne, erhielt er allerdings erst ein Jahr später anlässlich seines achtzigsten Geburtstages am 7. November 1997 (siehe Interview S. 127).

Kiselew, Anatoli Alexandrowitsch, 1929–

Bildhauer aus Potschinok (Kostromaer Gebiet). Er besuchte in den frühen fünfziger Jahren die Höhere künstlerisch-industrielle W.I.-Muchina-Fachschule in Leningrad und arbeitete daselbst von 1954 bis 1969 im sogenannten experimentellen Porzellanwerk.

Kluzis, Gustaw Gustawowitsch, 1895–1944

Grafiker und Maler aus Ruiena, Lettland. Er studierte 1913 bis 1917 an der Kunstschule in Riga, an der Zeichenschule der Gesellschaft zur Förderung der Kunst in St. Petersburg, nahm 1917 an der Februarrevolution teil und meldete sich nach der Oktoberrevolution bei der Roten Armee. 1919 setzte er seine Ausbildung bei I. Maschkow und K. Korowin fort und studierte schliesslich an der Höheren künstlerisch-technischen Werkstätte bei K.S. Malewitsch und N.B. Pewsner. In den Jahren 1923 bis 1938 war er Mitglied der bekannten Künstlergruppe LEF (Linke Front der Künste, Herausgeber der gleichnamigen Zeitschrift), und von 1929 bis 1932 wirkte er als Mitglied und Vizepräsident der Assoziation revolutionärer Plakatkünstler. Während seiner Lehrtätigkeit am polygraphischen Institut wurde er im Jahre 1938 aufgrund der unbegründeten Anschuldigung, einer lettischen nationalistisch-faschistischen Organisation anzugehören, verhaftet und wahrscheinlich 1944 in einem Lager erschossen.

Kokorekin, Alexei Alexejewitsch, 1906–1959

Graphiker aus Sarykamysch, Sakawaskje. Er liess sich ab dem Jahre 1927 an einem künstlerisch-industriellen Technikum ausbilden und beteiligte sich seit 1932 an öffentlichen Ausstellungen. Bemerkenswert ist der Titel einer seiner Chromolithographien aus dem Jahre 1947 mit dem angeblichen Stalinzitat: «Solche Frauen gab es noch nie und konnte es in alten Zeiten auch nicht geben.»

Konenkow, Sergei Timofejewitsch, 1874–1971

Bildhauer aus Werchnije Karakowitschi, Smolensk. Er studierte von 1892 bis 1896 an der Moskauer Schule für Malerei, Bildhauerei und Architektur, von 1899 bis 1902 an der Höheren Kunstfachschule der Kaiserlichen Akademie der Künste in St. Petersburg und unternahm mehrere Studienreisen nach Berlin, Dresden, Paris und Italien. 1916 wurde er ordentliches Mitglied der Akademie der Künste und gehörte mehreren bedeutenden Künstlervereinigungen an. Zwischen 1918 und 1923 war er Professor an der Höheren künstlerisch-technischen Werkstätte sowie am Proletkult-Studio in Moskau und Vorsitzender des Moskauer Berufsverbandes der Bildhauer und Maler. Er beteiligte sich zu dieser Zeit aktiv an Lenins «Plan der monumentalen Propaganda». Er lebte in den Jahren 1924 bis 1945 in New York und kehrte nach dem Krieg nach Moskau zurück. 1954 wurde er abermals ordentliches Mitglied der Akademie der Künste der Sowjetunion und nahm 1958 den Titel eines «Volkskünstlers der Sowjetunion» entgegen. Für seine Portraits «Ninotschka» (1950) und «Marfinka» (1950) erhielt er den Stalinpreis, für sein Selbstbildnis (1954) den Leninpreis und für sein Portrait F.M. Dostojewskis sowie für sein Selbstbildnis (1950) wurde ihm 1958 an der internationalen Ausstellung in Brüssel der «Grand Prix» zuerkannt.

Kontschalowski, Pjotr Petrowitsch, 1876–1956

Maler aus Slawjansk, Charkow. Er begann seine Ausbildung in der Zeichenschule in Charkow, besuchte sodann Abendkurse an der Stroganow-Schule in Moskau, reiste 1897 für zwei Jahre nach Paris an die Académie Julian und setzte 1898 bis 1907 sein Studium in St. Petersburg an der Höheren Kunstfachschule für Malerei, Skulptur und Architektur der Kaiserlichen Akademie der Künste fort. 1910 reiste er nach Spanien, 1912 nach Berlin und 1913 abermals nach Paris, wo er sich regelmässig an den grossen Ausstellungen beteiligte. 1910 war er Mitbegründer der bekannten russischen Künstlervereinigung «Karo-Bube» («Bubnowyi walet»); in Russland gehörte er zu den wichtigsten Vermittlern der modernen

Pjotr P. Kontschalowski, Selbstportrait, 1943

französischen Malerei (Fauvismus, Cézannismus, gemässigter Kubismus sowie realistische «Maestro-Malerei»). Als russischer «Maître» unterrichtete er 1918 bis 1921 an der staatlichen Kunstwerkstätte sowie 1926 bis 1929 an der Höheren künstlerisch-technischen Werkstätte in Moskau. Er erhielt 1928 den Titel des «Verdienten Kunstschaffenden der russischen Sowjetrepubliken», 1946 jenen des «Volkskünstlers», und 1947 ernannte ihn die Akademie der Künste der Sowjetunion zum ordentlichen Mitglied. Für seine langjährigen Leistungen auf dem Gebiet der bildenden Kunst wurde ihm 1943 schliesslich der Stalinpreis zugesprochen.

Korezki, Wiktor Borissowitsch, 1909–

Graphiker aus Kiew. Er begann seine Ausbildung an der Kunstmittelschule der Arbeiterjugend in Moskau und beteiligte sich seit 1932 an öffentlichen Ausstellungen. Für seine Plakate der Kriegs- und Nachkriegsjahre erhielt er mehrere Stalinpreise; an der internationalen Plakatausstellung in Wien wurden ihm im Jahre 1948 acht Diplome ersten Grades zugesprochen. Bezeichnend und heute dennoch kaum verständlich ist der Titel seiner Arbeit aus dem Jahre 1945 «Ich kenne kein anderes Land, wo es sich so frei atmen lässt.»

Pawel Korin,
Künstlerkollektiv
«Kukryniksi»,
1957/1958

Korin, Pawel Dmitrijewitsch, 1892–1967

Maler aus Palech, Iwanow Gebiet. Er begann seine Ausbildung 1912 an der Moskauer Kunstschule bei K.A. Korowin und S.W. Maljutin, arbeitete mit M.N. Nesterow zusammen, der ihn beeinflusste, und bereiste ausgiebig Westeuropa sowie Amerika. Er widmete sich der Wandmalerei und der Mosaikkunst und arbeitete an der Ausgestaltung der Moskauer U-Bahn-Stationen. Er wurde als «Volkskünstler der Sowjetunion» ausgezeichnet.

Koroljow, Boris Danilowitsch, 1895–1963

Bildhauer aus Moskau. Er begann seine Ausbildung bereits als Zwölfjähriger in den Kunstkursen des Gymnasiums sowie ab 1908 in den Privatstudios von W.N. Meschkow und I.I. Maschkow und ab 1910 im Atelier von M. Blok. Zwischen 1910 und 1914 besuchte er überdies die Fachschule für Malerei, Bildhauerei und Baukunst der Moskauer Kunstgesellschaft und beteiligte sich seit 1919 an öffentlichen Ausstellungen.

Korowin, Konstantin Alexejewitsch, 1861–1939

Maler und Bühnenbildner aus Moskau. Er gehörte nicht zu den Vertretern der frühen Stalin-Maler, viele sozialistische Realisten haben jedoch seinen Unterricht genossen. Er begann seine Ausbildung an der Moskauer Schule für Malerei, Bildhauerei und Architektur sowie an der St. Petersburger Kunstakademie. Er unterrichtete in den Jahren 1901 bis 1918 in Moskau und gilt als bedeutender Vertreter der Moskauer Schule des Impressionismus. Während der Jahre 1903 bis 1922 war er Mitglied des Verbandes russischer Künstler und nahm an zahlreichen europäischen Ausstellungen teil (1898 Münchner Sezession, 1906 und 1922 Berlin). Ab dem Jahre 1923 lebte er in Paris.

Kotow, Pjotr Iwanowitsch, 1889–1953

Maler aus Wladimirowka, Astrachaner Gebiet. Seine Ausbildung begann bereits 1903 an der Kunstfachschule von Kasan, 1906 zog er nach St. Petersburg an die Höhere Kunstfachschule für Malerei, Skulptur und Architektur der Kaiserlichen Akademie der Künste. Er beteiligte sich ab dem Jahre 1916 an öffentlichen Ausstellungen und übernahm 1937 bis 1941 Lehrtätigkeiten an

Kiewer und Charkower Kunstinstituten sowie 1944 bis 1948 am staatlichen Allunionsinstitut für Filmkunst in Moskau und schliesslich 1949 am staatlichen Surikow-Institut der Akademie der Künste. 1940 wurde er Professor, 1946 «Verdienter Künstler der Russischen Sozialistischen Föderativen Sowjetrepublik» und 1949 schliesslich ordentliches Mitglied der Akademie der Künste der Sowjetunion. Für sein Portrait des Akademikers N. D. Selinskij (1947) erhielt er den Stalinpreis.

Kowalew, Alexei Wiktorowitsch, 1915–

Miniaturenmaler aus Palech. Er begann sein Studium im Jahre 1935 an der Palecher Kunstfachschule bei I.P. Wakurow, arbeitete seit 1947 in einer Künstlergenossenschaft und übernahm 1963 an der selben Kunstfachschule einen Lehrauftrag. 1974 erhielt er den Titel eines «Verdienten Künstlers der Russischen Sozialistischen Föderativen Sowjetrepublik».

Krylow, Porfiri Nikititsch, 1902–1991

Maler aus Schtschelkunowo, Tulaer Gebiet. Er begann sein Studium an der Kunstschule in Tula bei G. Schegal, zog 1921 nach Moskau und arbeitete an der Höheren künstlerisch-technischen Werkstätte bei A. Osmerkin, A. Schewtschenko und begann am gleichnamigen Institut ab 1928 eine Lehrtätigkeit unter P. Kontschalowski. Ab 1925 arbeitete er mit N.A. Sokolow und M.W. Kuprijanow zusammen; sie zeichneten alle ihre Werke konsequent mit dem Pseudonym «Kukriniksy». Krylow wurde 1947 ordentliches Mitglied der Akademie der Künste der Sowjetunion,1951 «Volkskünstler der Russischen Sozialistischen Föderativen Sowjetrepublik» und 1959 abermals «Volkskünstler der Sowjetunion». Von 1947 bis 1949 wirkte er als Mitglied des Vorstandes der Akademie der Künste.

Kugatsch, Juri Petrowitsch, 1917–

Maler aus Susdal. Seine Ausbildung begann 1931 in Moskau an der Fachschule für bildende Künste; er wechselte 1936 an das staatliche Surikow-Institut der Akademie der Künste, wo er 1948 eine Lehrtätigkeit übernahm. Er beteiligte sich ab 1939 an öffentlichen Ausstellungen – im selben Jahr entstand in Zusammenarbeit mit W. Netschitajlo sein sechs Meter langes und drei Meter fünfzig hohes Gemälde «Jubiläum der Dorflehrerin» für den Hauptpavillon der landwirtschaftlichen Allunionsausstellung in Moskau. Für seine Mitarbeit am Gemälde «Bestmenschen Moskaus im Kreml» (1949) unter der Brigadeleitung von W.P. Jefanow erhielt er einen Stalinpreis, ebenso für sein «Portrait der Deputierten des Obersten Sowjets der sozialistischen Republik J.F. Baburina, der Stachanow-Weberin der Frunse-Fabrik» (1949), heute im staatlichen russischen Museum.

Kukryniksy Gruppe, Künstlerkollektiv

Ein Pseudonym einer Arbeitsgruppe von Malern, welches aus den Namen ihrer drei Mitglieder zusammengesetzt ist: Ku für Kuprijanow, Kry für Krylow und Niks für Nikolaj Sokolow. Siehe auch Bild auf Seite 154.

Kuprijanow, Michail Wassilewitsch, 1903–1991

Maler aus Tetjuschi, Kasaner Gebiet. Er begann sein Studium 1920 an der Taschkenter Kunstschule, zog 1921 nach Moskau, arbeitete zusammen mit P.N. Krylow an der Höheren künstlerisch-technischen Werkstätte und beteiligte sich ab 1929 gemeinsam mit N.A. Sokolow unter dem Pseudonym «Kukryniksy» an öffentlichen Ausstellungen. Wie P.N. Krylow wurde er 1947 Mitglied der Akademie der Künste der Sowjetunion, 1951 «Volkskünstler der Russischen Sozialistischen Föderativen Sowjetrepublik» und 1959 schliesslich «Volkskünstler der Sowjetunion».

Kuprin, Alexander Wassilewitsch, 1880–1960

Maler aus Borissoglebsk, Tambower Gebiet. Seine Ausbildung begann 1906 an der Fachschule für Malerei, Bildhauerei und Baukunst der Moskauer Kunstgesellschaft. Er beteiligte sich seit 1908 an öffentlichen Ausstellungen und wurde 1910 Mitbegründer der avantgardistischen Kunstgesellschaft «Karo-Bube» («Bubnowyj walet»). 1928 bis 1932 unterrichtete er als Professor am Moskauer Textilinstitut und von 1946 bis 1952 an der Höheren künstlerisch-industriellen Fachschule, der ehemaligen Stroganow-Fachschule, in Moskau. Im Jahre 1954 wurde er korrespondierendes Mitglied der Akademie der Künste der Sowjetunion und 1956 «Verdienter Kunstschaffender der Russischen Sozialistischen Föderativen Sowjetrepublik».

Kurkin, Alexander Michailowitsch, 1916–

Maler aus Sibilewka, Rostower Gebiet. Sein Studium begann 1935 an der Palecher Kunstfachschule bei N.M. Sinowjew, 1940 wurde er Mitglied der lokalen Künstlergenossenschaft und beteiligte sich an Ausstellungen. 1953 wurde er Mitglied des sowjetischen Künstlerverbandes.

Kusnezow, Pawel Warfolomejewitsch, 1878–1968

Maler aus Saratow. Er besuchte 1891 bis 1896 die Mal- und Zeichenklassen der Gesellschaft der Freunde der schönen Künste in Saratow, zog 1897 nach Moskau, wo er sich bei K.A. Korowin und V.A. Serow weiterbildete und reiste schliesslich studienhalber nach Paris. Er besuchte auch

England und Italien und unternahm von 1911 bis 1913 längere Reisen in die Steppen der unteren Wolga. 1921 bis 1926 unterrichtete er an Moskauer Kunstschulen, an den Höheren künstlerisch-technischen Werkstätten, bis 1937 am Institut für bildende Künste und von 1945 bis 1948 schliesslich an der Höheren Gewerbeschule; er war «Verdienter Künstler der Russischen Sozialistischen Föderativen Sowjetrepublik».

Labas, Alexander Arkadjewitsch, 1900–1983

Maler und Bühnenbildner aus Smolensk. Er besuchte bereits als Zwölfjähriger die Stroganow-Kunstgewerbeschule in Moskau und arbeitete von 1917 bis 1919 an der Höheren künstlerisch-technischen Werkstätte bei P. Kontschalowski. Während seinen Dienstjahren in der Roten Armee gestaltete er Plakate und Dekorationen für Feldtheater. Ab 1921 studierte er am Höheren künstlerisch-technischen Institut in Moskau und unterrichtete dort wenig später Malerei und Farbenlehre. 1927 beteiligte er sich an der «Jubiläumsausstellung über die Ergebnisse und Errungenschaften der Sowjetischen Staatsmacht der letzten zehn Jahre», 1925 bis 1932 war er Gründungsmitglied der Gruppe OST, ab 1932 Mitglied des Moskauer Künstlerverbandes und von 1932 bis 1937 Vorstandsmitglied der Moskauer Abteilung des sowjetischen Künstlerverbandes. Zugleich wurde er ab 1933 als Formalist angeprangert und konnte deshalb erst nach Stalins Tod im Jahre 1953 wieder regelmässig ausstellen.

Laktionow, Alexander Iwanowitsch, 1910–1972

Maler aus Rostow am Don. Er begann seine Ausbildung 1926 an der Rostower Kunstschule und zog 1932 nach Leningrad ans Institut für Malerei, Skulptur und Architektur der Allrussischen Akademie der Künste. Dort wurde er I.I. Brodskis Assistent und unterrichtete ab 1938 in dessen Atelier sowie von 1936 bis 1944 am Leningrader I.J.-Repin-Institut für Malerei, Skulptur und Architektur. Er lebte in Leningrad, Sagorsk und Moskau. 1947 zeigte er an der Allunionsausstellung sein berühmtestes Werk «Brief von der Front», für welches er ein Jahr später den Stalinpreis erhielt. Das Gemälde war vom Künstler selbst mehrfach kopiert worden, so 1948 für das staatliche Museum der Turkmenischen Sowjetrepublik, 1949 für das Donezker Kunstmuseum, 1950 für die Central Art Gallery in New York, 1952 für das Kunstmuseum der Litauischen Sowjetrepublik und schliesslich noch einige Male in den sechziger Jahren. Das Werk diente bei den Auseinandersetzungen um den Formalismusbegriff als beispielhaftes Vorbild einer sozialistisch-realistischen Darstellungsform.

Er wurde 1958 ordentliches Mitglied der Akademie der Künste der Sowjetunion und engagierte sich in den sechziger Jahren in den neu entflammten Diskussionen über die russische Kunstentwicklung gegen die formalistischen Tendenzen. Er unterrichtete von 1967 bis 1970 an der Moskauer Pädagogischen Hochschule für Fernstudenten und war Träger der Auszeichnung eines «Volkskünstlers der Russischen Sozialistischen Föderativen Sowjetrepublik».

Lansere, Jewgeni Jewgenjewitsch, 1875–1946

Maler und Dekorateur aus Pawlowsk. Er begann seine Ausbildung 1892 an der Zeichenschule der Kaiserlichen Gesellschaft für Künstlerförderung in St. Petersburg, beteiligte sich ab 1898 an Ausstellungen und war von 1899 bis 1918 Mitglied der Kunstvereinigung «Welt der Kunst» («Mir iskusstwa»). Er lebte seit 1934 in Moskau und begann Bahnhöfe, Metrostationen, Theater, Restaurants und Bibliotheken auszumalen. 1933 wurde er zum «Verdienten Kunstschaffenden der Georgischen Sowjetrepublik» und 1945 zum «Volkskünstler der Russischen Sozialistischen Föderativen Sowjetrepublik». 1943 wurde ihm für seine Verdienste in der Entwicklung der bildenden Kunst der Stalinpreis zugesprochen.

Lebedew, Wladimir Wassilewitsch, 1891–1967

Wladimir Lebedew, Matrose, 1937

Maler aus St. Petersburg. Er begann sein Studium im Jahre 1910 an der Höheren Kunstfachschule für Malerei, Skulptur und Architektur der Kaiserlichen Akademie der Künste in St. Petersburg, verbrachte 1912 zwei Jahre an der Schule für Malerei, Zeichnen und Bildhauerei bei M.D. Bernstein und beteiligte sich ab 1909 an öffentlichen Ausstellungen. Von 1942 bis 1945 arbeitete er in Moskau bei der «Okna TASS», jener Künstlergruppe, die unter der Leitung der sowjetischen Telegraphenagentur TASS während des Grossen Vaterländischen Krieges politische Agitationsplakate herausgab. 1945 erhielt er den Titel des «Verdienten Kunstschaffenden der Russischen Sozialistischen Föderativen Sowjetrepublik».

Lebedewa, Sarah Dmitrijewna, 1892–1967

Bildhauerin aus St. Petersburg. Sie begann ihre Ausbildung im Jahre 1906 an der Zeichenschule der Kaiserlichen Gesellschaft für Künstlerförderung in St. Petersburg, studierte bei M.D. Bernstein und L.W. Scherwud ab 1910 Malerei und Bildhauerei und war ab 1914 Schülerin von W. Kusnezow. Sie bereiste Berlin, Paris, Wien und Italien, unterrichtete 1919 für zwei Jahre an der zentralen Schule für technisches Zeichnen in Petrograd und arbeitete an der Realisierung von Lenins «Plan der Monumentalen Propaganda» mit. 1925 zog sie nach Moskau und beteiligte sich 1927 an der «Wanderausstellung zum zehnten Jahrestag der Oktoberrevolution», die in Berlin, Prag, Wien, Stockholm, Oslo und Kopehagen gezeigt wurde. Ab 1936 widmete sie sich Keramikarbeiten und arbeitete für die M.I. Kalinin-Fayence-Fabrik in Konakowo. Sie war Mitglied der Gesellschaft russischer Bildhauer, wurde 1943 «Verdiente Kunstschaffende der Russischen Sozialistischen Föderativen Sowjetrepublik» und 1958 korrespondierendes Mitglied der Akademie der Künste. Für das Portrait von W.P. Tschkalow (1936) erhielt sie im Jahre 1958 an der internationalen Ausstellung in Brüssel eine Silbermedaille.

Lewitin, Anatoli Pawlowitsch, 1922–

Maler aus Moskau. Er begann sein Studium 1945 am I.J. Repin-Institut für Malerei, Skulptur und Architektur der Allrussischen Akademie der Künste in Leningrad und beteiligte sich ab 1951 an öffentlichen Ausstellungen. 1958 verlieh ihm die Akademie der Künste der Sowjetunion für sein Werk «Warmer Tag» (1957) eine Silbermedaille (staatliches russisches Museum, St. Petersburg), ein typisches Bild der sogenannten chruschtschowschen Tauwetterperiode.

Lischew, Wsewolod Wsewolodowitsch, 1877–1960

Bildhauer aus St. Petersburg. Er begann sein Studium 1906 an der Höheren Kunstfachschule für Malerei, Skulptur und Architektur der Kaiserlichen Akademie der Künste in St. Petersburg und beteiligte sich seit 1917 an öffentlichen Ausstellungen. 1948 wurde er Professor der Kunstwissenschaft und 1949 ordentliches Mitglied der Akademie der Künste der Sowjetunion, wo er seit 1952 die Bildhauer-Werkstatt leitete. 1957 erhielt er den Titel eines «Volkskünstlers der Sowjetunion». Für seine Skulptur von N.G. Tschernyschewski (1941), ein Denkmal in Leningrad, erhielt er 1942 den Stalinpreis.

Lutschischkin, Sergei Alexejewitsch, 1902–

Maler und Bühnenbildner aus Moskau. Er begann seine Ausbildung 1919 an der Freien Kunstwerkstätte in Moskau, besuchte zwischen 1920 und 1930 ausgiebig Westeuropa sowie Amerika und wurde nach seiner Rückkehr Mitglied der Gruppe OST, der sogenannten Staffeleimaler. Er erhielt den Titel eines «Verdienten Künstlers der Russischen Sozialistischen Föderativen Sowjetrepublik».

Lysenko, Andrei Gavrilowitsch, 1916–

Maler aus Moskau. Er studierte in den vierziger Jahren am Surikow-Institut und war Schüler von I. Gabar, S. Gerassimow und A. Lentulow. Seine Dipomarbeit «Die Vernichtung der deutschen Fahne» aus dem Jahre 1948 wurde zum politischen Vorzeigewerk des Instituts. Seine Bilder thematisierten sowohl die grossen historischen Momente der frühen Sowjetunion als auch das idyllische Leben des prosperierenden Russland. Er war Mitglied des Moskauer Künstlerverbandes und wurde als «Verdienter Künstler der Sowjetunion» ausgezeichnet. Seine Arbeiten hängen in Museen und Privatsammlungen, so insbesondere in Russland, Amerika, England, Deutschland und Frankreich.

Malewitsch, Kasimir Sewerinowitsch, 1878–1935

Maler aus Kiew. Er hat mit den sozialistischen Realisten bekanntlich wenig gemein, seine figürliche Malerei der frühen dreissiger Jahre ist jedoch aus der Realismusdiskussion dieser Zeit nicht wegzudenken. Seine Ausbildung begann im Jahre 1895 an der Kiewer Zeichenschule. Ab 1910 studierte er an der Fachschule für Malerei, Bildhauerei und Baukunst der Moskauer Kunstgesellschaft sowie im Atelier von F.I. Rerberg und durchlief in den folgenden Jahren Stilrichtungen des Impressionismus, Symbolismus, Postimpressionismus, Neoprimitivismus und illustrierte ab 1913 futuristische Bücher. Nach weiteren kubofuturistischen Experimenten zeigte er 1915 seine ersten suprematistischen Bilder, veröffentlichte sein berühmtes Manifest sowie die Theorie des Suprematismus und gründete die Gruppe Supremus. Er war nun an allen Avantgarde-Ausstellungen in Moskau, St. Petersburg, München, Berlin und Paris vertreten, übernahm führende Ämter in Kommissionen und Kulturinstituten des jungen revolutionären Russland, reorganisierte das kunstakademische Ausbildungswesen und leitete von 1919 bis 1922 die künstlerischen Werkstätten in Petrograd und Moskau sowie die Kunstfachschule in Witebsk. 1923 bis 1926 führte er das Institut sowie das Museum für künstlerische Kultur in Petrograd, wo er auch Einzelausstellungen seiner Werke organisierte. 1927 unternahm er eine Vorlesungsreise durch Deutschland und war an der «Grossen Berliner Kunstausstellung» mit einer Einzelschau vertreten. In den folgenden Jahren befasste er sich wieder vermehrt mit der figurativen Malerei, ab 1930 vornehmlich mit der Portraitkunst. Es folgten Einzelausstellungen in der Tretjakow-Galerie (1929) und in Kiew (1930) sowie die Teilnahme an der internationalen Ausstellung «Sowjetische Malerei» in Berlin, Wien und Hannover (1930). 1930 wurde er für kurze Zeit verhaftet und sah sich nun bis zu seinem Tode mit der ideologisch gefärbten Formalismus-Kritik konfrontiert. Dennoch wurde ihm 1932 für ein Jahr die Leitung des experimentellen Labors im russischen Museum übertragen. Er war zeitlebens ein treuer Leninanhänger, stilisierte den Führer der Oktoberrevolution zum wiedergekehrten Messias und soll sogar für den Vorschlag der Errichtung des Leninmausoleums in Kubusform mitverantwortlich gewesen sein. Siehe oben S. 33.

Kasimir Malewitsch, Selbstportrait, 1933

Maljutin, Sergei Wassiljewitsch, 1859–1937

Maler und Graphiker aus Moskau. Er begann sein Studium 1883 an der Moskauer Kunstschule bei I.M. Prjanischnikow, W.J. Makowski und J.S. Sorokin, erhielt 1914 den Titel eines Akademikers, war Mitglied des Verbandes russischer Künstler und Mitbegründer der Assoziation der Künstler des revolutionären Russland. Von 1903 bis 1917 unterrichtete er an der Moskauer Kunstschule, 1918 bis 1923 an den Höheren künstlerisch-technischen Werkstätten und widmete sich auch der dekorativen angewandten Kunst, insbesondere dem Möbeldesign.

Maniser, Matwei Genrichowitsch, 1891–1966

Bildhauer aus St. Petersburg. Er begann seine Ausbildung 1908 an der zentralen Fachschule für technisches Zeichnen von Baron A.L. Stiglitz, wechselte 1911 an die Höhere Kunstfachschule für Malerei, Skulptur und Architektur der Kaiserlichen Akademie der Künste in St. Petersburg und beteiligte sich seit 1919 an öffentlichen Ausstellungen. 1947 bis 1966 war er Vizepräsident der Akademie der Künste der Sowjetunion, 1947 bis 1952 leitete er an der Leningrader Akademie die Werkstatt für Bildhauerei, und ab 1952 führte er am staatlichen Surikow-Kunstinstitut in Moskau ein eigenes Atelier. Manche mehrteilige Kompositionen entstanden in Zusammenarbeit mit den Mitgliedern der Bildhauerbrigade D.M. Jepifanow, W.N. Ritter, W.N. Sokolow und G.D. Glikman. Für sein Lenin-Denkmal in Ulianowsk (1940), für seine Plastik «Soja Kosmodemjanskaja» (1942) sowie für sein Pawlow-Denkmal in Rjasan (1949) wurde er mit Stalinpreisen ausgezeichnet und für sein Leninmonument des sowjetischen Pavillons der Weltausstellung des Jahres 1958 in Brüssel verlieh ihm die Akademie der Künste eine Goldmedaille.

Maschkow, Ilja Iwanowitsch, 1881–1944

Maler aus Michailowskaja, Saratower Gebiet. Er begann sein Studium im Jahre 1900 an der Fachschule für Malerei, Bildhauerei und Baukunst der Moskauer Kunstgesellschaft, lernte 1907 P. Kontschalowski kennen und schloss sich ein Jahr später der Gruppe um M. Larionow und A. Lentulow an. Es folgten Ausstellungen in Paris und Moskau; sein Stil wurde von seiner Vorliebe für die russische Volkskunst beeinflusst, ab dem Jahre 1923 wandte er sich dem «neuen» Realismus zu, trat den Moskauer Künstlervereinigungen bei und beteiligte sich 1918 an den Dekorationsarbeiten für die Moskauer Revolutionsfeierlichkeiten. 1918 bis 1927 unterrichtete er am Höheren künstlerisch-technischen Institut in Moskau und leitete von 1925 bis 1929 das zentrale Studio der Gesellschaft der Künstler der Revolution.

Melnikow, Grigori Michajlowitsch, 1916–

Maler aus Palech. Er begann sein Studium 1934 an der Palecher Kunstfachschule bei A.W. Kotuchin, wurde nach dem Krieg Mitglied der Palecher Künstlergenossenschaft und 1950 Mitglied des sowjetischen Künstlerverbandes. Von 1954 bis 1970 leitete er die Verwaltung der Palecher Organisation des genannten Verbandes, und von 1970 bis 1976 war er Direktor des Palecher staatlichen Kunstmuseums. Im Jahre 1977 erhielt er den Titel eines «Volkskünstlers der Russischen Sozialistischen Föderativen Sowjetrepublik».

Merkurow, Sergei Dmitrijewitsch, 1881–1952

Bildhauer aus Alexandropol, Armenien. Er begann seine Ausbildung 1901 in Zürich in der Werkstatt von A. Maier und zog ein Jahr später an die Münchner Kunstakademie. Nach zahlreichen erfolgreichen Ausstellungsbeteiligungen wurde er 1943 zum «Volkskünstler der Sowjetunion» und 1947 ordentliches Mitglied der Akademie der Künste der Sowjetunion. Stalinpreise für sein Lenin-Denkmal (1939) für den Sitzungssaal des Obersten Sowjet im Kreml, für sein Stalin-Denkmal der landwirtschaftlichen Allunionsausstellung in Moskau, für sein Stalin-Denkmal in Jerewan (1950).

Moissejenko, Jewsei Jewsejewitsch, 1916–

Maler aus Uwarowitschi, belorussische Republik. Er begann seine Ausbildung 1936 am I.J.-Repin-Institut für Malerei, Bildhauerei und Architektur in Leningrad bei A.A. Osmjorkin. Ab 1958 unterrichtete er daselbst und widmete sich der grossflächigen Wandmalerei sowie der Revolutionsthematik. Er erhielt den Titel eines «Volkskünstlers der Sowjetunion», war ordentliches Mitglied der Akademie der Künste der Sowjetunion sowie Träger des Leninpreises und des I.J.-Repin-Staatspreises der Russischen Sozialistischen Föderativen Sowjetrepubliken.

Muchina, Wera Ignatewna, 1889–1953

Bildhauerin aus Riga. Sie begann ihr Studium 1909 an der privaten Kunstschule von K.F. Juon und I.I. Maschkow in Moskau, zog 1912 nach Paris und liess sich bei A. Bourdelle, an der «Académie des Beaux-Arts», an der «Grand Chaumière» sowie bei F. Colarossi weiterausbilden. Während der zwanziger Jahre beteiligte sie sich an den namhaften internationalen Ausstellungen, wurde 1943 zur «Volkskünstlerin der Sowjetunion», 1947 zum ordentlichen Mitglied der Akademie der Künste und 1947 bis 1952 zu deren Vorstandsmitglied ernannt. Für die berühmte Komposition «Arbeiter und Kolchosbäuerin» (1937), für die Portraits der Obersten Chischnjak und Jussupow (1942) sowie für die Komposition «Wir fordern den Frieden!» (1950) wurden ihr Stalinpreise zuge-

Michail Nesterow, Bildhauerin Wera I. Muchina, 1940

sprochen; letztere entstand in Zusammenarbeit mit N.G. Selenskaja, S.G. Iwanowa, A.M. Sergejew und S.W. Kosakow. 1952 entstand schliesslich, nach einer Skizze von I.D. Schadr, ein Gorki-Denkmal für Moskau.

Mylnikow, Andrei Andrejewitsch, 1919–

Maler aus Pokrowsk. Er begann 1937 am I.J.-Repin-Institut für Malerei, Skulptur und Architektur der Allrussischen Akademie der Künste in Leningrad ein Architekturstudium, wechselte 1940 an die Malereifakultät und beteiligte sich ab 1946 an öffentlichen Ausstellungen. Ab 1947 übernahm er am selben Institut eine Lehrtätigkeit, wurde 1953 Leiter der Werkstatt für monumentale Malerei und 1957 Professor und ordentliches Mitglied der Akademie der Künste der Sowjetunion. Als «Volkskünstler der Sowjetunion» erhielt er für sein Gemälde «Auf friedlichen Feldern» (1950) den Stalinpreis sowie für sein «Erwachen» (1957) die Silbermedaille des sowjetischen Kultusministeriums. Beide Werke hängen im staatlichen russischen Museum in St. Petersburg. Ein Vergleich mit seinen Werken «Stierkampf» und «Der Tod Garcia Lorcas», des Triptychons aus dem Jahre 1979 (Tretjakow-Galerie, zeigt die enorme Wandlungs- und Verwandlungsfähigkeit ehemals klassischer sozialistischer Realisten.

Nalbandjan, Dmitri Arkadewitsch, 1906–1993

Maler aus Tiflis (Tbilissi). Er begann sein Studium im Jahre 1924 an der Akademie der Künste in Tiflis, war bis 1934 in einem Filmstudio tätig, beteiligte sich ab 1935 an öffentlichen Ausstellungen. Er wurde 1954 zum ordentlichen Mitglied der Akademie der Künste und zum «Verdienten Künstler der Sowjetunion» sowie der «Armenischen Sowjetrepublik». Er lebte in Moskau. Für sein Portrait von Stalin (1945) sowie für sein Gemälde «Macht den Sowjets – Frieden den Völkern» (1950) erhielt er Stalinpreise. Schliesslich stammt von ihm das Werk «Auf der Krimkonferenz» (1945), welches die Unterzeichnung der «Deklaration über das befreite Europa» thematisiert.

Netschitajlo, Wassili Kirillowitsch, 1915–

Maler aus einem Rostower Bauerndorf. Er begann seine Ausbildung 1931 an der Krasnodaer Kunstfachschule, zog 1936 nach Moskau und erhielt als Schüler von S.W. Gerassimow 1937 für sein Studium ein Stalin-Stipendium. Während der Kriegsjahre wurde er als Maler an die Front geschickt. Von 1948 bis 1956 unterrichtete er am W.I.-Surikow-Institut. 1957 erhielt er für seine Serie «Kolchosejugend» vom sowjetischen Kultusministerium sowie 1965 für seine «Bilder auf dem Roten Platz» von der Akademie der Künste je eine Silbermedaille, 1960 wurde er Mitglied des Vorstandes des sowjetischen Künstlerverbandes und 1965 «Volkskünstler der Russischen Sozialistischen Föderativen Sowjetrepublik». In den siebziger Jahren bereiste er Spanien, Bulgarien und Italien, erhielt 1971 den staatlichen Repin-Preis und wurde 1972 korrespondierendes Mitglied der Akademie der Künste.

Neprinzew, Juri Michailowitsch, 1909–

Maler und Graphiker aus Tiflis (Tbilissi). Er besuchte von 1926 bis 1930 das Kunststudio von W.J. Sawinski in Leningrad und kam 1934 an das spätere I.J.-Repin-Institut für Malerei, Bildhauerei und Architektur der Allrussischen Akademie der Künste, wo er Schüler von I.I. Brodski wurde. Er übernahm wenig später am selben Institut einen Lehrauftrag und erhielt die Auszeichnung eines «Volkskünstlers der Sowjetunion».

Nikritin, Solomon Borissowitsch, 1898–1965

Maler und Kunsttheoretiker aus Tschernigow. Er begann sein Studium 1909 an der Kunstschule von Kiew, traf in der Folge mit L. Pasternak, A. Jakowlew und A. Exter zusammen, diente in der Roten Armee, gestaltete die Dekorationen für die Massenfeierlichkeiten und lernte D. Schterenberg und A. Lunatscharski kennen. Von 1920 bis 1922 studierte er an der Höheren künstlerisch-technischen Werkstätte in Moskau, arbeitete als Kunstwissenschaftler im Museum für Gemäldekultur und nahm an der ersten russischen Kunstausstellung in Berlin (1922) teil. 1930 wurde er leitender Künstler des Polytechnischen Museums und beteiligte sich in der zweiten Hälfte der dreissiger Jahre an der Gestaltung der «Allunions-Landwirtschaftsausstellung». Seine romantischen Werke der dreissiger Jahre wurden erst 1956 und 1969 in Moskau ausgestellt.

Nisskij, Georgi Georgijewitsch, 1903–1987

Maler aus Noobeliza bei Gomel. Er begann sein Studium 1919 im Atelier von M.A. Wrubel in Gomel, kam 1922 nach Moskau an das Höhere künstlerisch-technische Institut zu R.R. Falk und A.D. Drewin und beteiligte sich seit 1928 an öffentlichen Ausstellungen. Ab 1941 arbeitete er an der Okna TASS, in der Künstlergruppe, die unter der Leitung der sowjetischen Telegraphenagentur TASS politische Plakate entwarf. Im Jahre 1958 wurde er zum ordentlichen Mitglied der Akademie der Künste und zum «Verdienten Kunstschaffenden der Russischen Sozialistischen Föderativen Sowjetrepublik». Für seine Landschaften «An den Ufern des Fernen Ostens» (1950), «Landschaft mit Leuchtturm» (1950) und «Hafen Odessa» (1950) erhielt er Stalinpreise, für sein Werk «Treffen. Sewastopol» (1935/36) die Bronzemedaille der internationalen Ausstellung 1937 in Paris und für das Gemälde «Bei Moskau. Februar» (1957) die Bronzemedaille der Weltausstellung 1958 in Brüssel.

Okorokow, Boris Wladimirowitsch, 1933–

Maler aus Moskau. Er studierte ab dem Jahre 1952 am W.I. Surikow-Institut, wurde 1960 in den Künstlerverband aufgenommen und arbeitete von 1962 bis 1968 am M.B. Grekow-Studio der Kriegskünstler. Zwischen 1968 und 1971 war er Vorsitzender des Moskauer Kunstfonds, anschliessend Mitglied des Vorstandes des sowjetischen Künstlerverbandes und von 1983 bis 1988

Mitglied der Revisionskommission des Verbandes. 1982 wurde ihm der Titel eines «Verdienten Künstlers der RussischenSozialistischen Föderativen Sowjetrepublik» verliehen.

Oreschnikow, Wiktor Michajlowitsch, 1904–1987

Maler aus Perm. Er begann sein Studium im Jahre 1924 am Höheren künstlerisch-technischen Institut in Leningrad, unterrichtete von 1933 bis 1936 am Institut für proletarische bildende Kunst sowie von 1948 bis 1977 am I.J. Repin-Institut der Allrussischen Akademie der Künste der Sowjetunion, wo er seit 1953 als Rektor tätig war. Seit 1948 leitete er überdies die Malereiwerkstatt der Akademie, wurde 1949 Professor der Kunstwissenschaft, 1954 zum ordentlichen Mitglied der Akademie der Künste und 1956 schliesslich zum «Volkskünstler der Russischen Sozialistischen Föderativen Sowjetrepublik». Für seine Gemälde «Lenin legt die Prüfung an der Petersburger Universität ab» (1944/47) und «Im Stab der Verteidigung Petrograds» (1949) erhielt er einen Stalinpreis.

Pachomow, Alexei Fjodorowitsch, 1900–1973

Maler aus Warlamowo, Wologdaer Gebiet. Er begann seine Ausbildung 1920 an der Petrograder Fachschule für technisches Zeichnen, wechselte 1922 an das Höhere künstlerisch-technische Institut und nahm ab 1921 an öffentlichen Ausstellungen teil. Während der zwanziger und dreissiger Jahre illustrierte er Zeitschriften und Kinderbücher, war seit 1932 im Vorstand des Sowjetkünstlerverbandes in Leningrad, wurde 1945 zum «Verdienten Kunstschaffenden der Russischen Sozialistischen Föderativen Sowjetrepublik», 1958 zum korrespondierenden Mitglied der Akademie der Künste und unterrichtete von 1948 bis 1973 als ordentlicher Professor am I.J. Repin-Institut für Malerei, Skulptur und Architektur der Allrussischen Akademie der Künste. Für seine Lithographienreihe «Leningrad in Kriegs- und Belagerungstagen» (1941/44) erhielt er 1946 den Stalinpreis und für sein Panneau «Kinder des Sowjetlandes» des sowjetischen Pavillons wurde ihm an der internationalen Ausstellung in Paris 1937 eine Goldmedaille verliehen.

Pakulin, Wjatscheslaw Wladimirowitsch, 1900–1951

Maler aus Rybinsk. Er begann sein Studium im Jahre 1922 am Höheren künstlerisch-technischen Institut in Leningrad, beteiligte sich gleichzeitig an öffentlichen Ausstellungen und war seit 1932 im Vorstand des lokalen Künstlerverbandes. 1935 trat er der Künstlerbrigade bei, die unter der Leitung von A.N. Samochwalow für die Landwirtschaftliche Allunionsausstellung in Moskau das Wandgemälde «Baumwolle» erstellte.

Pawlowski, Genrich Wassilewitsch, 1907–1973

Maler aus Kamenskoje, Ukraine. Er begann seine Ausbildung 1925 am Kunsttechnikum von Witebsk und zog 1930 nach Leningrad an das Institut für Malerei, Skulptur und Architektur der Allrussischen Akademie der Künste (vormals Institut für proletarische bildende Kunst), wo er von 1937 bis 1950 eine Lehrtätigkeit ausübte. 1943 promovierte er zum Doktor der Kunstwissenschaften und unterrichtete von 1950 bis 1973 an der Höheren künstlerisch-industriellen W.I.-Muchina-Fachschule in Leningrad.

Petrow-Wodkin, Kusma Sergejewitsch, 1878–1939

Maler aus Chwalynsk. Er begann seine Ausbildung im Jahre 1893 in Samara in der Malklasse von F.J. Burow, kam 1895 an die Zentralfachschule für technisches Zeichnen, der sogenannten Stiglitz-Schule in St. Petersburg, zog 1897 nach Moskau an die Fachschule für Malerei, Bildhauerei und Baukunst der Moskauer Kunstgesellschaft, wo er mit N.A. Kasatkin, A.J. Archipow und V.A. Serow zusammentraf und setzte 1905 bis 1908 sein Studium an Pariser Privatakademien fort. Er studierte in den folgenden Jahren unter anderen auch bei Lenbach, Stuck und Hodler – der deutsche Symbolismus hatte auf sein Werk einen nachhaltigen Einfluss. Als Vertreter des Neoakademismus unterrichtete er von 1908 bis 1915 an einer Privatschule in St. Petersburg und beschäftigte sich nach der Revolution ausgiebig mit der Reformierung des künstlerischen Ausbildungssystems. In den folgenden Jahren unterrichtete er an der Höheren Kunstschule der Petrograder Akademie, an den staatlichen Kunstwerkstätten, und malte seine Kriegs- und Revolutionsbilder in einem romantisch-pathetischen Stil. 1932 wurde er zum ersten Vorstands-Vorsitzenden des Sowjetkünstlerverbandes gewählt und 1935 zum Volksdeputierten des Leningrader Stadtsowjet ernannt.

Pimenow, Juri Iwanowitsch, 1903–1977

Maler und Bühnenbildner aus Moskau. Er begann seine Ausbildung im Jahre 1920 an der Höheren künstlerisch-technischen Werkstätte, war Gründungsmitglied der Künstlergruppe OST, der sogenannten Staffeleimaler und nahm 1928 an der «internationalen Kunstausstellung» in Dresden teil. Er bereiste mehrere Länder Europas sowie Indien. 1937 beteiligte er sich an der Schaffung des Wandgemäldes «Stachanowbewegung» für den sowjetischen Pavillon der Weltausstellung 1937 in Paris, leitete 1939 die Arbeiten für das Panneau «Sportparade» der Weltausstellung in New York und wurde nach dem Krieg Bühnenbildner und Regisseur an Moskauer Theatern. 1941 bis 1945 gestaltete er für die sowjetische Telegraphenagentur TASS die Fensterdekoration und erstellte 1949 die Szenenskizzen zum Film «Kubaner Kasaken» von I. Pirjew. Von 1945 bis 1972 übernahm er als ordentlicher Professor am staatlichen Allunionsinstitut für Filmkunst in Moskau einen Lehrauftrag, wurde 1954 korrespondierendes Mitglied der Akademie der Künste, erhielt 1957 den Titel eines «Verdienten Kunstschaffenden der Russischen Sozialistischen Föderativen Sowjetrepublik» und 1970 schliesslich den eines «Volkskünstlers der Sowjetunion». Seit 1962 war er überdies ordentliches Mitglied der Akademie der Künste. Für seine Bühnenbildskizzen für Theaterstücke von B.A. Lawrentew und N.G. Winnikow wurden ihm Stalinpreise zugesprochen, für sein Panneau «Stachanowbewegung» wurde er in Paris 1937 mit einer Goldmedaille geehrt und für seinen Gemälde- und Zeichenzyklus «Erzählungen von Moskauern» (1957) vom Kultusministerium mit einer Silbermedaille ausgezeichnet.

Plastow, Arkadi Alexandrowitsch, 1893–1972

Maler und Graphiker aus Prislonicha, Uljanowsker Gebiet. Er begann sein Studium 1912 an der Stroganow-Kunstgewerbeschule, wechselte 1914 an die Fachschule für Malerei, Bildhauerei und Baukunst der Moskauer Kunstgesellschaft, beteiligte sich seit 1921 an öffentlichen Ausstellungen und arbeitete 1937 am Wandgemälde für die Landwirtschaftliche Allunionsausstellung in Moskau sowie 1939 unter der Brigadeleitung von W.P. Jefanow am Panneau «Bestmenschen des Sowjetlandes» für den sowjetischen Pavillon für die Weltausstellung in New York. 1945 wurde er zum «Verdienten Kunstschaffenden», 1947 zum ordentlichen Mitglied der Akademie der Künste und 1956 schliesslich zum «Volkskünstler der Russischen Sozialistischen Föderativen Sowjetrepublik» ernannt. In den Jahren 1947 bis 1950 wirkte er im Ulianowsker Gebietssowjet als Volksdeputierter. Für seine Gemälde «Heuernte» und «Ernte» (1945) erhielt er den Stalinpreis, an der Weltausstellung in Brüssel 1958 für sein Werk «Abendessen der Traktoristen» ein Ehrendiplom und im selben Jahr verlieh ihm das sowjetische Kultusministerium für die Gemälde «Mädchen mit Fahrrad» und «August des Kolchosbauern» (1955/57) eine Goldmedaille.

Popkow, Viktor Jefimowitsch, 1932–1974

Maler aus Moskau. Er begann seine Ausbildung 1948 an der Moskauer pädagogischen kunstgraphischen Schule, kam 1952 an das W.I.-Surikow-Institut der Künste und war Kunstpreisträger der Stadt Moskau. Er malte Genreszenen und Landschaften. Mit seinem bekannten Gemälde «Erinnerungen. Witwen» aus dem Jahre 1966 hat er den geforderten optimistischen Grundgedanken der herkömmlichen Realismusdoktrin ganz verlassen und ein nach innen blickendes, zeitkritisches Bild geschaffen – es hängt seit 1969 in der Tretjakow-Galerie.

Popow, Igor Alexandrowitsch, 1927–

Maler aus Charkow. Er begann sein Studium 1945 am W.I.-Surikow-Institut der Künste, widmete sich vornehmlich Landschaften und Genreszenen und erhielt die Auszeichnung eines «Volkskünstlers der Russischen Sozialistischen Föderativen Sowjetrepublik».

Prawdin, Nikolai Alexandrowitsch, 1893–1981

Miniaturmaler aus Palech. Er beendete 1907 die Palecher Ikonenmalereischule und war seit 1930 Mitglied des Palecher Zirkels der alten Malerei. Von 1932 bis in die sechziger Jahre übernahm er an der Palecher Kunstfachschule eine Lehrtätigkeit. 1956 erhielt er den Titel eines «Verdienten Kunstschaffenden der Russischen Sozialistischen Föderativen Sowjetrepublik».

Redko, Kliment Nikolajewitsch, 1897–1956

Maler aus Cholm. Er begann sein Studium im Jahre 1914 an der Zeichenschule der Kaiserlichen Gesellschaft für Künstlerförderung in St. Petersburg, wechselte 1918 an die Kunstakademie von Kiew und beteiligte sich seit 1912 an öffentlichen Ausstellungen. In den Jahren 1927 bis 1935 schickte ihn das Volkskommissariat für Bildungswesen nach Frankreich und 1938 bis 1940 erstellte er an der landwirtschaftlichen Allunionsausstellung in Moskau als leitender Künstler das Wandgemälde für den Pavillon von Kirgisien. 1948 wurde er aus dem Moskauer Sowjetkünstlerverband ausgeschlossen, später aber für die Zeit von 1950 bis 1955 dennoch zum Leiter des Studios für bildende Künste der Landwirtschaftsakademie ernannt.

Reschetnikow, Fjodor Pawlowitsch 1906–

Maler aus Sursko-Litowskoje, Jekaterinoslawer Gebiet. Er begann sein Studium 1929 am Höheren künstlerisch-technischen Institut in Moskau, wechselte in den dreissiger Jahren an das Institut für bildende Künste und beteiligte sich ab 1931 an öffentlichen Ausstellungen. In den Jahren 1932 bis 1934 nahm er an Polarexpeditionen teil, übernahm 1953 als ordentlicher Professor am staatlichen Surikow-Kunstinstitut in Moskau eine Lehrtätigkeit und wirkte von 1953 bis 1958 als Vorstandsmitglied der Akademie der Künste der Sowjetunion. Für seine Gemälde «Ferien» (1948) sowie «Für den Frieden» (1950) erhielt er Stalinpreise, für das Bild «Wieder eine Zwei» (1952) verlieh ihm die Weltausstellung 1958 in Brüssel eine Bronzemedaille und schliesslich ehrte ihn die sowjetische Akademie der Künste 1959 für sein Triptychon «Geheimnisse des Abstraktionismus» (1958) mit einer Silbermedaille.

Resnitschenko, Nikolai Alexandrowitsch, 1892–1974

Bildhauer und Graveur aus Twer. Er begann seine Ausbildung als Graveur in der Bulynin-Werkstatt sowie an verschiedenen privaten Kunstschulen, setzte sein Studium der Medaillenkunst 1924 bis 1928 am Leningrader Münzhof bei A.F. Wasjutinskij fort und arbeitete in den dreissiger Jahren am Leningrader Institut für Fortbildung der Kunstschaffenden. 1950 bis 1971 übernahm er am genannten Münzhof die künstlerische Leitung.

Ritter, Wladimir Nikolajewitsch, 1908–1970

Bildhauer aus St. Petersburg. Er begann sein Studium 1926 am Höheren künstlerisch-technischen Institut in Leningrad, belegte an der allrussischen Akademie der Künste in den Jahren 1934 bis 1936 Fortbildungskurse und beteiligte sich seit 1933 an öffentlichen Ausstellungen. Unter der Leitung von M.G. Maniser arbeitete er mit D.M. Jepifanow, W.N. Sokolow und G.D. Glikman am siebenteiligen Kompositionszyklus «Kampf um den Frieden» (1950) in einer Bildhauerbrigade.

Rjangina, Serafima Wassilewna 1891–1955

Malerin aus St. Petersburg. Sie begann ihr Studium im Jahre 1910 im Atelier von J. Zionglinski, Professor an der St. Petersburger Akademie, trat 1912 in die Höhere Kunstfachschule der Akademie ein, wechselte 1921 an das Höhere künstlerisch-technische Institut und beteiligte sich ab 1924 an öffentlichen Ausstellungen. 1922 schloss sie sich der Assoziation der Künstler des revolutionären Russland an, bereiste Dagestan, den Ural, Karelien, Mittelasien und Aserbaidschan. 1927 unternahm sie auf Weisung des Rates der Volkskommissare eine Studienreise nach Italien und Deutschland. Sie war Mitglied des sowjetischen Künstlerverbandes in Moskau sowie des Zentralen Kunstfonds der Sowjetunion. Als Mitinitiatorin des sowjetischen Genrebildes widmete sie ihre Arbeiten spezifisch weiblichen Themen. In den Kriegsjahren entstanden die Gemälde «Freiwillige Helferinnen» (1941) und «Freundinnen» (1945). Sie war mit dem Maler B. Jakowlew verheiratet und portraitierte namhafte Zeitgenossen aus der Kunstszene, so I. Tschaikow, J. Pimenow und J. Katzman. 1955 erhielt sie den Titel einer «Verdienten Kunstschaffenden der Russischen Sozialistischen Föderativen Sowjetrepublik».

Rjaschski, Georgi Georgijewitsch, 1895–1952

Maler aus Ignatjewo, heute Moskau. Er begann sein Studium 1912 im Atelier von M.W. Leblanc, P.A. Baklanow und A.S. Golubkina, lernte zwischen 1918 und 1920 an den Freien Kunstwerkstätten in Moskau bei K.S. Malewitsch und war Mitglied der Assoziation der Künstler des revolutionären Russland. Von 1934 bis 1952 unterrichtete er am W.I.-Surikow-Institut der Künste und erhielt die Auszeichnung eines «Verdienten Künstlers der Russischen Sozialistischen Föderativen Sowjetrepublik».

Rodtschenko, Alexander Michajlowitsch, 1891–1956

Maler und Photograph aus St. Petersburg. Er gehörte kaum zu den typischen Vertretern der sozialistischen Realisten, war jedoch aus dem Kunstleben der jungen Sowjetunion nicht wegzudenken. Er begann seine Ausbildung 1911 an der Kasaner Kunstschule, zog 1916 nach Moskau und beteiligte sich dort an der Organisation der Künstlergewerkschaft. Von 1918 bis 1922 leitete er im Volkskommissariat für Bildungswesen die Abteilung der bildenden Künste, nahm an Architekturwettbewerben teil und erstellte abstrakt-geometrische, minimalistische Graphik- und Bilderserien. Ab 1920 war er Professor und von 1922 bis 1930 Dekan der Höheren künstlerisch-technischen Werkstätte in Moskau (metallbearbeitende Fakultät), beschäftigte sich mit Photomontage, Polygraphie und Reklamegraphik, schloss sich der Künstlergruppe LEF an und gestaltete 1925 den sowjetischen Stand der internationalen Ausstellung für Kunst und Kunstgewerbe in Paris. 1926 wurden erstmals seine Gebäudeaufnahmen mit verkürzter Perspektive in der Zeitschrift «Sowjetischer Film» (Sowetskoje kino) veröffentlicht. Anfang der dreissiger Jahre arbeitete er für verschiedene Zeitungen als Photokorrespondent und Graphiker. Er war mit Majakowski befreundet und beteiligte sich an Theater- und Filminszenierungen. In den dreissiger und vierziger Jahren widmete er sich erneut der Malerei.

Romadin, Nikolai Michailowitsch, 1903–

Maler aus Samara. Er begann seine Ausbildung 1922 am Kunstgewerbetechnikum in Samara, kam 1923 an das Höhere künstlerisch-technische Institut nach Moskau, wo er bei R.R. Falk, I.I. Maschkow und P. P. Kontschalowski studierte und beteiligte sich an öffentlichen Ausstellungen. Er trägt den Titel eines «Volkskünstlers der Sowjetunion».

Romas, Jakow Dorofejewitsch, 1902–1969

Maler und Dekorateur aus Sokolowka. Er begann sein Studium 1921 an der Kunstschule von Pretschistenka, kam 1924 nach Moskau an die Theaterabteilung des Höheren künstlerisch-technischen Institutes, arbeitete als Bühnenbildner und beteiligte sich ab 1928 an öffentlichen Ausstellungen. Für die revolutionären Feiertage dekorierte er Moskauer Plätze und Museen und gehörte ab 1950 zu den Hauptkünstlern der «Landwirtschaftlichen Allunionsausstellung».

Für sein Bild «Auf dem Floss» (1947) erhielt er den staatlichen Kunstpreis der Sowjetunion, und für sein Werk «Morgen» (1957) wurde ihm an der Weltausstellung in Brüssel 1958 die Silbermedaille verliehen. Von 1962 bis 1969 war er Mitglied des Vorstandes der Akademie der Künste.

Roschdestwenski, Wassili Wassilewitsch, 1884–1963

Maler aus Tula. Er begann sein Studium im Jahre 1900 an der Fachschule für Malerei, Bildhauerei und Baukunst der Moskauer Kunstgesellschaft bei V.A. Serow, K.A. Korowin und A.J. Archipow und beteiligte sich ab 1907 an öffentlichen Ausstellungen. Er besuchte 1912 Italien und Österreich, unternahm zwischen 1920 und 1930 mehrere Reisen nach Mittelasien und in den Kaukasus und war Mitglied der Vereinigung «Karo-Bube» («Bubnowyi walet») sowie der Assoziation der Künstler des revolutionären Russland. 1919 bis 1923 unterrichtete er an den Freien Kunstwerkstätten in Moskau und in Twer.

Russakow, Alexander Isaakowitsch, 1898–1952

Maler aus Sewsk, Oreler Gebiet. Er begann sein Studium 1918 an der staatlichen Kunstwerkstätte in Petrograd, beziehungsweise ab 1921 an der sogenannten Höheren künstlerisch-technischen Werkstätte und beteiligte sich ab 1925 an öffentlichen Ausstellungen.

Rybtschenkow, Boris Fjodorowitsch, 1899–

Maler aus Smolensk. Er begann sein Studium bereits als Sechzehnjähriger an der Kiewer Kunstfachschule, wechselte 1920 an die freie Petrograder Kunstlehrwerkstätte und kam ein Jahr später in Moskau an die Höhere künstlerisch-technische Werkstätte. Seit 1928 beteiligte er sich an öffentlichen Ausstellungen.

Rylow, Arkadi Alexandrowitsch, 1870–1939

Maler aus Istobenskoje, Wjatkaer Gebiet. Er begann seine Ausbildung 1888 an der Zentralfachschule für technisches Zeichnen, der sogenannten A.L.-Stiglitz-Schule in St. Petersburg, wechselte 1894 an die Höhere Kunstfachschule der Akademie und beteiligte sich ab 1901 an öffentlichen Ausstellungen. Er war Mitglied des russischen Künstlerverbandes sowie der Assoziation der Künstler des revolutionären Russland und unterrichtete von 1902 bis 1918 an der Zeichenschule der Gesellschaft zur Förderung der Künste und von 1918 bis 1929 an den freien kunsttechnischen Werkstätten in Petrograd. 1915 wurde er zum «Akademiker der Malerei» und 1934 zum «Verdienten Künstler der Russischen Sozialistischen Föderativen Sowjetrepublik».

Salachow, Tair Teimur-Ogly, 1928–

Maler und Bühnenbildner aus Baku. Er begann sein Studium im Jahre 1945 an der aserbeidschanischen Asim-Sade-Kunstschule, zog 1950 nach Leningrad an die Höhere V.I.-Muchina-Kunstgewerbeschule und kam ein Jahr später nach Moskau ans W.I.-Surikow-Institut der Künste, wo er bei D.K. Motschalski seine Ausbildung beendete. Er bereiste Westeuropa sowie Amerika und erhielt den Titel eines «Volkskünstlers der Sowjetunion».

Samochwalow, Alexander Nikolajewitsch, 1894–1971

Maler aus Beschizk, Twerer Gebiet. Er begann sein Studium im Jahre 1914 in der Architekturabteilung der Höheren Kunstfachschule der Akademie der Künste in St. Petersburg, wechselte 1920 an die Petrograder freie Kunstlehrwerkstätte, beziehungsweise ab 1921 an die so benannte Höhere künstlerisch-technische Werkstätte und beteiligte sich seit 1917 an öffentlichen Ausstellungen. 1935 war er Leiter der Künstlerbrigade, die für die landwirtschaftliche Allunionsausstellung in Moskau das Wandgemälde «Baumwolle» erstellte. Von 1948 bis 1954 übernahm er eine Lehrtätigkeit an der Höheren künstlerisch-industriellen W.I. Muchina-Fachschule in Leningrad. Für sein Wandbild «Sowjetische Körperkultur» im sowjetischen Pavillon sowie für seine Illustrationen zur «Geschichte einer Stadt» erhielt er an der Weltausstellung 1937 in Paris je einen «Grand Prix», und für sein Gemälde «Mädchen in Fussballtrikot» (1932) wurde ihm an der selben Ausstellung eine Goldmedaille zugesprochen.

Sawizki, Michail Andrejewitsch, 1922–

Maler aus Swinjatschi, Witebsker Gebiet. Er begann seine Ausbildung 1948 an der Kunstschule in Minsk, kam 1951 an das W.I.-Surikow-Institut der Künste und widmete sich vornehmlich der Monumentalmalerei. Er erhielt den Titel eines «Volkskünstlers der Sowjetunion» sowie der «Belorussischen Sowjetrepublik» und war korrespondierendes Mitglied der Akademie der Künste. Sein flächiger, leicht schematischer Malstil hielt sich weit über die Tauwetterperiode hinweg und gilt als augenfälliges Beispiel der stilistischen Breite des sozialistischen Realismus der fünfziger und sechziger Jahre.

Sawizki, Georgi Konstantinowitsch, 1887–1949

Maler aus St. Petersburg. Er begann sein Studium 1908 an der Höheren Kunstfachschule der Akademie der Künste, beteiligte sich seit 1910 an öffentlichen Ausstellungen und wurde 1934 einer der Gründer und Leiter des Studios der Militärkünstler «M.B. Grekow». Von 1935 bis 1938 leitete er die Künstlerbrigade, die am Wandgemälde «Erstürmung Perekops» arbeitete und 1939 entstand für den «Viehzucht»-Pavillon der landwirtschaftlichen Allunionsausstellung in Moskau ein weiteres Panneau. Von 1947 bis 1949 übernahm er am staatlichen Surikow-Kunstinstitut der Akademie einen Lehrauftrag, 1948 wurde er zum Professor und 1949 zum ordentlichen Mitglied der Akademie der Künste ernannt. Für seine propagandistischen Werke sowie für seine Arbeiten für die sowjetische Telegraphenagentur TASS erhielt er 1942 einen Stalinpreis.

Schadr, Iwan Dmitrijewitsch, 1889–1941

Bildhauer aus Taktamyschinskoje bei Schadrinsk. Er begann seine Ausbildung 1904 an der Jekaterinburger Industriekunstschule bei M. Kamenski und T. Salkaln, wechselte 1907 an die Zeichenschule der Gesellschaft zur Förderung der Künste in St. Petersburg, wo er bei A. Rylow und N. Rerich arbeitete und zog 1910 nach Paris, wo er sich bei A. Rodin und E.-A. Bourdelle weiterbildete. 1911 setzte er sein Studium am Institut der schönen Künste in der englischen Akademie in Rom fort und kehrte ein Jahr später nach Moskau zurück. Er war Mitglied der Assoziation der Künstler des revolutionären Russland, arbeitete im Ural an der Realisierung von Lenins «Plan der Monumentalen Propaganda» und beteiligte sich 1923 an der Gestaltung der «Ersten Allrussischen Landwirtschafts- und Heimindustrie-Ausstellung» in Moskau. Für das Moskauer Gorki-Denkmal, das in Zusammenarbeit mit W.I. Muchina, S.G. Iwanowa und N.G. Selenskaja entstand, erhielt er 1952 posthum den Stalinpreis.

Schegal, Grigori Michajlowitsch, 1889–1956

Maler aus Koselsk, Kalugaer Gebiet. Er begann sein Studium 1917 an der Höheren Kunstfachschule für Malerei, Skulptur und Architektur der Kaiserlichen Akademie der Künste, der späteren sogenannten Petrograder staatlichen freien Kunstlehrwerkstätte, zog 1922 nach Moskau an die Höhere künstlerisch-technische Werkstätte und beteiligte sich bereits seit 1913 an öffentlichen Ausstellungen. 1937 bis 1941 übernahm er am Moskauer Institut der Akademie der Künste sowie 1947 bis 1956 am Allunionsinstitut für Filmkunst Lehraufträge. 1955 wurde er zum korrespondierenden Mitglied der Akademie der Künste der Sowjetunion ernannt.

Scherwud, Leonid Wladimirowitsch, 1871–1954

Bildhauer aus Moskau. Er begann seine Ausbildung 1886 an der Fachschule für Malerei, Bildhauerei und Baukunst der Moskauer Kunstgesellschaft, beteiligte sich seit 1902 an öffentlichen Ausstellungen und wurde 1946 zum «Verdienten Kunstschaffenden der Russischen Sozialistischen Föderativen Sowjetrepublik» ernannt.

Schewtschenko, Alexander Wassilewitsch, 1883–1948

Maler und Kunsttheoretiker aus Charkow. Er erhielt seine Ausbildung ab dem Jahre 1898 an der Zentralfachschule für technisches Zeichnen von Baron A.L. Stiglitz in St. Petersburg, an der Stroganow-Schule für Kunsthandwerk in Moskau sowie an der Fachschule für Malerei, Bildhauerei und Baukunst der Moskauer Kunstgesellschaft. 1904 bereiste er England, Spanien, die Türkei, Griechenland und Ägypten, arbeitete ab 1905 für zwei Jahre in Paris und stellte im Salon des Indépendants aus. Nach der Revolution engagierte er sich im Moskauer Rat der Volkskommissare und im Volkskommissariat für Bildung und unterrichtete 1919 bis 1929 am Höheren künstlerisch-technischen Institut sowie an der staatlichen Akademie der Kunstwissenschaften in Moskau. Er arbeitete zudem in einer Kommission für die Synthese von Malerei, Skulptur und Architektur und entwarf Modelle für einen Palast der Sowjets. Anfang der dreissiger Jahre bereiste er Kasachstan, Aserbeidschan und Georgien. Von 1940 bis 1948 lehrte er am Moskauer Textilinstitut und an der Höheren Kunstgewerbeschule, der ehemaligen Stroganow-Schule.

Schilinski, Dmitri Dmitrijewitsch, 1927–

Maler aus Wolnowka, Krasnodarer Gebiet. Er begann seine Ausbildung 1944 an der Höheren Kunstgewerbeschule in Moskau, kam 1946 ans W.I.-Surikow-Institut der Künste zu P.D. Korin, S.A. Tschuikow und N.M. Tschernyschow und übernahm wenig später selbst am selben Institut einen Lehrauftrag. Seine streng durchkomponierten Bilder haben keinen politisch erzieherischen Inhalt mehr, bemerkenswert ist insbesondere sein Werk «Familie am Meer» (1964), seit 1969 in der Tretjakow-Galerie.

Schterenberg, David Petrowitsch, 1881–1948

Maler und Bühnenbildner aus Schitomir. Er zog 1905 nach Odessa, um Kunst zu studieren, reiste 1907 nach Paris und liess sich an der Ecole des Beaux-Arts sowie an der Académie Vitti ausbilden. 1917 kehrte er nach Russland zurück und wurde zum Leiter der Zeitschrift des Volkskommissariates für Bildungswesen ernannt. Im Auftrag von Lunatscharski, dem damaligen

David P. Schterenberg, Brigade in der Pause, 1931

Chefexperten für Kulturfragen, oganisierte er 1922 zusammen mit Natan Altman und Naum Gabo die «erste russische Kunstausstellung» in Berlin; 1925 war er Gründungsmitglied der Gruppe OST, der sogenannten Staffeleimaler. Zwischen 1920 und 1930 unterrichtete er an den Höheren künstlerisch-technischen Werkstätten in Moskau. 1930 wurde er zum «Verdienten Künstler der Russischen Sozialistischen Föderativen Sowjetrepublik», 1932 zum ersten Stellvertreter des Vorsitzenden des Moskauer Künstlerverbandes ernannt. Im selben Jahr jedoch – bedingt durch seinen assoziativen, «formalistischen» Malstil – wurde er aus dem öffentlichen Kunstleben ausgeschlossen.

Schtschekatichina-Potozkaja, Alexandra Wassilewna, 1892–1967

Bildhauerin und Porzellanmalerin aus Alexandrowka, Jekaterinoslawer Gebiet. Sie besuchte in St. Petersburg die Schule der Gesellschaft für die Förderung der Künste, wo sie bei N.K. Rörich studierte, und arbeitete sodann in Paris in der Werkstatt von Morris Deni. Zwischen 1918 und 1923 sowie von 1936 bis 1955 war sie an der Leningrader Porzellanmanufaktur M.W. Lomonossow tätig. Die Jahre 1923 bis 1936 verbrachte sie in Kairo und in Paris.

Schubnikowa, Vera Alexejewna, 1918–1981

Textildesignerin aus Moskau. Sie begann ihre Ausbildung 1937 am Moskauer Textilinstitut, wirkte seit 1946 als Künstlerin in der Markow-Fabrik und seit 1949 im Moskauer Webereikombinat. Ab 1964 beschäftigte sie sich vornehmlich mit der Verarbeitung von Seidentextilien.

Schuriga, Pelageja Nikolajewna, 1900–1980

Bildhauerin aus Charkow. Sie begann ihr Studium im Jahre 1921 an der Höheren künstlerisch-technischen Werkstätte in Moskau, zog 1922 nach Petrograd an die Kunstakademie und beteiligte sich ab 1938 an öffentlichen Ausstellungen.

Schurpin, Fjodor Sawwitsch, 1904–1972

Maler aus Kirjakinka, Smolensk. Er studierte ab 1923 an der Arbeiterkunstfakultät in Moskau, arbeitete zwischen 1925 und 1930 an der Höheren künstlerisch-technischen Werkstätte und wurde Mitglied der Assoziation der Künstler der Revolution. Er beteiligte sich an den grossen staatlichen Manifestationen «Die Kunst unter die Massen», 1929, sowie an der «Ausstellung der besten Werke sowjetischer Künstler», 1941, und malte während des Zweiten Weltkrieges an der Front Portraits von Kampffliegern sowie Kriegsszenen. Er widmete sich auch Alltagsszenen und dem Leben in der Kolchose.

Selenskaja, Nina Germanowna, 1898–1986

Bildhauerin aus Kiew. Sie studierte ab 1926 am Höheren künstlerisch-technischen Institut in Moskau und beteiligte sich ab 1924 an öffentlichen Ausstellungen. Für ihre Skulptur «Wir fordern den Frieden» (1950) sowie für ihre Mitarbeit am Gorki-Denkmal in Moskau (1949 bis 1952), welches in Zusammenarbeit mit W I. Muchina, S.G. Iwanowa, S.W. Kasakow und A.M. Sergejew entstand, erhielt sie jeweils einen Stalinpreis.

Selenski, Alexei Jewgenjewitsch, 1903–1974

Bildhauer und Bühnenbildner aus Twer. Er begann sein Studium 1924 am Kunsttechnikum von Nischni Nowgorod, wo Robert Falk und Alexander Kuprin lehrten und kam 1926 an das Höhere künstlerisch-technische Institut nach Moskau, wo er mit Wladimir Tatlin, Wladimir Faworski, Vera Muchina und Iossif Tschaikow zusammentraf. Ab 1934 arbeitete er in der M.I. Kalinin-Fayence-Fabrik von Konakowo und unterrichtete von 1945 bis 1947 am Moskauer Institut für angewandte und dekorative Kunst. Er war Mitglied der Gruppe OST.

Serebrjanyi, Iossif Alexandrowitsch, 1907–1979

Maler aus Gorodnja, Tschernigower Gebiet. Er begann sein Studium 1924 am Leningrader künstlerisch-industriellen Technikum, kam 1927 an das Höhere künstlerisch-technische Institut und beteiligte sich seit 1925 an öffentlichen Ausstellungen. Zwischen 1931 und 1937 war er als Bühnenbildner tätig und übernahm ab 1947 während über dreissig Jahren eine Lehrtätigkeit am I.J. Repin-Institut für Malerei, Skulptur und Architektur der Akademie der Künste. 1947 wurde er korrespondierendes Mitglied der Akademie der Künste, 1949 Professor, 1956 «Verdienter Kunstschaffender der Russischen Sozialistischen Föderativen Sowjetrepublik», und von 1954 bis 1958 wirkte er als Vorsitzender des Vorstandes des Leningrader Künstlerverbandes.

Sergejew, Alexander Michajlowitsch, 1915–

Bildhauer aus Moskau. Er begann sein Studium 1939 am Moskauer Kunstinstitut und beteiligte sich ab 1950 an öffentlichen Ausstellungen. Für die Skulptur «Wir fordern den Frieden» (1950), die in Zusammenarbeit mit W. I. Muchina, N. G. Selenskaja, S. G. Iwanowa und S. W. Kosakow entstand, erhielt er einen Stalinpreis.

Sernowa, Jekaterina Sergejewna, 1900–

Malerin und Bühnenbildnerin aus Simferopol. Sie studierte ab 1915 im Atelier von Fjodor Rerberg, kam 1919 an die Höhere künstlerisch-technische Werkstätte in Moskau, wo sie mit I. Maschkow, A. Schewtschenko und D. Schterenberg zusammentraf, wurde 1930 Mitglied der Gruppe OST und arbeitete in der Künstlerbrigade von J. Pimenow für die Weltausstellung 1939 in New York. 1944 reiste sie im Auftrag des militärmedizinischen Museums an die Front, um Eindrücke für das Bild «Lazarettzug» zu sammeln. Sie unterrichtete von 1945 bis 1953 am Moskauer Institut für angewandte und dekorative Kunst sowie von 1953 bis 1972 am Institut für Technologie; sie erhielt den Titel einer «Volkskünstlerin der Russischen Sozialistischen Föderativen Sowjetrepublik».

Skripkow, Jakow Nikiforowitsch, 1919–

Maler und Monumentalist aus Bamaul, Alteigebirge, Südsibirien. Er begann seine Ausbildung 1937 an der M.I.- Kalinin-Schule, der Moskauer Kunstgewerbeschule und kam nach dem Krieg an das Institut für angewandte und dekorative Kunst in die Meisterklasse von A.A. Dejneka. Er widmete sich in den folgenden Jahren erfolgreich der Dekoration von Theatern, Bahnhöfen, Pionierpalästen und öffentlichen Bauten, ab den sechziger Jahren in Zusammenarbeit mit dem bekannten Architekten A. Polanski. Skripkow hat sich insbesondere mit seinen Mosaik-Portraits der sowjetischen Kosmonauten einen Namen gemacht.

Smolin, Alexander Alexandrowitsch, 1927–

Maler aus Moskau. Er begann seine Ausbildung 1953 am W.I.-Surikow-Institut der Künste in Moskau bei A.A. Dejneka, besuchte 1962 Italien und malte häufig gemeinsam mit seinem Bruder Pjotr. Sie widmeten sich vornehmlich der Genre- und Historienmalerei.

Smolin, Pjotr Alexandrowitsch, 1930–

Maler aus Moskau. Er begann sein Studium 1951 am W.I.-Surikow-Institut der Künste in Moskau, besuchte 1956 Indien, 1962 Italien und malte häufig gemeinsam mit seinem Bruder Alexander. Ihre bedeutenden Werke hängen in der Tretjakow-Galerie: «Streik. Anfang des Kampfes» (1964), im Russischen Museum: «Polarforscher» sowie im Museum für bildende Künste der tatarischen Sowjetrepublik in Kasan: «Jäger».

Sofronowa, Antonina Fjodorowna, 1892–1966

Malerin aus Droskowo, Oreler Gebiet. Sie studierte ab 1910 an der Kunstschule von Fjodor Rerberg in Moskau, wechselte 1913 ins Atelier von I. Maschkow und stellte 1914 erstmals öffentlich aus. Ab 1920 unterrichtete sie zusammen mit M. Sokolow und N. Tarabukin an den staatlichen Kunstateliers von Twer. 1921 liess sie sich in Moskau nieder und machte sich mit ihren suprematistischen und konstruktivistischen Kompositionen einen Namen; sie illustrierte Bücher und Zeitschriften. In den dreissiger und vierziger Jahren wandte sie sich der figürlichen Malerei zu, es entstanden Ansichten von Moskau und Portraits. Obwohl sie als Formalistin kritisiert wurde, fand 1962 im Moskauer Literaturhaus eine Einzelausstellung statt.

Sokolow, Michail Xenofontowitsch, 1885–1947

Maler aus Jaroslawl. Er studierte ab dem Jahre 1904 an der Stroganow-Kunstschule und stellte seine Arbeiten seit 1917 im In- und Ausland aus, insbesondere in Venedig (1924), Paris (1925) und Amsterdam (1929). Von 1923 bis 1925 leitete er das Studio für bildende Kunst der proletarischen Kultur- und Erziehungsorganisation in Moskau, 1938 trat er dem Künstlerverband bei und wurde im selben Jahr zu sieben Jahren Arbeitsbesserungslager verurteilt. In Briefen schickte er seinen Freunden Miniaturlandschaften, zu deren Ausführung er Zahnpulver, Ton und Asche verwendete. 1943 wurde er als unheilbar entlassen, kam für acht Monate in ein Krankenhaus und wanderte notleidend durchs Land, bis er im Rybinsker Haus der Pioniere eine Stelle als Lehrer für bildende Kunst fand. 1947 starb er in einem Krankenhaus, und 1958 wurde er rehabilitiert.

Sokolow, Nikolaj Alexandrowitsch, 1903–

Maler und Zeichner aus Moskau. Er besuchte ab 1920 das Studio für bildende Kunst der proletarischen Kulturorganisation in Rybinsk und studierte seit 1923 bei N. Kuprejanow und P. Mituritsch an der Höheren künstlerisch-technischen Werkstätte in Moskau. 1924 begann die enge Zusammenarbeit mit den Malern M.W. Kuprjanow und P.N. Krylow unter dem Pseudonym Kukryniksy (Niks für Nikolaj Sokolow). Sie zeichneten Karikaturen und illustrierten literarische Klassiker. 1945 entstand in Berlin das Gemälde «Die Unterzeichnung der bedingungslosen Kapitulation des faschistischen Deutschland am 9. Mai 1945»; während der Nürnberger Prozesse entstanden die Skizzenblätter «Kriegsverbrecher und ihre Verteidiger», und 1949 wurde ihnen für ihr Werk «Das Ende» (1948) der Stalinpreis verliehen. Während den fünfziger Jahren widmeten sie sich vornehmlich Antikriegs-Karikaturen. Sokolow wurde 1947 ordentliches Mitglied der Akademie der Künste, 1951 «Volkskünstler der Russischen Sozialistischen Föderativen Sowjetrepublik» und 1959 abermals «Volkskünstler der Sowjetunion». Für sein Gemälde «Das Ende» sowie für die Illustrationen zu Tschechows Erzählung «Die Dame mit dem Hündchen» (1946) erhielt er an der Weltausstellung 1958 in Brüssel eine Goldmedaille, und für sein Werk «Der letzte Auftritt Kerenskijs» (1957) vom sowjetischen Kultusministerium 1958 eine Silbermedaille.

Sokolow, Wadim Nokolajewitsch, 1917–

Bildhauer aus Leningrad. Er begann sein Studium im Jahre 1937 am Institut für Malerei, Skulptur und Architektur der Allrussischen Akademie der Künste in Leningrad sowie am I.J. Repin-Institut und beteiligte sich 1949 an öffentlichen Ausstellungen. Für sein Werk «Arbeitssieg» (1949) erhielt er 1950 den Stalinpreis. Zusammen mit M.G. Maniser, D.M. Jepifanow, W.N. Ritter und G.D. Glikman arbeitete er in einer Bildhauerbrigade, so insbesondere für die siebenteilige Komposition «Kampf um den Frieden» (1950).

Sokolow-Skalja, Pawel Petrowitsch, 1899–1961

Maler aus Strelna bei St. Petersburg. Er begann sein Studium im Atelier von I.I. Maschkow in Moskau, kam 1920 an die Höhere künstlerisch-technische Werkstätte und arbeitete ab 1935 in einer Künstlerbrigade am Panorama «Erstürmung des Perekops». 1936 leitete er für das Werk «Erste Kavalleriearmee im Rücken von Wrangel» selber eine Brigade, und 1939 entstand das Wandgemälde «Verteidigung Zarizyns» für den sowjetischen Pavillon in der Weltausstellung in New York. Von 1941 bis 1946 war er Leiter der zentralen Moskauer Werkstatt für das militärpolitische Plakat der Telegraphenagentur TASS (Okna TASS), 1942 bis 1947 stand er dem Kunststudio für Grenzpersonal vor, und 1948 bis 1951 übernahm er am Moskauer Institut für angewandte und dekorative Kunst, bis 1953 am städtischen pädagogischen Institut W.P. Potjemkin sowie 1953 bis 1961 am Surikow-Kunstinstitut der Akademie der Künste verschiedene Lehraufträge. 1944 wurde er «Verdienter Künstler der Russischen Sozialistischen Föderativen Sowjetrepublik», 1949 ordentliches Mitglied der Akademie der Künste, 1959 «Volkskünstler der Sowjetrepublik», 1953 bis 1955 Vorsitzender des Vorstandes des Moskauer Künstlerverbandes und 1953 bis 1958 Mitglied des Vorstandes der Akademie der Künste der Sowjetunion. Für seine politischen Plakate und Karikaturen, die für die Okna TASS entstanden sowie für das Werk «Krasnodoner» (1948) wurden ihm Stalinpreise verliehen.

Sokolowa, Tatiana Michajlowna, 1928–

Bildhauerin aus Moskau. Sie kam 1945 ans W.I.-Stroganow-Institut der Akademie der Künste, genoss dort eine achtjährige Ausbildung, beteiligte sich an öffentlichen Ausstellungen in Amerika, Deutschland, Österreich und Bulgarien, wurde 1954 in den Künstlerverband aufgenommen und erhielt 1979 die Auszeichnung einer «Verdienten Kunstschaffenden der Russischen Sozialistischen Föderativen Sowjetrepublik». Für ihr Portrait der Dichterin Zwetajewa sowie für die Skulptur «Natascha» wurde ihr 1972 und 1974 je ein erster Preis des Künstlerverbandes verliehen. 1984 erhielt sie von der sowjetischen Akademie der Künste eine Silbermedaille. Ab 1988

Tatiana Sokolowa im Atelier, 1997

wirkte sie als Sekretärin des Künstlerdachverbandes. Sie war mit dem bekannten Graphiker Juri Sacharow (1918 – 1995) verheiratet und bereiste mit ihm Westeuropa und Japan. Ende der neunziger Jahre erschuf sie für die in Moskau neu errichtete «Christus-Erlöser»-Kathedrale fünf Meter hohe Figuren.

Stepanowa, Warwara Fjodorowna, 1894–1958

Malerin und Graphikerin aus Kowno. Sie begann ihre Ausbildung an der Kasaner Kunstschule, zog 1914 nach Moskau, studierte bei K. Juon und M. Leblanc und arbeitete in der Linken Föderation der Künstlergewerkschaft sowie für das Theater von Meyerhold. Ab 1924 entwarf sie Stoffe für eine Moskauer Kattundruckerei und lehrte an der Textilabteilung der Höheren künstlerisch-technischen Werkstätte in Moskau. Sie gestaltete zum Teil gemeinsam mit ihrem Mann A. Rodt-schenko Zeitschriften und Bildbände.

Stolbowa, Galina Sergejewna, 1908–

Bildhauerin aus Glasow, Bjatkaer Gebiet. Sie studierte in den dreissiger Jahren am Institut für Malerei, Skulptur und Architektur der Allrussischen Akademie der Künste in Leningrad bei A.T. Matwejew und W.A. Sinajskij. Ab 1949 arbeitete sie an der Leningrader Porzellanmanufaktur M.W. Lomonossow.

Stoscharow, Wladimir Fjodorowitsch, 1926–1973

Maler aus Moskau. Er begann seine Ausbildung am W.I.-Surikow-Institut der Künste in Moskau, unternahm ausgedehnte Reisen durch Russland und widmete sich vornehmlich Genreszenen sowie der Stillebenmalerei. Er war «Verdienter Künstler der Russischen Sozialistischen Föderativen Sowjetrepublik» und korrespondierendes Mitglied der Akademie der Künste der Sowjetunion.

Stulow, Iwan Konstantinowitsch, 1902–1979

Holzschnitzer aus Bogorodskoj. Er begann seine Ausbildung bei seinem Vater K. W. Stulow, einem Vertreter des Bogorodskojer Kunstgewerbes. 1964 wurde er Mitglied des sowjetischen Künstler-verbandes und wenig später zum «Verdienten Künstler der Russischen Sozialistischen Föderativen Sowjetrepublik» ernannt. Seine Arbeiten lösen sich weitgehend aus dem kunsthandwerklichen Kontext.

Swarog (Korotschkin), Wassili Semjonowitsch, 1883–1946

Maler aus Staraja Russa. Er studierte ab 1896 an der Petersburger Zentralfachschule für techni-sches Zeichnen von Baron A.L. Stiglitz, beteiligte sich seit 1902 an öffentlichen Ausstellungen und war 1934 einer der Gründer und Leiter des Studios der Militärkünstler M.B. Grekow.

Sweschnikow, Boris Petrowitsch, 1927–

Graphiker und Maler aus Moskau. Er begann seine Ausbildung 1944 am Moskauer Institut für angewandte und dekorative Kunst. Er wurde zu acht Jahren Lager verurteilt, da er während des

Verhörs gesagt haben soll: «Die Künstler sind bei uns nicht frei, sie malen nicht, was sie wollen, sondern was man ihnen anordnet.» Er malte heimlich, wurde schliesslich 1954 entlassen und 1956 rehabilitiert. Er illustrierte Märchen von E.T.A. Hoffmann, Maeterlinck, Andersen und einigen anderen.

Tatlin, Wladimir Jewgrafowitsch, 1885–1953

Maler und Bühnenbildner aus Moskau. Er studierte ab 1909 an der Fachschule für Malerei, Bildhauerei und Baukunst der Moskauer Kunstgesellschaft, besuchte die Fachschule der Handelsmarine in Odessa sowie die Kunstfachschule Pensa, beteiligte sich ab 1908 an avantgardistischen Ausstellungen und illustrierte futuristische Bücher. 1914 begleitete er eine Ausstellung russischer Volkskunst nach Berlin, reiste dann nach Paris weiter, wo er mit Picasso zusammentraf und zeigte 1915 in Moskau seine räumlich-plastischen Konstruktionen, seine «Konterreliefs». Ab 1918 leitete er das Volkskommissariat für Bildungswesen und arbeitete darüber hinaus an der staatlichen Kunstwerkstätte in Petrograd sowie am dortigen Museum für künstlerische Kultur. 1920 entwarf er sein «Denkmal für die dritte Internationale», welches insbesondere im Westen (Berlin) auf grosses Interesse stiess; ab 1927 unterrichtets er an der Höheren künstlerisch-technischen Werkstätte in Moskau und 1929 entstand sein Flugapparat «Letatlin», der ihm jedoch im eigenen Land nur Formalismus-Kritik einbrachte. Öffentliche Ausstellungen blieben ihm fortan verwehrt, so dass er sich ganz der Theaterkunst zuwandte. Als Bühnenbildner erhielt er für sein Schaffen mehrere Stalinpreise.

Timoschenko, Lidija Jokowlewna, 1903–1976

Malerin aus St. Petersburg. Sie begann ihre Ausbildung 1923 am künstlerisch-industriellen Technikum in Leningrad sowie an der dortigen Kunstfachschule und belegte am Institut für Malerei, Skulptur und Architektur der Allrussischen Akademie der Künste Fortbildungskurse. Seit 1928 beteiligte sie sich an öffentlichen Ausstellungen und arbeitete von 1935 bis 1937 am grossen Wandbild für den Erholungsraum im Leningrader Pionierpalast (nicht erhalten). Zwischen 1939 und 1941 war sie in der experimentellen Lithographiewerkstatt des Leningrader Künstlerverbandes tätig, 1943 zog sie nach Moskau.

Tkatschew, Alexei Petrowitsch, 1925–

Maler aus Tschugunowka, Brjansker-Gebiet. Er begann seine Ausbildung 1945 am W.I.-Surikow-Institut der Künste in Moskau bei G.G. Rjaschki und D.K. Motschalski und leitete seit 1976 eine Malerwerkstatt an der Akademie der Künste in Moskau. Er arbeitete häufig gemeinsam mit seinem Bruder Sergej. Er war «Volkskünstler der Sowjetunion», ab 1979 ordentliches Mitglied der Akademie der Künste und zusammen mit seinem Bruder Träger des I.J.-Repin-Staatspreises der Russischen Sozialistischen Föderativen Sowjetrepublik.

Tkatschew, Sergei Petrowitsch, 1922–

Maler aus Tschuginowka, Brjansker Gebiet. Er begann sein Studium 1938 an der Swerdlowsker Kunstschule, wechselte 1945 an die Kunstschule von Witebsk und zog 1946 nach Moskau, wo er am W.I.-Surikow-Institut der Künste mit S.W. Gerassimow zusammentraf. Er wurde «Volkskünstler der Sowjetunion», 1979 ordentliches Mitglied der Akademie der Künste und mit seinem Bruder Träger des I.J.-Repin-Staatspreises.

Tomski, Nikolai Wassilewitsch, 1900–1984

Bildhauer aus Nowgorod. Er begann seine Ausbildung 1923 am künstlerisch-industriellen Technikum in Leningrad, beteiligte sich ab 1930 an öffentlichen Ausstellungen, wurde 1949 ordentliches Mitglied und 1958 Mitglied des Vorstandes der Akademie der Künste der Sowjetunion. Ab 1948 leitete er am Moskauer Surikow-Institut eine eigene Werkstatt, und in den Jahren 1952 bis 1954 wirkte er gar als Deputierter des Obersten Sowjet. Er erhielt zahlreiche Stalinpreise, so 1941 für das Kirow-Denkmal in Leningrad, 1947 für das Portrait von I.D. Tschernjachowski, 1949 für jenes der Piloten I.I. Koschedub, P.A. Pokryschew und A.S. Smirnow, 1950 für das Portrait von S.M. Kirow und I.R. Apanassenko sowie für mehrere vielfigurige Reliefs zu revolutionären Themen der russischen Geschichte. Das Kultusministerium verlieh ihm schliesslich 1958 für das Portrait des Filmregisseurs S. Gerassimow sowie des Wolgograder Arbeiters eine Goldmedaille.

Tschaikow, Iossif Moissejewitsch, 1888–1979

Bildhauer aus Kiew. Er studierte ab 1910 an der Schule für dekorative Künste in Kiew sowie ab 1912 während zwei Jahren an der Ecole des Beaux-Arts in Paris und wirkte anschliessend an Lenins «Plan der Monumentalen Propaganda» mit; es entstanden Denkmäler für Marx und Liebknecht. 1922 und 1923 lebte er in Berlin und nahm an den grossen internationalen Ausstellungen teil, so an der ersten russischen Kunstausstellung und an der «Grossen Berliner Kunstausstellung» (1923). Ab 1923 unterrichtete er am Höheren künstlerisch-technischen Institut in Moskau, arbeitete in Bildhauerbrigaden mit und war Mitglied der Gesellschaft der russischen Bildhauer.

Tschalunin, Pawel Fjodorowitsch, 1918–1980

Miniaturmaler aus Palech. Er begann seine Ausbildung 1935 an der Palecher Kunstfachschule bei N.M. Sinowjew, beteiligte sich seit 1941 an öffentlichen Ausstellungen und wurde 1943 Mitglied der Palecher Künstlergenossenschaft. 1974 erhielt er den Titel eines «Verdienten Künstlers der Russischen Sozialistischen Föderativen Sowjetrepublik» und wurde Mitglied des regionalen Künstlerverbandes.

Tschernezow, Wladimir Semjonowitsch, 1908–1969

Maler aus Tula. Er begann sein Studium 1927 am Höheren künstlerisch-technischen Institut in Moskau, beteiligte sich seit 1931 an öffentlichen Ausstellungen und arbeitete ab 1938 sowie nach dem Krieg in der Werkstatt für monumentale Malerei an der Akademie der Architektur der UdSSR in Moskau. An der landwirtschaftlichen Allunionsausstellung von 1939 arbeitete er an den Fresken im Aserbeidschan-Pavillon. Zwischen 1948 und 1968 war er überdies als Illustrator für Zeitschriften tätig.

Tschernyschow, Nikolai Michailowitsch, 1885–1973

Maler und Graphiker aus Nikolskoje, Woronescher Gebiet. Er begann seine Ausbildung 1901 an der Moskauer Kunstschule bei A.J. Archipow, K.A. Korowin und V.A. Serow, zog 1910 nach Paris an die Académie R. Julian und bildete sich von 1911 bis 1915 an der Akademie der Künste in St. Petersburg bei W.W. Maté und D.I. Kiplik weiter. 1920 bis 1930 unterrichtete er an den Höheren künstlerisch-technischen Werkstätten in Moskau und von 1936 bis 1949 am W.I.-Surikow-Institut. Er zog 1942 für zwei Jahre nach Samarkand, widmete sich Wandmalereien sowie der Mosaikkunst, beschäftigte sich mit Buchgraphik und war Verfasser zahlreicher Abhandlungen über die Geschichte und Technik der Wandmalerei. Er erhielt die Auszeichnung eines «Volkskünstlers der Russischen Sozialistischen Föderativen Sowjetrepublik».

Tschischow, Michail Stepanowitsch, 1923–1986

Miniaturmaler aus Fedoskino. Er liess sich an der Fedoskinoer Fachschule als Lackminiaturenmaler ausbilden, übernahm daselbst bereits ab 1939 eine Lehrtätigkeit und arbeitete seit 1942 im Kunstgewerbe. Er war Mitglied des lokalen Künstlerverbandes, erhielt 1970 den staatlichen I.J.-Repin-Preis und wurde «Verdienter Künstler der Russischen Sozialistischen Föderativen Sowjetrepublik».

Tschuikow, Semjon Afanassjewitsch, 1902–1980

Maler aus Pischpek, Gebiet Frunse. Er begann seine Ausbildung an den Höheren künstlerisch-technischen Werkstätten sowie am gleichnamigen Institut in Moskau, unterrichtete von 1930 bis 1932 am Institut für proletarische bildende Künste sowie von 1947 bis 1948 am W.I.-Surikow-Institut und besuchte zwischen 1952 und 1957 Indien. Seine Werke sind zum grossen Teil Genreszenen und den Landschaften Kirgisiens und Indiens gewidmet. Er wurde als «Volkskünstler der Sowjetunion» sowie der Kirgisischen Sowjetrepublik ausgezeichnet.

Tyschler, Alexander Grigorjewitsch, 1898–1980

Maler und Bühnenbildner aus Melitopol, Ukraine. Er studierte ab 1912 an der Kiewer Kunstschule, arbeitete 1917 im Atelier von Alexandra Exter und meldete sich 1919 freiwillig zur Roten Armee. Er war Mitglied der Kunstsektion der Kulturliga sowie des Zentrums der jüdischen Kultur in der Ukraine und nahm ab 1920 an öffentlichen Ausstellungen teil. 1921 zog er nach Moskau, wurde Mitglied der Gruppe OST, 1932 als «Formalist» verurteilt und wie manch anderes Mitglied dieser linken Organisation ans Theater «abgeschoben». Er wirkte fortan als Bühnenbildner in Moskau, Leningrad, Witebsk, Minsk und Taschkent, war von 1941 bis 1949 erster Künstler am Staatlichen Jüdischen Theater in Moskau und erhielt in den vierziger Jahren den Titel eines «Verdienten Kunstschaffenden der Usbekischen Sowjetrepublik». Für sein Bühnenbild von Freilechs «Hochzeitskarneval» (Inszenierung von Solomon Michoels) am Jüdischen Theater in Moskau erhielt er 1946 einen Stalinpreis.

Udalzowa, Nadeschda Andrejewna, 1886–1961

Malerin und Textildesignerin aus Orjol. Sie begann ihre Ausbildung 1905 an der Kunstschule Konstantin Juons in Moskau, reiste nach Berlin und Dresden, arbeitete von 1909 bis 1911 in den Ateliers von I. Kiss und W. Tatlin und studierte ab 1912 an der Pariser Akademie «La Palette». 1916 wurde sie Mitglied der Gruppe Supremus um Malewitsch und nahm in der Folge an bedeutenden Avantgardisten-Ausstellungen teil. Sie verliess in den späten zwanziger Jahren die abstrakte Malerei, wandte sich dem Realismus zu und unterrichtete zwischen 1920 und 1930 am Höheren künstlerisch-technischen Institut und ab 1930 am Moskauer Textilinstitut. Sie beteiligte sich an den grossen Ausstellungen zur sowjetischen Kunst, so insbesondere in Berlin und Moskau.

Ugarow, Boris Sergejewitsch, 1922–

Maler aus Petrograd. Er begann seine Ausbildung am I.J.-Repin-Institut für Malerei, Bildhauerei und Architektur bei I.E. Grabar, W.M. Oreschnikow und A.A. Mylnikow. 1952 übernahm er am selben Institut einen Lehrauftrag und 1982 wurde er zum Präsidenten der Akademie der Künste der Sowjetunion gewählt. Er widmete sich insbesondere der Historienmalerei und der Revolutionsthematik, aber auch der Portraitkunst und der Landschaftsmalerei. 1972 wurde er zum «Verdienten Künstler der Russischen Sozialistischen Föderativen Sowjetrepublik», 1982 zum «Volkskünstler der Sowjetunion» ernannt und war ordentliches Mitglied der Akademie der Künste der Sowjetunion sowie Träger des I.J.-Repin-Staatspreises.

Wasjutinski, Anton Fjodorowitsch, 1858–1935

Medailleur aus Kamenez-Podolsk. Er begann sein Studium 1884 an der Akademie der Künste, liess sich anschliessend in Wien und Paris weiterausbilden und wurde 1926 Hauptkünstler und Hauptmedailleur des Leningrader Münzhofs. Für seinen Beitrag zum Wiederaufbau des Petrograder Münzhofes sowie der Produktion der sowjetischen Münzen wurde er 1927 zum Helden der Arbeit ernannt.

Wassiljew, Wladimir Alexandrowitsch, 1895–1967

Maler aus Moskau. Er begann sein Studium 1910 in der Bildhauerabteilung der Stroganow-Kunstschule in Moskau, wechselte 1918 an die Fakultät der Malerei der Höheren künstlerisch-technischen Werkstätte und beteiligte sich ab 1919 an öffentlichen Ausstellungen. Zwischen 1937 und 1939 arbeitete er an den monumentalen Wandbildern für die sowjetischen Pavillons der Weltausstellungen in Paris und New York sowie für die Hallen der «fernöstlichen Regionen» der landwirtschaftlichen Allunionsausstellung in Moskau. Von 1945 bis 1952 lehrte er am Moskauer Institut für angewandte und dekorative Kunst und ab 1952 an der Höheren künstlerisch-industriellen Fachschule, der ehemaligen Stroganow-Fachschule.

Welichowa, Sofia Borissowna, 1904–

Bildhauerin aus Elez, Oreler Gebiet. Sie studierte in den zwanziger Jahren am Leningrader künstlerisch-industriellen Technikum und traf ab 1930 an der Höheren künstlerisch-technischen Werkstätte auf W.L. Simonow, A.T. Matwejew und W.W. Lischew. Sie arbeitete ab 1949 an der Leningrader Porzellanmanufaktur M.W. Lomonossow.

Wichtinski, Viktor Iwanowitsch, 1918–

Maler aus Charkow. Er begann sein Studium 1934 an der Charkower Kunstfachschule, setzte seine Ausbildung nach dem Krieg am dortigen Kunstinstitut fort und beteiligte sich ab 1950 an öffentlichen Ausstellungen sowie an der Organisation und Gestaltung von Stadtfesten.

Wiljams, Pjotr Wladimirowitsch, 1902–1947

Maler aus Moskau. Er besuchte seit 1909 das Kunststudio von W.N. Meschkow, kam 1919 an die Freien, die späteren Höheren künstlerisch-technischen Werkstätten, wo er mit K.A. Korowin, P.P. Kontschalowski, A.W. Kuprin, I.I. Maschkow, D.P. Schterenberg und R.R. Falk zusammentraf. Er spielte in der Gruppe OST der sogenannten Staffeleimaler eine führende Rolle und wurde, wie viele seiner Freunde, in den dreissiger Jahren vom Kunstestablishment angegriffen und in die Theaterszene abgedrängt. 1941 bis 1947 war er Chefbühnenbildner des Moskauer Bolschoi-Theaters. Von 1946 bis zu seinem frühen Tod unterrichtete er an der Moskauer Hochschule für dekorative und angewandte Kunst.

Wjalow, Konstantin Alexandrowitsch, 1900–1976

Maler und Bühnenbildner aus Moskau. Er begann sein Studium 1917 an der Stroganow-Kunstgewerbeschule, kam 1920 an die freien staatlichen Kunstwerkstätten, wo er mit Kandinsky, Tatlin und später mit Schterenberg zusammentraf und widmete sich vornehmlich abstrakten Kompositionen und Theaterinszenierungen. Zwischen 1925 und 1928 war er Mitglied der Gruppe OST und beteiligte sich an den «Jubiläumsausstellungen über die Ergebnisse und Errungenschaften der Sowjetischen Staatsmacht der letzten zehn Jahre». In den dreissiger Jahren wandte er sich wieder vermehrt der realistischen Malerei zu und arbeitete an der Gestaltung der grossen landwirtschaftlichen Allunionsausstellung mit. 1941 und 1942 entwarf er eine Reihe von Kriegsplakaten.

Wjalow, Konstantin Andrejewitsch, 1890–1978

Graphiker aus Moskau. Er begann seine Ausbildung 1918 an der freien Kunstwerkstätte, wechselte 1920 an das Höhere künstlerisch-technische Institut und beteiligte sich ab 1923 an öffentlichen Ausstellungen. An der internationalen Ausstellung der dekorativen Künste in Paris wurde er 1925 mit einer Silbermedaille ausgezeichnet.

Wolkow, Alexander Nokolajewitsch, 1886–1957

Maler aus Fergana, Turkestan. Er begann sein Studium 1908 an der Höheren Kunstfachschule für Malerei, Skulptur und Architektur der Kaiserlichen Akademie der Künste in St. Petersburg, zog 1912 an die Kunstfachschule nach Kiew und beteiligte sich ab 1920 an öffentlichen Ausstellungen. Er war Mitglied der Assoziation der Künstler des revolutionären Russland. Zwischen 1929 und 1941 übernahm er am Turkestanischen Kunsttechnikum sowie von 1944 bis 1946 an der Taschkenter Kunstfachschule Lehraufträge. 1944 wurde er zum «Verdienten Kunstschaffenden» und 1946 zum «Volkskünstler der Sowjetunion» ernannt, und ab 1945 wirkte er für zwei Jahre als Mitglied des Vorstandes des Künstlerverbandes von Usbekistan.

Wolkow, Boris Iwanowitsch, 1890–1970

Maler und Bühnenbildner aus Moskau. Er begann sein Studium 1913 an der Stroganow-Kunstgewerbeschule bei F. Fjodorowski, wechselte 1920 an die Höhere künstlerisch-technische Werkstätte, wo er mit A. Lentulow, W. Tatlin und G. Jakulow zusammentraf und wurde 1925 Mitglied der Künstlergruppe OST. 1924 bis 1940 war er Chefbühnenbildner am Theater des Moskauer Stadtrates der Gewerkschaften, dann von 1941 bis 1949 am Stanislawski- und Nemirowitsch-Dantschenko-Musiktheater und von 1951 bis 1970 schliesslich am Maly-Teater in Moskau.

Wolter, Alexei Alexandrowitsch, 1889–1973

Maler aus Nischni Nowgorod. Er begann sein Studium im Jahre 1913 an der Zeichenschule der Kaiserlichen Gesellschaft für Künstlerförderung in St. Petersburg im Studio von W.A. Swerjew und beteiligte sich ab 1915 an öffentlichen Ausstellungen. Er war Mitglied der staatlichen Akademie der künstlerischen Wissenschaften, erster Vorsitzender des Moskauer Künstlerverbandes, Leiter des zentralen Kunstgewerbemuseums, Direktor der staatlichen Tretjakow-Galerie und schliesslich Direktor des Künstlerischen Fonds der Sowjetunion.

Worobjow, Isaja Jokowlewitsch, 1911–1990

Bildhauer aus Tomsk. Er studierte in den vierziger Jahren am Institut für Malerei, Skulptur und Architektur der Allrussischen Akademie der Künste in Leningrad bei W.S. Bogatyrjew, W.A. Sinajski und A.T. Matwejew und arbeitete seit 1936 an der Leningrader Porzellanmanufaktur M.W. Lomonossow. Er machte sich insbesondere mit seinen Gussglaskompositionen einen Namen.

Wutschetitsch, Jewgeni Viktorowitsch, 1908–1974

Bildhauer aus Jekaterinoslaw. Er begann sein Studium an der Kunstschule in Rostow am Don, kam 1931 ans Institut für proletarische bildende Kunst in Leningrad, lernte dort B. Jakowlew kennen und beteiligte sich seit 1937 an öffentlichen Ausstellungen. Er leitete zwischen 1931 und 1941 die experimentellen Kunstwerkstätten für das Bauvorhaben des Palastes der Sowjets und arbeitete von 1943 bis 1962 im Grekow-Atelier der Kriegskünstler in Moskau. 1946 bis 1949 gestaltete er gemeinsam mit dem Architekten J. Belopolski das Denkmal für die im Kampf gegen den Faschismus gefallenen Soldaten der sowjetischen Armee im Treptower Park in Berlin. Er wurde 1953 Mitglied und 1970 bis 1974 Vizepräsident der Akademie der Künste der Sowjetunion und gehört zu den meistausgezeichneten Bildhauern seiner Zeit; so wurden ihm 1946 für das Portrait von General I.D. Tschernjachowskij, 1947 für das Denkmal von General M.G. Tschujkow, 1949 für das Portrait von T.T. Chrjukin und 1950 für das Denkmalensemble «Den Soldaten der Sowjetarmee» in Berlin Stalinpreise verliehen. Für seine bekannte Komposition «Schmieden wir Schwerter zu Pflugscharen» (1957) verlieh ihm das sowjetische Kultusministerium 1958 eine Silbermedaille, und an der Weltausstellung in Brüssel wurde er für das selbe Werk mit dem «Grand Prix» ausgezeichnet.

Zeitdokumente

Im Atelier von
Andrei G.
Lysenko, 1997

Die beiden Aufsätze des Kunstwissenschaftlers W. Kemenow in der Prawda aus dem Jahre 1936 werden hier in ungekürzter Fassung wiedergegeben. Es handelt sich um äusserst aufschlussreiche Zeitdokumente, welche die akribische Auseinandersetzung mit der Kunstfrage im politischen Korsett des sowjetischen Propagandastaates eindrücklich beleuchten:

W. Kemenow:
Über den Naturalismus in der bildenden Kunst (1936)

Formalismus muss als Resultat des Niederganges des Naturalismus in der westeuropäischen Kunst verstanden werden. In beiden Erscheinungsformen zeigt sich der Zerfall der bürgerlichen Kunst, und beide stehen dem sozialistischen Realismus gleich fremd und feindlich gegenüber.

Formalismus und Naturalismus haben, trotz zahlreicher Unterschiede, eine wesentliche Gemeinsamkeit: die Gleichgültigkeit gegenüber dem lebendigen Leben, gegenüber dem ideologischen Inhalt der Kunst. Nun dürfen aber im Kampf gegen jene formalistischen Fratzenschneider auch alle anderen bürgerlichen Einflüsse nicht ausser acht gelassen werden; sie präsentieren sich in einer Vielzahl von Schattierungen vom groben Naturalismus bis hin zu den raffiniertesten Formen eines Pseudorealismus.

Bei vielen Kunstschaffenden macht sich die verwerfliche Haltung breit, dass einem Bild allein durch die Wahl eines sowjetischen Themas Erfolg beschieden sei, ohne sich um die künstlerische Qualität bemühen zu müssen. Sie glauben, dass durch das Aufgreifen eines aktuellen Themas das künstlerisch Wesentliche bereits vollbracht sei. Das Werk wird jedoch mit einem Mangel an Verantwortung und Engagement ausgeführt, woran sich eine stumpfe Gleichgültigkeit gegenüber dem dargestellten Gegenstand erkennen lässt. Viele Bilder wirken schnell und oberflächlich oder sogar fahrlässig hingemalt. Und so wie die Formalisten durch jene inhaltliche Gleichgültigkeit sinnlose «Kunststücke» schaffen, fehlt bei den Naturalisten die künstlerische Form, die grafische oder malerische Kultur. Die Farbenwahl beispielsweise zielt nicht auf eine emotionale Wirkung beim Betrachter, sondern wird zu einem simplen Informationsträger. Ein Bild wird dadurch bestenfalls zu einem Abbild. Die Farbgebung, ob marktschreierisch grell oder eintönig grau, entbehrt jeder inhaltlichen Tiefe. Die Lichtführung wirkt einfältig, zufällig, und es entsteht ein Eindruck von Unordnung, Disharmonie und Antikunst. Die Werke der Maler Lwow, Katzman, Riangina und anderen mehr beweisen, dass die Naturalisten die revolutionäre Thematik nicht verstehen; aus ihren Bildern spricht Hilflosigkeit und Falschheit.

Den Naturalisten wird überdies gerne die Ähnlichkeit zur Kunst der Photographie vorgeworfen. Doch ihre Bilder sind um einiges schlechter als gute Photographien. Der Naturalismus übernimmt aus der Photographie nur die bisweilen unnatürliche Haltung der dargestellten Personen, den starren, zum Objektiv gewandten Blick, die einfache Figurenanordnung, welche das Moment der Komposition ersetzen soll, ja überhaupt alles, was zufällig im Blickfeld erscheint und die mechanische Gleichgültigkeit gegenüber dem abgebildeten Sujet unterstreicht. Der Naturalismus macht sich also just die Nachteile der schlechten Photographie zu eigen. In diesem Sinne kann Lwows Werk «Parteisitzung inmitten des Kriegsgeschehens» durchaus mit einer Photographie verglichen werden. Auf einer Wiese sitzt eine Gruppe Rotarmisten, die einem Redner zuhört. Ihre Gesichter wirken belanglos, ihre Haltung zufällig. Ihre Gesten sind ausdrucksarm, das Gemälde wird kompositorisch mit Statisten in Soldatenmänteln und Helmen gefüllt und lässt wiederum Gleichgültigkeit erkennen. Keine Spur von Kunst – vielmehr eine unfähige Kopie einer schlechten Photographie.

So wie eine Ertrinkende sich an einen Strohhalm klammert und dabei ertrinkt, hält sich der Maler Lwow an die peinlich genaue Darstellung von Einzelheiten: ein Schafspelz, Wickelgamaschen, ein Revolver oder eine elektrische Teekanne und Blumen. In den naturalistischen Bildern scheinen die Gegenstände den Menschen endgültig verdrängt zu haben. Unwesentliche Details werden zur zentralen Thematik. Nicht viel besser steht es um die naturalistische Portraitkunst, wo ein einfacher Knopf die Wichtigkeit des Menschen erlangt und umgekehrt letzterer auf das Bedeutungsniveau eines Knopfes absinkt.

Der Maler Jakowlew hat kürzlich – offensichtlich um sich diesem banalen Detailismus entgegenzustellen – die Harfinistin Dulowa in freier, üppiger Manier portraitiert. Doch die prächtigen Drapierungen, die reichen Spitzen und die übertriebenen Vergoldungen sind blosser Ausdruck kommerzieller Geschmacklosigkeit.

Dieses einerseits formalistische und andererseits gleichgültige Verhältnis zum dargestellten Thema wird bei den Naturalisten zudem häufig von einer süsslichen Sentimentalität oder einem übertriebenen melodramatischen Pathos begleitet, was das wahre Bild vom neuen Menschen völlig entstellt.

Insbesondere Katzman verwandelt in seinen Gruppenportraits (Pioniere, Familie und andere) die Menschen durch seine deplazierten Rührseligkeiten in irgendwelche Heiligen, und völlig unerwartet leuchten rosig blasse Gesichter mit zusammengepressten Lippen und naiven Augen oder schmachtenden Blicken. Die ganze Komposition folgt einem ikonostatischen Bildaufbau: Figuren werden endlos aneinandergereiht, weitere Pioniere oder Bauern könnten beliebig beigefügt oder weggelassen werden, ohne dass jenes «Heiligenbild» irgendwelchen Schaden nähme.

Dieses süsse Gelispel und diese aufgeblähte Schwülstigkeit wird in der naturalistischen Malerei bisweilen durch eine bloss äusserlich naturnahe Darstellung in den Hintergrund gedrängt; so, wenn der eifrige Naturalist in biederer Manie unterdrückte und eingeschüchterte

Bauern abbildet, in vermeintlicher Ehrfurcht vor der stadtbürgerlichen Obrigkeit. Die Bauern von Katzman gleichen hierin genauestens jenen des Formalisten Schterenberg.[162]

Ebenso ist es störend, wie mit dem vermeintlich proletarisch-revolutionären Kunstsinn umgegangen wird. Wenn bei den Arbeitern, Matrosen und Soldaten mitunter ein spiessiger Geschmack festzustellen ist, dann scheinen die Naturalisten, die diese Leute portraitieren, deren kulturelle Unterprivilegiertheit geradezu auszukosten. So hat der Maler Bogorodski ein für ihn in mehrfacher Hinsicht typisches Bild geschaffen: «Die Familie lässt sich photographieren». Ein Matrose sitzt mit seinem Kind im Arm vor einem belanglosen, gemalten städtischen Hintergrund. Neben ihm steht stramm und regungslos eine Frau. Beide machen einen ungelösten Eindruck und starren wie unerfahrene Modelle gespannt in die Kamera. Der Maler unterstreicht eine spiessbürgerliche Feierlichkeit, eine «tollpatschige Festlichkeit». Was soll das sein? Eine gewollte Ironie auf die spiessigen Neigungen unseres Matrosen, oder handelt es sich wirklich um ein ernstzunehmendes Portrait einer proletarischen Familie? In beiden Fällen kommt die Thematik der menschlichen, revolutionären Haltung völlig verflacht zum Ausdruck. Da nun aber die Wahl der Kompositionsform ganz dem Künstler anheim gestellt ist, trifft der Vorwurf der Spiessbürgerlichkeit eher diesen selbst und nicht den lächerlich gemachten Matrosen. Dieser angeblich ironische, aber im Grunde genommen provinziell spiessige Stil findet sich auch bei anderen Werken Borogodskis, so beim Bild «Vater und Sohn» sowie beim «Portrait der Mutter», welches sich unter aller Kritik präsentiert; am schlimmsten steht es jedoch mit seiner «Untergrundbahn-Arbeiterin», eines seiner letzten Bilder, das nur noch mit dem dümmlichen Gruppenportrait der Roten Partisanen (Maschkow, 1936) verglichen werden kann – gleichsam eine Apotheose geistiger Armut.

Fjodor S. Bogorodski, Phototermin, 1932

---

[162] Zum besseren Verständnis des wiedergegebenen Textes sei hier bemerkt, dass es sich bei Dawid Schterenberg um einen russischen Maler handelt, der zu seiner Ausbildung in den Jahren 1906 bis 1912 in Paris weilte und deshalb einen modernistischen

Die sowjetischen Künstler haben auf dem Gebiet der Literatur und Kunst hervorragende Werke geschaffen. Bedeutendes ist von Bildhauern, Malern und Graphikern geleistet worden. Neben manchen älteren Meistern, die sich den neuen Themen gewidmet haben, sind auch viele junge talentierte Maler in der Kunstszene aufgetaucht, und zwar nicht nur professionell geschulte, sondern auch Vertreter der breiten Schichten, der sogenannten Laienkunst. Auch die Volkskunst steht heute auf einem beachtlich hohen Niveau.

Aber mancher ehrbare Meister scheint auf seinen früheren Lorbeeren auszuruhen und malt noch wie vor zehn Jahren, ohne realisiert zu haben, dass sich das Sensorium des Betrachters inzwischen enorm entwickelt hat, ja es wird bisweilen geradezu peinlich, ihren «Realismus» anzuschauen. Oft schämt man sich sogar für diese Künstler.

Obschon das Zurückbleiben der bildenden Kunst hinter dem gesellschaftlichen Leben, aber auch hinter den anderen Kunstformen offensichtlich und augenfällig ist, versucht mancher Kunstmaler, sich immer noch in seinen historischen Verdiensten zu sonnen, ohne zu erkennen, dass die Geschichte nicht stillsteht. Was heute an künstlerischem Niveau durch literarische und kinematographische Werke geschaffen worden ist, hat unsere bildende und Bildhauer-Kunst noch nicht erreicht, obwohl alle äusseren Bedingungen hierzu vorhanden wären. Offensichtlich fehlt es noch an der nötigen kreativen Selbstkritik, an konsequenter Selbstlosigkeit sowie am engagierten Kampf gegen alle Formen von Lüge und Heuchelei in der Kunst.

Stil pflegte. Dennoch gehört er zum Establishment der sozialistischen Realisten; 1930 wurde er zum Verdienten Künstler der Russischen Sozialistischen Föderativen Sowjetrepublik und 1932 zum ersten Stellvertreter des Vorsitzenden des Moskauer Sowjetkünstlerverbandes ernannt. Der Autor des Textes vermisst bei Schterenbergs Bauerndarstellungen offensichtlich eine heroisch revolutionäre Note.

W. Kemenow: Formalistische Faxen (1936)

Der (unvoreingenommene) Kunstbetrachter steht dem Durcheinander in der Kunstszene im grossen und ganzen skeptisch und ablehnend gegenüber; dies bezeugen zahlreiche bisweilen kritisch strenge, aber durchaus verständliche Ausstellungskommentare. Demgegenüber haben professionelle Kunstkritiker begonnen, dieses Kunstwirrwarr zu akzeptieren, ja sich diesem Phänomen sogar anzupassen. So betrachten sie zuerst die Gemälde der «Rechten» (Naturalisten), loben sie für ihre Themenwahl und lesen ihnen für irgendwelche Formmängel die Leviten. Sie wenden sich sodann den «Linken» (Vertreter der Moderne) zu, preisen ihre Meisterschaft und bemängeln handkehrum ihre dürftigen Inhalte. Und wenn schliesslich einer der «Rechten» diesen Kritikern Sand in die Augen streut und mit kühnem Pinselstrich Cézanne nachäfft oder einer der «Linken» seine Stilleben-Übungen auf das Thema eines Arbeiterportraits überträgt, dann schreien bereits alle von einem enormen Fortschritt, von einer überaus kreativen Umgestaltung in der Kunstszene.

Das Phänomen des Formalismus in der bildenden Kunst der Sowjetunion steht mit den neuesten Strömungen der bürgerlichen Kunstentwicklung Westeuropas in einem direkten Zusammenhang.

Die Formalisten lassen sich alle durchaus unterscheiden, je nachdem, ob sie Cézanne, Renoir, Matisse oder Derain nacheifern – in ihrem antirealistischen Verständnis des Kunstgedankens sind sie sich jedoch wesensverwandt. Gemäss ihrer Überzeugung soll die Kunst nicht Objekte der Wirklichkeit, sondern die innere Vision des Künstlers zur Darstellung bringen. Doch eine so verstandene Malerei holt sich ihr Thema nicht aus dem Leben selbst, sondern vielmehr aus den Stilmitteln, die für die Bildkomposition benutzt werden. Jeder Versuch, in der Kunst Realität wiederzugeben, wird als Illusionismus oder kraftlose Imitation abgetan. Das eigentliche Sujet eines Bildes scheint oftmals nur dazu da zu sein, das subjektive, kreative Verhältnis des Künstlers zu Leinwand und Farbe zu manifestieren. Diese Darstellungsprinzipien bestimmten noch die alte proletarische Kultur (Proletkult), wie auch die Programme des höheren technischen Künstlerinstitutes («WChUTEIN», Moskau 1927–1930 und Petrograd 1922/23), wie sie von Nowitzkij, Matz, Malewitsch, Punin, Arwatow und Tarabukin vertreten worden sind. Sie versuchten auch unsinnigerweise, die Jugend von einer wahrheitsgetreuen Sehweise abzubringen.

Der grossen Mehrheit unserer Formalisten ist der eigentliche Ursprung der Malerei durchaus fremd. Weder Kljup noch Punin, weder Larionow noch Lentulow waren in ihren frühen Künstlerjahren fähig, eine Zündholzschachtel zu zeichnen, aber sie wetterten verbissen gegen jegliche Form «passiver Imitation». Die Ideen, die sie vertraten, waren weder konstruktiv noch innovativ.

Betrachten wir das Bild von Tischler «Eine Frau und ein Flugzeug»: Auf einem giraffenartig langen Hals ein Kopf, dem gedrehten Hals entlang fliesst eine glitschig dreckige Masse: die Frisur. Wurstige Zwerghände falten sich auf der Brust. Ganz oben – ein Kreuz: das Flugzeug. Welch düstere, hässliche und pathologische Phantasterei! Kürzlich hat Tischler sein Werk «Zigeuner» ausgestellt. Anstatt Menschen oder Natur zu zeigen, anstatt die volkstypischen Eigentümlichkeiten der Zigeuner darzustellen, malt Tischler Stofffransen wie bunte Würmer, schwarzgrün und schmutzig rosarot. Sie wecken beim Betrachter nur den Wunsch, das abstossende Werk möglichst rasch zu vergessen.

Oder das Bild von Lentulow «Portrait meiner Frau». An Stelle einer Gestalt ein Brei aus schmutzig braunvioletten Farbflecken. Das Abbild lässt beim besten Willen nichts Menschliches erkennen. Ebenso verhält es sich mit seinen Landschaften. Wie lässt es sich da erklären, dass Lentulow seine Werke auszustellen wagt und ihm die Jury noch grosszügig Platz zur Verfügung stellt, der eigentlich begabten Malern zustehen müsste, die viel eher die Aufmerksamkeit des sowjetischen Kunstbetrachters verdienten.

Da ist weiter das «Portrait des Komsomolmitgliedes» von A. Fonwizin. Hässlich verkrampfte Lippen, ein Helldunkel lässt die Nase als Geschwür erscheinen, sinnlos in die Leere starrende Glotzaugen, aufgedunsene Wangen und schliesslich bleibraune und graugrüne Flecken im Gesicht – so präsentiert Fonwizin ein Komsomolmitglied. Der Zweck solcher formalistischer Kunststücke liegt lediglich in der Verflachung und Verhöhnung des dargestellten Themas.

Der Maler Bela Witz hat einen Bilderzyklus dem Arbeiteraufstand der Luditen (China) gewidmet. Die Gesichter der aufgebrachten Arbeiter wirken wie grausame Fratzen irgendwelcher legendenhafter chinesischer Untiere. Körper, Arme und Beine sind verkrüppelt; kreisförmige und gerade Linien verwandeln den Menschen in metallene Konstrukte. Auch seine Entwürfe zu seinen Fresken aus dem Jahre 1933 sind formalistisch und seelenlos. Und dennoch kommt man beim Anblick seines Portraits «Mutter von G. Dimitrow» nicht umhin zuzugeben, dass Witz ein begabter Maler ist.

Ein anschauliches Beispiel von formalistischer Selbstzufriedenheit bilden die faden Werke von D. Schterenberg. Dieser Künstler zögert noch immer, seinen subjektiven Ansatz aufzugeben, der in seiner ziellosen Sujetwahl zum Ausdruck kommt: «Heringe» und «Sauermilch», einfach Platitüden. Doch bekannte Apologeten des Formalismus wie Abram Efros (Kunstkritiker) singen immer noch grosse Loblieder auf ihn.

Man kann sicherlich nicht ernsthaft behaupten, dass die Formalisten kein Interesse für ihr Thema zeigen – vielleicht ist es eher umgekehrt. Ihr Interesse erinnert jedoch sehr an jene sanftmütige Beharrlichkeit der Fürstin Tugouchowskaja des Dichters Gribojedow; sie ist einzig darauf erpicht, jedes Gespräch auf die Frage hinzuleiten, ob jemand ihre Töchter heiraten würde. Der Formalist muss ungefähr das gleiche empfinden, wenn er, ungeachtet der Tatsache, was er malt, in erster Linie die Anwendung seiner Technik im Auge hat. Daher rührt letztlich jene langweilige Eintönigkeit, jene von sich selbst überzeugte Leichtsinnigkeit (Verantwortungslosigkeit), jene technische Hilflosigkeit, die den Formalisten die wahrhaft künstlerische Leistung verunmöglicht.

Je unfähiger und hilfloser sich der formalistische Maler jedoch in der Erschliessung der Sinnfrage, im Lösen der inhaltlichen Bildkomposition fühlt, desto aufdringlicher und penetranter bemüht er sich, seinen Arbeitsstil zu demonstrieren und seine Einzigartigkeit zum besten zu geben: «So ein Meister bin ich, ich habe mir schwierigere Aufgaben vorgenommen, als realistisch zu malen.» Doch hier liegt der Trugschluss. Ein simpler Naturalismus und ästhetische Spielereien

David P. Schterenberg, Tante Sascha, 1922/3

erreichen kaum das Niveau echter Natürlichkeit und lebendiger Wahrheit in der Kunst. Fragen Sie einmal die Formalisten, warum sie in ihren Werken unsere Wirklichkeit so verstümmeln. Und sie werden die Antwort hören: «Die Ähnlichkeit ist uns eigentlich nicht wichtig. Die Idee der «heldenhaften Arbeiterbewegung» drücken wir nur mit malerischen Mitteln aus.» Der eine meint, das angestrebte Ziel lasse sich am besten mit dem strengen Rhythmus einer vertikalen Komposition erreichen, der andere argumentiert mit der Ausdruckskraft seiner farblichen Mittel oder der «Sachlichkeit» schlichter Volumenverhältnisse – kurzum, jeder wird auf seine abgegriffenen, billigen Tricks hinweisen. Ohne sie ist er arm wie eine Kirchenmaus.

Aus demselben Grund stossen wir bei den modernen Formalisten in neuer Form auf eine längst bekannte These: Die Malerei besitzt einen ihr immanenten (selbstgenügsamen) Eigenwert, der unabhängig von der realistischen, tatsächlichen Darstellung des Objektes existiert. Der Maler kann demnach seine innere Sicht der Dinge dem Betrachter mitteilen, ohne den Gegenstand selbst zu malen, also unabhängig des optisch erfahrenen Abbildes, welches für die Formalisten allenfalls zu einem notwendigen Übel wird.

Wie aber hat sich zwischenzeitlich die Kunstkritik verhalten? Sie hat all jenen Malern, die ernsthaft gearbeitet und ihre formalistische Phase überwunden haben, einen Bärendienst erwiesen. So behaupten die Kritiker Strugatski, Razumowskaja und Ternowen in ihren Artikeln über Samochwalow, Gerassimow und Tschajkow, dass der Formalismus eine unabdingbare und äusserst wertvolle Vorstufe in der künstlerischen Entwicklung dieser Maler sei, er sie mit dem nötigen professionellen Rüstzeug versehen und ihnen schliesslich ein Gefühl für Form, Farbe und Komposition verliehen habe. Diese Auffassung ist auch heute noch sehr verbreitet.

Seien wir offen: Der Formalismus ist für uns nicht nur in ideologischer und politischer Hinsicht inakzeptabel, er ist auch absolut kunstwidrig. Jene vom Formalismus geschaffenen Gestalten widersprechen allein dadurch jedem Kunstsinn, als dass sie in respektloser Verantwortungslosigkeit die menschliche Natur sowie unsere sozialistische Wirklichkeit verkrüppeln. Aber auch unter dem Blickwinkel eines Harmonie- und Vollkommenheitsstrebens in der Kunst sowie der Ausdruckskraft, welche durch die malerischen Mittel zu erreichen wäre, erscheint der Formalismus kunstwidrig.

Es ist an der Zeit, die nutzlosen und durchaus schädlichen Diskussionen über die «Meisterschaft» der Formalisten, über ihr «Neuerertum» (Innovationskraft) sowie über ihre «Verdienste» in der Kunstgeschichte zu beenden. Ihre marktschreierischen Kunststückchen sind keine wirkliche Suche nach einer neuen Form.

Natürlich kann man uns entgegenhalten, dass es auch begabte Formalisten gibt, deren Malstil untrennbar mit ihrer Persönlichkeit verknüpft ist. Ja, durchaus, aber das bestätigt lediglich das oben Erwähnte. Denn, wer die besten Werke von Faworski, Samochwalow, Petrow-Vodkin und anderer mehr betrachtet, erkennt deutlich, dass sich ihre künstlerische Ausdruckskraft überall dort entfaltet, wo es ihnen gelingt, jene dogmatische Form zu durchbrechen, jene formalistischen Prinzipien zugunsten einer grösseren Wirklichkeitsnähe aufzugeben, also genau dort, wo sie aufhören, Formalisten zu sein.

Eine grundsätzliche Kritik am Formalismus in unserer Presse könnte möglicherweise einer Ermunterung zum Naturalismus Vorschub leisten. Doch dafür gibt es eigentlich keinen Grund. Entsprechende Artikel in der «Prawda» verweisen bereits deutlich auf die tiefe innere Wesensverwandschaft des ästhetischen Formalismus und des grobschlächtigen Naturalismus. Beide Gegensätze berühren sich: Sie stehen dem Leben gleichgültig gegenüber und haben so auch zum Bildinhalt ein gleichgültiges Verhältnis. Ihr mangelndes Engagement sowie ihre handwerklich stilistische Unbeholfenheit erlaubt ihnen deshalb kaum je, ein wirkliches Kunstwerk zu schaffen.

Prawda-Artikel vom 17. August 1934

Erster Tag des Allunionskongresses der Sowjetschriftsteller, Begrüssung des Genossen Schdanow.

Das Zentralkomitee der allrussischen kommunistischen Partei erteilt das Wort dem Genossen Schdanow. Alle Anwesenden begrüssen sein Erscheinen auf der Tribüne des Zentralkomitees mit stehendem Beifall.

Genosse Schdanow präsentiert vor den geladenen Schriftstellern die Programmatik der grossen literarischen Werke unseres Vaterlandes.

Die Veränderungen des Landes sowie der Menschen, die den Sozialismus erschaffen wollen, müssen sich auch in der Literatur niederschlagen. Denn unsere Literatur bereitet Millionen von Menschen auf ihren geistigen Kampf für die Bewältigung von Gegenwart und Zukunft vor. Und da drängt sich unweigerlich ein Vergleich zur Literatur des Kapitalismus auf.

«Worüber», fragt Schdanow, «soll der bürgerliche Schriftsteller schreiben, wovon soll er träumen? Dort weiss niemand, ob er am nächsten Tag noch Arbeit hat. Woraus soll er sein Pathos schöpfen?» Am augenfälligsten zeigt sich der Vergleich in der Gegenüberstellung von bürgerlichen und sozialistischen Heldenfiguren. Bürgerliche Helden sind enttäuschte Menschen, Diebe, Detektive und Abenteurer, und bürgerliche Schriftsteller sind typischerweise Pessimisten, die die schwarze Macht besingen. Die besten unter ihnen suchen aus dieser Sackgasse einen Ausweg und richten ihr Augenmerk auf die sozialistischen Ländern.

Die Hauptfiguren der sowjetischen Literatur sind demgegenüber Architekten eines neuen Lebens, sie entspringen dem Geist der Tscheljuskin-Ära (bezieht sich auf die damals landesweit bekannte, dramatische Rettungsaktion der Besatzung eines Polarschiffes im Eismeer) und haben die Erfahrung unserer grossen Baustellen Magnistroi und Dnjeprostroi. Ehrenhaft und weitsichtig bezeichnet Stalin die Schriftsteller als «Ingenieure der menschlichen Seele». Das verpflichtet.

Ein Ingenieur der menschlichen Seele zu sein, bedeutet, mit beiden Beinen auf dem Boden der Realität zu stehen und als Künstler auch die grossen Perspektiven von heute und morgen zu erkennen.

Ein Ingenieur der menschlichen Seele zu sein, bedeutet auch, sein Handwerk zu beherrschen und sich für die Kultur der Sprache und das Niveau des literarischen Schaffens einzusetzen.

Ein Ingenieur der menschlichen Seele zu sein, heisst schliesslich auch, Werke zu schaffen, an welchen Zeitgenossen lernen und auf welche zukünftige Generationen stolz sein können.

Die Schlussworte des Genossen Schdanow werden mit stürmischem Beifall übertönt. Alle begrüssen stehend den Boten des Zentralkomitees der allrussischen Partei sowie der sowjetischen Regierung.

Auszüge aus der Rede Andrei Schdanows anlässlich des ersten Schriftstellerkongresses vom 17. August 1934

… Das stolze Banner von Marx, Engels, Lenin und Stalin hat gesiegt. Eben diesem Sieg verdanken wir das Zustandekommen dieses ersten Kongresses der Sowjetschriftsteller. Gäbe es diesen Sieg nicht, dann gäbe es auch Ihren Kongress nicht. Einen solchen Kongress kann niemand einberufen ausser uns, den Bolschewiki.

Die Erfolge der Sowjetliteratur sind bedingt durch die Erfolge des sozialistischen Aufbaus. Ihr Wachstum ist der Ausdruck der Erfolge und Errungenschaften unserer sozialistischen Ordnung. Unsere Literatur ist die jüngste unter den Literaturen aller Völker und Länder. Gleichzeitig ist sie die ideenreichste, fortschrittlichste und revolutionärste Literatur. Niemals hat es eine Literatur gegeben – ausser der Sowjetliteratur –, die die Werktätigen und Unterdrückten zum Kampf für die endgültige Vernichtung jeglicher Ausbeutung und des Joches der Lohnsklaverei organisiert hätte. Noch nie hat es eine Literatur gegeben, die der Thematik ihrer Werke das Leben der Arbeiterklasse und der Bauernschaft und ihren Kampf für den Sozialismus zugrunde gelegt hätte. Nirgends, in keinem einzigen Lande der Welt, hat es eine Literatur gegeben, die die Gleichberechtigung der Werktätigen aller Nationen und die Gleichberechtigung der Frauen verteidigt und geschützt hätte. Und in einem bürgerlichen Land kann es auch keine Literatur geben, die konsequent jedem Obskurantismus, jeder Mystik, allem Pfaffenwesen und Teufelswerk vernichtende Schläge versetzt hätte, so wie unsere Literatur es tut.

Eine solche fortschrittliche, ideenreiche, revolutionäre Literatur konnte nur die Sowjetliteratur werden, die vom gleichen Fleisch und Blut ist wie unser sozialistischer Aufbau.

Die Sowjetschriftsteller haben bereits viele talentvolle Werke geschaffen, die das Leben unseres Sowjetlandes richtig und wahrheitsgetreu zeigen. Es gibt bereits eine Reihe von Namen, auf die wir mit Recht stolz sein können. Unter Führung der Partei, durch die verständnisvolle tagtägliche Anleitung des ZK und die ständige Unterstützung und Hilfe des Genossen Stalin hat sich die Masse der Sowjetschriftsteller um die Sowjetmacht und die Partei geschart. Und im Licht der Erfolge unserer Sowjetliteratur tritt der Gegensatz zwischen unserem System, dem System des siegreichen Sozialismus, und dem System des absterbenden, verfaulenden Kapitalismus noch viel mehr und schärfer in Erscheinung.

Worüber soll der bürgerliche Schriftsteller schreiben, wovon soll er träumen, worüber soll er in Begeisterung geraten, woher soll er den Schwung nehmen, wenn der Arbeiter in den kapitalistischen Ländern keine Gewissheit über den morgigen Tag hat, wenn er nicht weiss, ob er morgen Arbeit haben wird oder nicht, wenn der Bauer nicht weiss, ob er morgen auf seinem Fleckchen Erde arbeiten oder ob er durch die kapitalistische Krise vom Hofe verjagt werden wird, wenn der schaffende Intellektuelle heute ohne Arbeit ist und nicht weiss, ob er morgen Arbeit haben wird.

Worüber soll der bürgerliche Schriftsteller schreiben, von welchem Schwung kann er beseelt sein, wenn die Welt – wenn nicht heute, dann morgen – in den Abgrund eines neuen imperialistischen Krieges gestürzt wird.

Die bürgerliche Literatur befindet sich heute in einem solchen Zustand, dass sie keine grossen Werke mehr schaffen kann.

Der Verfall und die Zersetzung der bürgerlichen Literatur, die aus dem Verfall und der Fäulnis des kapitalistischen Systems herrühren, sind ein charakteristischer Zug, eine charakteristische Besonderheit des Zustands der bürgerlichen Kultur und der bürgerlichen Literatur in der gegenwärtigen Ära. Die Zeiten sind unwiederbringlich dahin, in denen die bürgerliche Literatur die Siege der bürgerlichen Ordnung über den Feudalismus widerspiegeln und die grossen Werke der Blütezeit des Kapitalismus schaffen konnte. Heute vollzieht sich eine allgemeine Verflachung der Themen wie der Talente, der Autoren wie der Helden.

In tödlicher Angst vor der proletarischen Revolution vergeht sich der Faschismus an der Zivilisation, indem er die Menschen in die grauenvollsten und wüstesten Perioden der Menschheitsgeschichte zurückstösst, indem er die Werke der besten Vertreter der Menschheit auf dem Scheiterhaufen verbrennt und barbarisch vernichtet.

P. Ossowski,
Das Kriegsjahr
1943

Für den Verfall und die Fäulnis der bürgerlichen Kultur sind das Schwelgen im Mystizismus, in der Frömmelei und die Leidenschaft für Pornographie charakteristisch. Die «angesehenen Leute» der bürgerlichen Literatur, jener bürgerlichen Literatur, die ihre Feder dem Kapital verkauft hat, sind heute Diebe, Detektive, Dirnen und Gauner …

Wir glauben fest daran, dass die wenigen ausländischen Genossen, die hier anwesend sind, die Keimzelle und den Kern einer mächtigen Armee proletarischer Schriftsteller bilden, die die proletarische Weltrevolution im Ausland schaffen wird.

So stehen die Dinge in den kapitalistischen Ländern. Anders ist es bei uns. Unsere Sowjetschriftsteller schöpfen das Material für die künstlerischen Werke, für ihre Thematik, ihre Gestalten, ihr künstlerisches Wort und ihren künstlerischen Ausdruck aus dem Leben und den Erfahrungen der Menschen von Dnjeprostroi und Magnitostroi (sowjetische Grossbaustellen). Unsere Schriftsteller schöpfen ihr Material aus der heroischen Tscheljuskin-Epoche (Rettungsaktion im Eismeer), aus den Erfahrungen unserer Kollektivbauern, aus der schöpferischen Aktivität, von der jeder Winkel unseres Landes überschäumt.

Die Haupthelden der literarischen Werke sind in unserem Land die aktiven Erbauer des neuen Lebens: Arbeiter und Arbeiterinnen, Kollektivbauern und Kollektivbäuerinnen, Parteifunktionäre, Ökonomen, Ingenieure, Komsomolzen und Pioniere. Das sind die Grundtypen und die Haupthelden unserer Sowjetliteratur. Unsere Literatur ist erfüllt von Enthusiasmus und Heldentum. Sie ist optimistisch, aber nicht aus irgendeiner animalischen «inneren» Empfindung heraus. Sie ist optimistisch ihrem Wesen nach, weil sie die Literatur der aufsteigenden Klasse, des Proletariats, der einzigen fortschrittlichen und fortgeschrittenen Klasse ist. Unsere Sowjetliteratur ist stark, weil sie einer neuen Sache, der Sache des sozialistischen Aufbaus, dient.

Genosse Stalin hat unsere Schriftsteller die Ingenieure der menschlichen Seele genannt.

Was heisst das? Welche Verpflichtung legt Ihnen dieser Name auf?

Das heisst erstens, das Leben kennen, um es in den künstlerischen Werken wahrheitsgetreu darstellen zu können, nicht scholastisch, nicht tot, nicht einfach als

Alexander N. Samochwalow, Nach dem Wettkampf, 1934

«objektive Wirklichkeit», sondern als die Wirklichkeit in ihrer revolutionären Entwicklung. Dabei muss die wahrheitsgetreue und historisch konkrete künstlerische Darstellung mit der Aufgabe verbunden werden, die werktätigen Menschen im Geiste des Sozialismus ideologisch umzuformen und zu erziehen. Das ist die Methode, die wir in der schönen Literatur und in der Literaturkritik als die Methode des sozialistischen Realismus bezeichnen.

Unsere Sowjetliteratur fürchtet sich nicht vor dem Vorwurf, tendenziös zu sein. Jawohl, die Sowjetliteratur ist tendenziös, weil es in der Epoche des Klassenkampfes keine über den Klassen stehende, tendenzlose, angeblich unpolitische Literatur gibt und auch nicht geben kann.

Und ich glaube, dass jeder Sowjetschriftsteller jedwedem borniertem Bourgeois, jedwedem Philister, jedwedem bürgerlichen Schriftsteller, der darauf hinwiese, dass unsere Literatur tendenziös sei, antworten könnte: «Ja, unsere Sowjetliteratur ist tendenziös, und wir sind stolz darauf, dass sie tendenziös ist, denn unsere Tendenz besteht darin, dass wir die Werktätigen, die ganze Menschheit vom Joche der kapitalistischen Versklavung befreien wollen.»

Ingenieur der menschlichen Seele zu sein heisst, mit beiden Beinen auf dem Boden des realen Lebens zu stehen und folglich mit der Romantik vom alten Typus, mit der Romantik, die ein nichtexistierendes Leben und nichtexistierende Helden darstellte und den Leser aus dem widerspruchsvollen und bedrückenden Leben in die Welt des Unwirklichen, in die Welt der Utopien führte, zu brechen. Für unsere Literatur, die mit beiden Beinen auf festem materialistischen Boden steht, kann es keine lebensfremde Romantik geben, sondern nur eine Romantik von neuem Typus, eine revolutionäre Romantik. Wir sagen, dass der sozialistische Realismus die grundlegende Methode der sowjetischen schönen Literatur und der Literaturkritik ist; aber das setzt voraus, dass die revolutionäre Romantik als integrierender Bestandteil in das literarische Schaffen eingeht, denn das ganze Leben unserer Partei, das ganze Leben der Arbeiterklasse und ihr Kampf besteht in der Verbindung der härtesten, nüchternsten praktischen Arbeit mit dem höchsten Heroismus und mit grandiosen Perspektiven. Die Stärke unserer Partei bestand zu allen Zeiten darin, dass sie äusserste Sachlichkeit und Zweckmässigkeit mit einer weiten Perspektive, mit stetem Vorwärtsstreben, mit dem Kampf um die Errichtung der kommunistischen Gesellschaft verband. Die Sowjetliteratur muss verstehen, unsere Helden zu gestalten, sie muss verstehen, einen Blick in unsere Zukunft zu werfen. Das wird keine Utopie sein, denn unsere Zukunft wird durch planmässige bewusste Arbeit schon heute vorbereitet.

Man kann kein Ingenieur der menschlichen Seele sein, wenn man die Technik des literarischen Schaffens nicht kennt, wobei bemerkt werden muss, dass die Technik des literarischen Schaffens eine Reihe spezifischer Besonderheiten aufweist.

Den Schriftstellern stehen die verschiedenartigsten Mittel zur Verfügung. Die Sowjetliteratur hat alle Möglichkeiten, diese Mittel (Genres, Stile, Formen und Methoden des literarischen Schaffens) in ihrer Mannigfaltigkeit und Fülle anzuwenden und das Beste, was von allen vorangegangenen Epochen auf diesem Gebiet geschaffen wurde, auszuwählen. Von diesem Standpunkt aus ist die Beherrschung der literarischen Technik, die kritische Aneignung des literarischen Erbes aller Epochen eine Aufgabe, ohne deren Lösung Sie nicht Ingenieure der menschlichen Seele werden können.

Genossen, wie auch auf anderen Gebieten der materiellen und geistigen Kultur ist das Proletariat der alleinige Erbe des Besten, was die Schatzkammer der Weltliteratur enthält. Die Bourgeoisie liess das literarische Erbe zerflattern; wir sind verpflichtet, es sorgfältig zu sammeln, zu studieren und nach kritischer Aneignung weiterzuentwickeln.

Ingenieur der menschlichen Seele zu sein, das bedeutet, aktiv zu kämpfen für die Kultur der Sprache, für ein hohes Niveau des literarischen Schaffens. Unsere Literatur entspricht den Anforderungen unserer Epoche noch nicht. Die Schwächen unserer Literatur bringen das Zurückbleiben des Bewusstseins hinter der ökonomischen Entwicklung zum Ausdruck, wovon selbstverständlich auch unsere Schriftsteller nicht frei sind. Darum ist die ständige Arbeit an sich selbst und an ihrem ideologischen Rüstzeug im Geiste des Sozialismus die unerlässliche Voraussetzung, ohne die die Sowjetschriftsteller das Bewusstsein ihrer Leser nicht umgestalten und keine Ingenieure der menschlichen Seele werden können.

Wir brauchen eine hohe Meisterschaft des künstlerischen Schaffens, und in dieser Beziehung erweist Aleksei Maxsimowitsch Gorki der Partei und dem Proletariat in ihrem Kampf für ein hohes Niveau der Literatur, für eine kultivierte Sprache eine unschätzbare Hilfe.

Die Sowjetschriftsteller verfügen also über alle Voraussetzungen, um Werke zu geben, die, wie man zu sagen pflegt, im Einklang mit ihrer Epoche stehen. Werke, an denen die Zeitgenossen lernen und auf die zukünftige Geschlechter stolz sein könnten.

Es sind alle Voraussetzungen dafür geschaffen worden, dass die Sowjetliteratur Werke hervorbringen kann, die den Anforderungen der kulturell gereiften Massen entsprechen, hat doch nur unsere Literatur die Möglichkeit einer so engen Verbindung mit den Lesern, mit dem gesamten Leben der Werktätigen, wie es sich in der UdSSR abspielt. Der gegenwärtige Kongress ist besonders aufschlussreich. Den Kongress haben nicht nur die Schriftsteller, sondern hat gemeinsam mit ihnen das ganze Land vorbereitet. Bei dieser Vorbereitung zeigten sich klar die Liebe und Aufmerksamkeit, mit der die Sowjetschriftsteller von der Partei, den Arbeitern und Kollektivbauern umhegt werden, jenes feinfühlige Verständnis und zugleich die Anforderungen, die die Arbeiterklasse und die Kollektivbauern an die Sowjetschriftsteller stellen. Nur in unserem Lande konnten die Literatur und die Schriftsteller auf ein solch hohes Niveau gelangen.

Organisieren Sie die Arbeit Ihres Kongresses und die Arbeit des Verbandes der Sowjetschriftsteller in Zukunft so, dass die Werke der Schriftsteller den vom Sozialismus errungenen Siegen entsprechen.

*Mai Dantsig,
Sonniger Tag, 1965*

Schaffen Sie Werke von hoher Meisterschaft,
von hohem ideologischem und künstlerischem
Inhalt!
Seien Sie die aktivsten Organisatoren der Um-
formung des Bewusstseins der Menschen im
Geiste des Sozialismus!
Stehen Sie in den vordersten Linien im Kampf
für die klassenlose sozialistische Gesellschaft!
(Stürmischer Beifall)

Nachwort

Die vorliegenden Betrachtungen beleuchten das Kunstschaffen einer politisch prekären Zeitepoche. Ihre Werke stehen insbesondere während der Jahre des kalten Krieges unter dem Vorwurf, sie seien durch ihre politische Einbindung künstlerisch nicht einwandfrei. Wenn nun die obigen Ausführungen einige Zweifel beseitigt oder etwas Licht in das Dunkel der Unkenntnis gebracht haben, ist ein kleiner Beitrag zur Würdigung eines kunsthistorisch jungen Phänomens geleistet worden.

So wird aufgezeigt, dass der sozialistische Realismus – oder besser: der sowjetische Klassizismus – keine stalinistische Erfindung der frühen dreissiger Jahre ist. Vielmehr lässt er sich in Russland selbst in die bewegte Geschichte des russischen Realismus der Jahrhundertwende einbetten. Politisch darf er als Antwort konservativer Kräfte auf die fortschrittliche und euphorische Bewegung der russischen Avantgarde verstanden werden. Aber auch im gesamteuropäischen Vergleich sind bisher kaum diskutierte Zusammenhänge ausgeleuchtet worden – sie bedürfen einer weiteren wissenschaftlichen Vertiefung. So erscheint jener Hang zur Figürlichkeit, jener «retour à l'ordre», jenes neue klassizistische Harmoniestreben der dreissiger Jahre als ein künstlerisches Credo, welches im Westen wie auch im Osten namhafte Anhänger findet. Freilich verläuft diese Anhängerschaft in Russland nach eigenen Gesetzen, doch die freiwillige und unfreiwillige politische Instrumentalisierung des akademisch erlernten Kunstschaffens unter Lenin, Stalin und ihren Epigonen ist in den vergangenen Jahrzehnten zu schnell in die Schublade der sogenannten Propagandakunst verräumt worden.

Die Vergleiche zur ideologisierten Kunst des deutschen Nationalsozialismus sind bewusst knapp ausgefallen, da die – zwar augenfälligen – Parallelen für die Erhellung des Themas geschichtlich und ideologisch zu kurz greifen. Während die Vereinigten Staaten und Deutschland im Jahre 1933 bereits hoch entwickelte Industriestaaten sind, kennt Russland, insbesondere in seinen ländlichen Gebieten, noch mittelalterliche Feudalstrukturen. Der Sozialismus hat sich durch die Terrorherrschaft eines Stalin zwar kompromittiert, die sozialen Ideale sind dadurch jedoch nicht in Frage gestellt worden; sozialistische Utopien sind bis heute als politische Richtschnur für viele Staaten aktuell geblieben. Demgegenüber hat sich der Faschismus nicht nur durch seinen Führer, sondern auch durch seine Ideologie selbst diskriminiert.

Die Betrachtungen verzichten schliesslich vollständig auf ideologische Quervergleiche zum amerikanischen Antipoden des kalten Krieges: Vielleicht ist es mehr als nur ein amüsanter Zufall, dass just im Geburtsjahr der gross angelegten sowjetischen Kunstmission in den

Jakow N. Skripkow, In der Untergrundbahn werden die Glühbirnen ausgewechselt, ca. 1955

Vereinigten Staaten die Figur der Mickey Mouse das Licht der Welt erblickt – im Jahre 1933 erscheint das erste Mickey-Mouse-Heft, 1941 gelangt Mickey unter Propagandaminister Joseph Goebbels noch ins Berliner Nazi-Hauptquartier und 1943 entsteht der – heute tabuisierte – amerikanische Propagandafilm «The Führer's Face». Walt Disney produziert während des Zweiten Weltkrieges patriotische Filme und will so der kommunistischen Gefahr entgegenwirken. Er wird zum seichten Kulturideologen. «Statt Avantgarde produzierte Onkel Walt nun Unterhaltung und kitschige Serien für die Bewohner der rasch wachsenden Vorstädte ... Die Stereotypen blieben dabei stets die gleichen: Wohlerzogene Kinder erlebten Abenteuer, brave Mütter verwalteten Küche und Herd, tapfere Väter hielten die perfekte Familie durch ihre Arbeit zusammen und garantierten Wohlstand.» (NZZ vom 21. November 1998.) Neben der Sowjetunion schaffen auch die Vereinigten Staaten eine ideologisch durchtränkte Massenkultur, für welche sich wenige Verantwortliche ausmachen lassen. Dabei bleibt die Kunstmarktfreiheit allemal erhalten – sie ist in Russland auch vor 1933 eine weitgehend unbekannte Erscheinungsform.

Nun, die sowjetische Bilderwelt erschöpft sich, wie ausgeführt, nicht in der Darstellung historischer Ereignisse oder sportlicher Veranstaltungen, und auch der Vorwurf einer mangelnden Lyrik oder einer unverhüllten Liebäugelei mit den despotischen Machthabern trifft selbst vor der Tauwetterperiode das Wesen jener Bildinhalte nur am Rande. Wie naiv die romantische Vision an eine glückliche Zukunft wirklich ist und ob ein politisch konformer Künstler zum Mitläufer eines menschenverachtenden Regimes oder zum visuellen Kämpfer einer letztlich unerreichbaren Utopie wird, kann nur anhand seiner persönlichen Biographie beurteilt werden. So zeigt insbesondere der dritte Teil dieser Untersuchung, dass bei vielen

Malern der ersten und der zweiten Stalingeneration ein Glaube an die historische Einmalig-
keit der politischen Gesellschaftsentwicklung
vorherrscht, und dass dieser nicht mit dem
Personenkult der vierziger Jahre gleichzusetzen
ist. Manches diskussionswürdige Werk verrät
eine persönliche Betroffenheit, die Traum und
Tragik im Leben der frühen Sowjetunion
typisch zum Ausdruck bringen. In diesem Sinne mögen die vorliegenden Betrachtungen zur
Enttabuisierung und somit zum differenzier-
ten Studium der sogenannten offiziellen Kunst
der Sowjetzeit anregen.

Basel, im Januar 1999
Thomas Christ

*Jakow N.
Skripkow*

Literaturverzeichnis

Ades, Dawn / Benton, Tim / Elliott, David / Boyd Whyte, Iain, *Kunst und Macht im Europa der Diktatoren 1930 bis 1945,* XXIII. Kunstausstellung des Europarates, Hayward Gallery London, 1996, Oktagon Verlag

Adorno, Theodor W., *Ästhetische Theorie,* Frankfurt am Main, 1995

Ahlberg, René, *Kritik des «russischen Verstandes», In memoriam Iwan Petrowitsch Pawlow,* aus der Moskauer Literaturzeitschrift «Literaturnaja gazeta» vom 31.7.1991

Antonowa, Irina / Merkert, Jörn, *Berlin-Moskau 1900–1950,* München, New York, Berlin 1995

Boehm, Gottfried / Mosch, Ulrich / Schmidt, Katharina, *Canto d'Amore; Klassizistische Moderne in Musik und bildender Kunst 1914–1935,* Öffentliche Kunstsammlung Basel/ Kunstmuseum Paul-Sacher-Stiftung, Basel 1996

Busch, Werner / Beyrodt, Wolfgang, *Kunsttheorie und Kunstgeschichte des 19. Jahrhunderts in Deutschland I, Kunsttheorie und Malerei, Kunstwissenschaft Band 1,* Stuttgart 1982 und 1986

Clair, Jean, *Die Verantwortung des Künstlers: Avantgarde zwischen Terror und Vernunft,* Köln 1998

Cullerne Bown, Matthew / Elliott, David, *Soviet Socialist Realist Painting 1930s–1960s,* Museum of Modern Art, Oxford 1992

Hauser, Arnold, Sozialgeschichte der Kunst und Literatur, München 1973

Henrich, Dieter / Iser, Wolfgang, *Theorien der Kunst,* Frankfurt am Main 1992

Hulten, Pontus, *Paris-Moscou 1900–1930,* Centre national d'art et de culture Georges Pompidou, Ministère de la culture de l'URSS, Moscou, Paris 1979

Gassner, Hubertus / Schleier, Irmgard / Stengel, Karin, *Agitation zum Glück Sowjetische Kunst der Stalinzeit,* Staatliches Russisches Museum St. Petersburg und Kulturdezernat der Stadt Kassel, Bremen 1994

Groys, Boris, *Gesamtkunstwerk Stalin, Die gespaltene Kultur in der Sowjetunion,* München/Wien 1988

Kultermann, Udo. *Kleine Geschichte der Kunsttheorie,* Darmstadt 1987

Losev, Aleksej, *Die Dialektik des Mythos,* Hamburg 1994

Michalski, Sergiusz, *Neue Sachlichkeit; Malerei, Graphik und Photographie in Deutschland 1919–1933,* Benedikt Taschen Verlag 1994

Rozwadowska-Janowska, Nina / Nowicki, Pjotr / German, Michail, *NO! – and the Conformists, Faces of Soviet Art of 50s to 80s,* Fundacja Polskiej Sztuki Nowoczesnej & Wydawnictwa Artystyczne i Filmowe Ltd., Warzawa 1994

Schmitt, Georg, *Umgang mit Kunst, Ausgewählte Schriften 1940–1963,* Olten 1976

Schmitt, Hans-Jürgen / Schramm, Godehard, *Sozialistische Realismuskonzeptionen, Dokumente zum I. Allunionskongress der Sowjetschriftsteller,* Frankfurt am Main 1974

Striedter, Jurij, *Russischer Formalismus, Texte zur allgemeinen Literaturtheorie und zur Theorie der Prosa,* München 1988

Wyss, Beat, *Der Wille zur Kunst, Zur ästhetischen Mentalität der Moderne,* Köln 1996

Bildnachweis

Thomas Christ, Paris, St. Petersburg, Moskau: Alle Photographien
Sotheby's, West Sussex: S. 88
Staatliche Tretjakow Galerie, Moskau (Contract 1997): S. 14, 16, 17, 23, 27, 34, 37, 38, 42, 43, 44, 45, 48, 68, 92, 94, 134, 138, 140, 155, 156, 163, 165, 201, 206
Staatliches Russisches Museum, St. Petersburg: S. 10, 24, 25, 26, 28, 30, 31, 35, 36, 61, 72, 75, 78, 79, 86, 93, 95, 142, 160, 178, 197, 207
Memorial Association, Moscow Branch of the Artist's Union of the Russian Federation, Gulag Art, Moscow 1990: S. 21, 22, 32
Privatsammlungen: S. 15, 73, 76, 83, 84, 87, 89, 91, 109, 122, 125, 210, 212, 213

Danksagung

Folgenden Damen und Herren gebührt für ihre professionelle und praktische Unterstützung herzlicher Dank:

Dr. Vitali Manin, Kunstwissenschaftler und ehemaliger zweiter Direktor der Staatlichen Tretjakow Galerie, Moskau
Larissa Michailovna Rybnikova, Galerie «Zamoskvorechie», Moskau
Nina Pavlovna Ossadchaja, Galerie «Zamoskvorechie», Moskau
Simone Voigt, Moskau und Berlin
Claudia Suckau, Berlin
Mascha Thorgevsky, St. Petersburg und Basel
Dan Wiener, St. Petersburg und Basel